教育は現場が命だ

文科省出身の中学校長日誌

浅田 和伸
文部科学省大臣官房文部科学戦略官
（元東京都品川区立大崎中学校長）

悠光堂

刊行によせて

明治16年（1883年）に創立された東京都民の教育団体である「東京都教育会」綱領でも示す通り、教育や学校は子供たち、教職員だけのためのものではなく、全ての都民・国民のものです。

「社会に開かれた教育課程」を標榜する新学習指導要領の実践が求められている今、学校教育は、その目指すところを都民・国民と共有、連携しながら社会総がかりで実現していこうとしています。

本書著者である浅田和伸氏が、文部科学省の幹部でありながらも、教育の現場を理解し思いを共有したいと、中学校長として教育の最前線で活躍したことはその先駆けといえるのではないでしょうか。社会の変化が大きいこの時代を生きていくための力を子供たちに身に付けさせるとともに、教育に携わる我々大人も、浅田氏のようにアントレプレナーシップをもって学び続けていきたいものです。

本書の刊行が、東京都の教育、ひいては我が国の教育とそこにかかわる皆様のさらなる発展につながることを祈念いたしております。

東京都教育会会長　貝ノ瀬　滋

浅田校長の足跡を辿って

品川区は次代を担う子供たちが、心身ともに健康で知性と感性に富み、人間性豊かに成長し、希望に満ち自らの未来を切り開いていけるよう平成11年度から教育改革「プラン21」を策定して、学校教育の質的転換に取り組んできました。現在では、それを継続・発展させた「品川教育ルネサンス」により、小・中・義務教育学校で進める9年間の一貫教育を基盤に、コミュニティ・スクール体制での地域とともにある学校づくりを全校で進めています。

その最中、浅田氏は文部科学省の官僚という立場から学校現場へと飛び込まれ、類稀なるリーダーシップを発揮し、大崎中学校の生徒、教職員、保護者・地域とともに本区の教育の充実にご尽力されました。先の教育施策の実現はもとより、行政等、外部の世界を学校と繋ぎ新しい風を吹き込んだのです。本編第2章での、成長していく子供たちと走り続けた浅田校長の姿には多くの方が刺激を受けることでしょう。

ぜひ教育関係者の方々にも、様々なエピソードを追体験していただくとともに、氏の学校経営における判断・決断を共有し、明日への糧としていただければ幸いです。

品川区教育長　中島 豊

目次

プロローグ

私が浅田和伸氏の校長日誌のプロローグを書かせていただくのは、実に光栄と言うしかない。私にとって氏は、文部科学省に勤務する職員の中で、私が若い頃から注目していた人物だからであり、その後親しく交流する機会を得ているものの、片や行政官、片や研究者である。どの程度まで浅田氏の琴線に近づけているか心許ない状況であった故、この機会をいただくこと自体、それほどに私のことを信用していただいていたかと、安堵と嬉しさを感じている。

私が浅田氏のことを知るに至ったのは、氏が平成4年から7年の間、三重県教育委員会事務局指導課長として出向していた時期にさかのぼる。当時は学校週五日制を少しずつ現場に導入しようと施策が推進されていた時期である。週休二日制が一部の企業に導入され拡大しつつある中、学校の週五日制について検討するため、与党では小委員会、文部省では調査研究協力者会議開催と研究協力校設置などを通じ、少しずつ実施に向けた動きが進んでいた。平成14年度から完全学校週五日制となって久しい故に、現在では学校週五日制は当然と受け止める人が多いだろうが、当時は国全体を揺るがす大問題だった。そのような中で、平成5年に三重県は、県内1か所だけの国のモデル地域に加え、県独自でもモデル地域を設定し学校週五日制を試行することを決めた。当時の文部省は国の指定校以外での試行を認めない方針だったため、どうなることかと思った。最終的に三重県の施策は国の五日制研究指定校と並存する形になり、丸く収まった（かのように見えた）のだが、私は三重県の先見性と斬新な施策の発案者は誰であるかに大変関心を持った。理由は二つ。まず、国が学校週五日制を推進する過程で反対意見を表明する団体は数多くあった。国が苦労している施策を県が独自に先行実施しようというのである。県内の意思決定をどうやり遂げたのかという関心が第一。もう一つはこの種の施策を県が実施しようとする際、今日においてもまだあるのだが、県は国の意向を必要以上に気にして水面下の交渉をするものである。なのに、三重県はそのような動きをした形跡がなかった。三重県の施策はその後他の自治体も追随するところとなり、結果として国の学校週五日制実施を後押しすることになるのだが、そのことを予見しながら国への相談なしに独自に動く自治体は（今日では多いが）、当時の私が知る限りではなかった。誰がこのような施策を推進しているのか、調査する中で浮かび上がったのが指導課長であった浅田氏である。

その一件以来、私にとって浅田氏は必要と考えれば忖度なく走り抜ける、ドン・キホーテ（と称したら本人は怒るだろうが）のような人物として記憶されることになった。その私の浅田評を決定的にしたのが、この書のメインテーマでもあろう、平成21年の品川区立大崎中学校長赴任事件である。「事件」と称したら、やはり浅田氏に怒られるだろうが、私にとっては紛れもない事件であった。

文部科学省職員が教育委員会に出向する機会は多いが、出向先が学校であることはそれまでなかった。私は浅田氏が自分で交渉したに違いないと見込んでいたが、その後やはり私の見込み通りであることが判明した。最終的に文部科学省から東京都教育委員会への出向という形で辞令が出ているのだが、それが実現しなかった場合、氏は文部科学省を辞職して校長になる覚悟であった。

浅田氏がなぜ学校勤務を希望したか、それは氏自身の筆による本書をお読みいただくのが一番であろう。氏は教育の現場を理解し思いを共有したいという純粋な思いから学校現場の勤務を希望し、校長になった。だが、それだけであれば、学校にとっては「ハタ迷惑な民間人校長がやってきた」と捉えられるだけかもしれない。「意欲があっても所詮はシロウト。我々の足を引っ張らないで欲しい」と職員から思われても仕方がない。私は浅田氏の学校経営が成功する可能性は高いと予想していた。理由は氏の力量によるのでない。文部科学省の幹部職員を校長として受け入れるのである。教育委員会はベテラン副校長を配置するなど補佐体制を完璧にし、校長はさほどの仕事をせずとも無難に過ごせるように配慮しているはず。以上の様々な憶測が私の脳裏にあった。後日判明したところによると、前者の職員の思いは確かに存在し、後者の教育委員会の配慮はむしろ逆で、特別な配慮はほとんどなく、そのような状況でお手並み拝見、というのが若月品川区教育長の思惑だったようだ。

いずれにしても、浅田氏の校長としての姿を生で見てみたい、との思いは強くあった。平成22年5月より氏は校長日誌を『週刊教育資料』で連載するようになる。その文章からも本人の真一文字な人柄が伝わってきたし、校長としてマトモに仕事をしている印象もあったのだが、団体の役職に就いていたり図書を刊行したりなど、外見がよくとも実際の学校経営はそれほどでもない校長を数多く見てきた私にとって、『週刊教育資料』の文章だけで氏の学校経営を判断することはできなかった。

私自身のことを書かせていただくが、専門は学校経営と授業研究である。国や県の学校評価委員を経験させていただいているし、インタビューした校長の数、授業研究の指導等で訪問した学校の数は数百件になる。都道府県と指定都市レベルの教育委員会と教育センターはすべて訪問しており、指導主事や教育委員会幹部との意見交換の経験も多い。これほどに場数を踏んでいると、学校に一歩足を踏み入れただけで校内の雰囲気はおよそ見当がつく（偉そうなことを言っているようだが、同じことを口にする指導主事や教育長は多い）。私が大崎中学校を訪問することになったのは平成23年。氏が文部科学省に戻る1年前のことである。

一歩入っただけで、学校が落ち着いていることはよく分かった。掃除が行き届いている。下駄箱の靴がきれいに整頓されている。教室がざわついていない。生徒の表情が落ち着いている。浅田氏が赴任する前の同校の状況を聞いていたので、その点だけで、氏の学校経営を高く評価する気になった。もっと驚いたのが、校内を案内する氏の姿勢である。教室を一つ一つ案内しながら、教えている教師のこと、学級のことを長所も短所も含め、腹蔵なく語ってくれるのである。案内しながら気づいたことをメモにしたためている姿も気に入った。氏の案内姿勢は最高クラスに信頼の置ける校長の姿であった。私が国の学校評価試行事業で訪問した学校で、学校の欠点を隠す校長は少なからずいた。課題のない学校などない。あるのが当然で、それにどう対処しているかが学校経営の要諦なのだ。なのに、「本校に何も問題はありません」と大まじめに説明する校長が多い。本気でそう思っているのであれば、本人の感受性、観察力がよほど鈍感だということであり、隠してそう言っているのであれば、学校評価者として看過できない問題だ。こちらが校内視察と関係者へのインタビューを通じて得た様々な証拠を示してようやく学校の課題を認める校長が多かった（もっとも、そのようなアラ探しをしたところで学校の改善にはつながらないのだが）。毎年学校を公開している研究校の校長は隠さない。各教室を案内しながらこの教師の強みがどこにあるか、どこに課題があるのかを丁寧に解説してくれる。校長が各教師の成長過程を的確に把握していること、各学級の状況を適切に把握していることは、それだけで校長が校内を掌握していることを示し、その学校が上昇過程にあることを示している。浅田氏が校内を案内する姿勢は、まさに研究校の校長そのものだった。民間人校長として活躍している人は多いが、それらの人々が校長たり得ているのはマネジメント能力の高さ故であろう。私が浅田氏に受けた印象は、有能な民間人校長としてのものでなく、教職経験数十年を経て校長になった研究校のベテラン校長と同様のものであった。

思わず浅田氏に聞いてしまった。「学校のネガティブな面を隠す校長はたくさんいます。どうしてネガティブな面まで含めてオープンにできるのですか」「どうやって校長としての技を身に付けることができたのですか」最初の質問に対する答えは「隠してもどうせ分かるでしょう」というものだった。確かにそうだ。校長がどんなに隠そうとしても学校の課題は教室の様子を見れば分かってしまう。だが、そのことを学校経営のシロウトである浅田氏がなぜ分かったのか。その疑問に関しても、第二の質問に対する答えで了解した。「大崎中学校に赴任することが決まった直後から、他の先輩校長たちに教えを請いに行きました」

浅田氏の強みは教育に対する純粋な思いが第一であるが、次の強みは、必要なことは臆せず教えを請うことであろうと、私は捉えている。その能力が高いが故に、教職経験がないにもかかわらず、校長としての姿勢と技術を短期間のうちに身に付けることができたのであろう。浅田氏の学習能力の高さを示す別のエピソードがある。氏が文部科学省に戻って以後のこと、氏の希望を受けて、私が関わっている小学校でゲストティーチャーを務めていただいたことがある。キャリア教育に関する話を小学生にしたのだが、まったくうまく行かなかった。話そうと思っている内容が多すぎて、詰め込んでしまうのだ。とりあえずのアドバイスとして…と2、3の改善点を休憩時間に伝えたところ、10数分の休憩時間の後に行った2クラス目の授業では驚くほど改善されていた。浅田氏の授業後に私だけ校長と語ったのだが、「授業そのものも面白かったが、あの1クラス目と2クラス目の授業の変わり方がすごかった」という点が、二人の一致した見解だった。自己改善能力と他者のアドバイスを取り入れる能力が非常に高いことが、浅田氏の校長職成功の秘訣なのであろう。

余談であるが、文部科学省の幹部職員には浅田氏と同様の学習能力の高さを示す人材が多い。出向先で「この地は初めてだから、店を教えてください」と頼んで、復帰時には県庁の誰よりも夜の店に詳しくなっていた職員、県内の学校現場の実情を把握するため、部下と一緒に釣りに行っていた職員、学び方は人それぞれだが、それぞれのやり方で出向先の文化に溶け込み、新たな提案をしている、首長の信頼を得て当初予算の倍額を獲得する職員や定員増を含めた組織改編を提案して成功する職員もいる。という話の数々は、私が浅田氏と一緒に主催している若手職員の勉強会で耳にしたものだ。浅田氏は自分のアントレプレナーシップを後輩にも伝授しようと考えている。

ここで、類書と比較した本書の強みを紹介しておこう。文部科学省及び旧文部省官僚が自らの行政体験を紹介している書はそう多くない。戦後改革期の教職員課長を務めた玖村敏雄氏について書かれた『玖村敏雄先生伝』（辻信吉著、1978）、戦後の大学行政に関わった大崎仁氏による『大学改革1945～1999』（1999）、『国立大学法人の形成』（2011）などに限られるのではないか。大森不二雄氏『「ゆとり教育」亡国論』（2000）、寺脇研氏による一連の著作（『文部科学省：「三流官庁」の知られざる素顔』2013、『なぜ学校に行かせるの？』1997、『危ない「道徳教科書」』2018等々）、前川喜平氏の著作（『面従腹背』2018、『これからの日本、これからの教育』寺脇研氏と共著、2017）は文部省官僚の著作物といえるが、行政体験を紹介するというよりも、それぞれの主張を展開したものと受け止めた方がよい。それよりも、研究者がインタビュー記録をまとめたオーラルヒストリーが、本書に一番近い。政策研究大学院大学による木田宏氏、天城勲氏、西田亀久夫氏のオーラルヒストリー、荒井英治郎氏による安嶋彌氏、高石邦男氏、菱村幸彦氏、辻村哲夫氏、御手洗康氏、銭谷眞美氏のオーラルヒストリーが、本書に類する先行書となるであろう。

オーラルヒストリーに記されているそれぞれの体験談を拝読すると、地方出向時の体験の記述が面白いことが共通している。教育委員会職員はその県に住み続けている以上、多少理不尽なことがあっても変えることの難しいことが多い。そこに出向者がしがらみのない立場を利用して、組織を大改革するのだ。当然軋轢が生じるのだが、その後その県からは長く感謝されることになる。さらに浅田氏の三重県出向時に見られるように、国の立場を捨て去り、地方の人間になりきって職務に邁進していることも共通している。対して出向後に本省に戻って、特に局長以上のポストに就いた時代のオーラルヒストリーの記述は、国会等で答弁されている内容や行政説明で語られる内容と大差ないものが多い。それを超える内容は語ることができないということなのだろう。本当は出向時と同様、それ以上の活躍をしているはずだが、それは語らない。浅田氏の「校長日誌」は、地方出向者の体験談以上に面白く、文部科学省に復帰して以後の「日誌」は、元校長という立場が一貫している。その点がオーラルヒストリーで描かれる文部科学省職員の歴々と違うところだ。多くの出向者が地方では地方の人間になりきるものの、国に戻ったら国の人間としてのアイデンティティを復活させているのに、浅田氏は元校長が国の課長や審議官になったらどう職務をこなし、どう行政の現場を見ているかを日誌に書き続けている。現在進行形で国会にどの程度足を運び、それ以外の場面でどのような関係者、関係団体と交流しているか、学校をどの程度訪問しているかが詳細に記されている。それだけで一級の史料的価値があるだろう。平日は業務で忙殺されるので、執筆は週末に限られていたらしい。それでもこの日誌を本書刊行時点を含めて書き続けているのは、校長としての思いというよりも教育への思いの強さによるのではないかと感じている。

浅田氏との飲み会は実に楽しい。人柄もそうだが、さまざまな学びを得ることのできる人物だからだ。本書の読者も、浅田和伸氏の人物像を楽しんでいただきたい。

千々布 敏弥（国立教育政策研究所）

はじめに

2009年度（平成21年度）から3年間、東京都品川区立大崎中学校で第17代の校長を務めさせていただいた。この「校長日誌」はその2、3年目に『週刊教育資料』（日本教育新聞社編集、教育公論社発行）に書かせていただいたものだ。当時のタイトルは「文科省出身浅田校長の『がんばってます！　学校経営』」というものだった。もちろん、自分で「がんばってます」などと言うはずはなく、編集担当の方が付けてくださった。

当時、それまで校長として1年間仕事をしてきた私の問題意識としては、日誌でも触れているように、学校の「中」のことが「外」の人たちにあまりにも知られておらず、それどころか誤解されていることさえあるのに、そんな中で教育や学校が論じられることに危惧を抱いていた。だから、話をいただいた時は、普通の学校の日常を発信することで、学校の「中」と「外」とを多少なりともつなぐ役割が果たせればいいかなと思いお引き受けした。少しだけ嫌味なことを付け加えれば、ここに言う「外」には文部科学省も含む。お読みいただければ分かる通り、同省の人に伝えたいと思って書いた部分もある。実際にどのくらい伝わったかは定かでないが。

今回、この「校長日誌」を本にしていただけることになり、当時の読者とは別の新たな方の目に触れる可能性が生まれることを幸せに感じている。少し時間も経っているので、今の時点で何かお役に立てるかどうか心許ないが、自分としては精魂を込めて書いたものだ。

書籍化に当たり、掲載誌とはレイアウト（1行の文字数等）が変わるため、分量の調整（短縮）や小見出しの位置の変更等が必要になった箇所がある。その他、誤字の訂正や表記の統一を含め、この機会に若干手を入れさせていただいた。但し、「日誌」はその時々で感じたり考えたりしたことが書かれていてこそ意味があると思うので、それを壊すような加筆はしていない。ほぼ元のままである。

3年間の校長職を終えて文部科学省に戻ってからも、さすがに毎号（毎週）は無理だが、今でもだいたい月に2回くらいのペースで今度は「文科省日誌」を書かせていただいている。これも、世の中ではほとんど知られていない文部科学省の「中」の様子を、学校現場、自治体、研究者をはじめ教育に関わりや関心を持つ方々に少しでも知っていただきたいという気持ちからだ。

教育は、子供たちがいる現場こそが「主」で、教育行政はそれを支える「従」だ。いわば「縁の下の力持ち」「黒子」の役割だと思っている。私自身はそのことにささやかな誇りを持ってこの仕事をしてきた。現場と行政が心でつながっていなければ、真に現場を活かす行政はできない。

もちろん文部科学省には大勢の、また多様な人たちがおり、私はそのうちの一人に過ぎない。省を代表しているわけでもないし、典型的とも思わない。それでも、一つの小さな窓を通じ、教育現場と教育行政、あるいは教育界とより広い外の世界とを少しでもつなぐことができればと願っている。

なお、後から思えば校長1年目の日誌が欠けているのは残念な気もするが、そもそも執筆の打診をいただいたのが2年目からだったのでどうしようもない。本書では補足する意味で校長になる前と校長1年目のことも少し追記させていただいた。

本書の中心である校長日誌（第2章）について、一点だけお断りしておきたい。日誌には、学校や校長の仕事の様子が読者に伝わるように、その時々の出来事をなるべく盛り込んだつもりだが、敢えて書いていないこともある。御想像いただけると思うが、事の性格上外に出す訳にいかないこともあるし、当時の学校の状況や私自身の立場から書くべきでないと判断したこともある。また何らかの理由でわざとぼかして書いたことや、分量の制約から書き切れなかったことなどもある。

例えば、特定の生徒、保護者、地域の方、教職員等に関わる件で、書けば個人がほぼ特定されてしまうような事柄は書けない。特に生徒の問題行動、保護者や地域の方々との間のやり取り、その他学校をめぐる様々なトラブルや事故等については、比較的軽微なものしか書いていないと言った方が正確かもしれない。また、教職員の人事や服務、指導に関係することにも実際には相当の労力と時間をかけたが、それらも「外に出す訳にいかないこと」だ。つまり、生徒、教職員、保護者、地域との関係のいずれにおいても、特に大変だったことは、実はこの日誌にはストレートには表れていない。この点はどうか御理解、御容赦いただき、行間から滲み出るものを酌《く》み取っていただければと思う。

第1章

校長前夜

本書の中心は中学校長として2年間にわたり記した日誌（第2章）そのものであり、後から余計なものを付け加えるべきでないと思うが、欠けている部分を補う意味で、校長になるまでのこと、及び校長1年目のことを補足させていただく。

一　文部省に入るまで

壺井栄の『二十四の瞳』で有名な瀬戸内海の小豆島《しょうどしま》。その西に豊島《てしま》という難読地名の島がある。私はこの島で農家の長男として生まれた。祖父と両親、弟、妹の6人家族だった。島では姓より屋号で「孫助の長男」などと呼ばれることが多かった。農家はどこもそうだと思うが、家の仕事は家族総出でやる。小学生の頃はまだ田植え、稲刈りも手作業で、蛭にたくさん血を吸われたし、手には鎌で切った痕が今も残っている。田畑だけでは生活に足りなかったのだろう、養鶏で卵を売ったり、山羊や豚を飼っていた時期もある。

幼・小・中と島にある公立（香川県小豆郡《しょうずぐん》土庄町《とのしょうちょう》立）の学校に通った。ごく稀に転校生の出入りがあるくらいで、基本的にはずっと同じ顔触れで、いわば期せずしての幼小中一貫教育と言えようか。豊島には当時も今も信号も本屋さんもないし、高校に入学する時に腕時計を買ってもらうまで時間を気にしたことさえなかった。小学生の時に学校で僻地《へきち》教育研究大会のようなものが開かれ、人が大勢来たので覚えているが、「僻地」の意味も知らなかった。

島には高校がないため、中学校卒業後は小豆島にある高校へ船で通う人が最も多く、私の同級生では職業訓練校に進む人もかなりいた。私はたまたまその年に高松市の西の方にある盆栽の町、鬼無町《きなしちょう》の山の上に新設された香川県立高松西高等学校に第1期生として入学した。もちろん家からは通えないので、当時、市内にあった僻地出身の男子高校生のための寮である松平公益会高松学生寮に入ることになった。他校の生徒との相部屋でなかなかスリリングな寮生活だったが、この時から実質的に独り暮らしとなった。

大学から東京に出て来た。受験は高校、大学とも1つしか受けていない。経済的に余裕がなかったのが理由だ。高校時代はお金を節約するためパン屋さんでパンの耳を安く売ってもらったり、参考書はできるだけ寮の先輩に譲ってもらった古いもので間に合わせたりしていた。大学受験の時は担任から「練習も兼ねて私立も1つ受けたらどうだ」と勧められ父に相談したが、「お前、そこしか受からんかったら入るんか」と聞かれ、それはつまり「やめとけ」という意味なのですぐにその考えは捨てた。ほぼ大丈夫だろうとは思っていたが、合格発表の直前には不合格になりどうしようと途方に暮れる夢を見たので、心の底では不安だったのかもしれない。

大学3年からの専攻には心理学を選んだ。学科の性格としては基礎心理学、認知心理学、実験演習、統計解析等が中心だったが、私が特に興味を持っていたのは非行心理、犯罪心理、臨床心理などだった。卒業論文は認知心理学で書いた。

卒業後の進路も初めから公務員を考えていた訳ではなく、就活ではマスコミ、メーカーなど様々な企業を回った。選択肢の一つとして公務員試験も受けておこうと思い調べたところ、心理職では採用の枠が非常に狭いことが分かったので、一番採用人数の多い法律職で受けることにし、法律科目を独学して受験した。かなり右往左往した就活だったが、最終的に当時の文部省に拾われた。これも「縁」なのだろう。

大学時代に祖父が亡くなり、私の後に弟と妹も島を離れ、父も60過ぎで逝き、今、豊島の家には母が一人残っている。親孝行しなければと思いつつ、仕事が忙しいことなどを言い訳にして滅多に帰れていない。母には本当に申し訳ないと思っている。

二点だけ付け加えておきたい。

一つは豊島のこと。高校から高松に行った時、同じ県内なのに豊島と言ってもほとんど誰も知らなかった。ところがその豊島が後に全国ニュースになった。国内最大級の産業廃棄物大量不法投棄問題の舞台としてだ。業者は産廃のことは隠し、ミミズの養殖をするという名目で県の担当者を威圧して許可を取り、不法投棄を始めた。環境や健康への被害が出始め、父を含め島の住民たちは何度も県庁に足を運び是正を求めたが、全く取り合ってもらえなかったという。父は「役人は強い者《もん》の味方じゃ」と言って嫌っていた。

二つ目は先生のこと。幼・小・中・高を通じ、恩師にはとても恵まれたと感謝している。今でも連絡を取らせていただいている先生方も複数おられる。私ももう60近いのに、いつまで経っても先生は先生、生徒は生徒で、私の体や仕事を心配してくださったりする。ありがたいことだ。また、近年二人とも亡くなってしまったが、母方の祖母は小学校の、叔母は中学校の教師だった。私がまだ小さかった頃、二人が住んでいた家へ遊びに行くと、非行問題などの本がたくさんあり、都会の学校は大変なんだなと思ったりした。だが、学校や生徒の話をする時の祖母や叔母はとても楽しそうで生き生きしていた。私の教育、学校、教師への思いの根っこには、こうした人たちの存在、影響もあると思う。

二 「現場」への思い

文部省に採用されたのは１９８５年（昭和60年）。中曽根内閣で総理府に臨時教育審議会が設置され、教育改革の議論がなされていた時だ。１年目の後半から配属された大臣官房政策課は、まさにその臨教審への対応のための文部省側の取りまとめ窓口だった。

入省から校長になる直前までの24年間の主な配属先は次の通り。

・大臣官房人事課
・大臣官房政策課
・放送大学学園総務部総務課企画法規係長〔出向〕
・教育助成局地方課教育委員会係長

・生涯学習局生涯学習政策課生涯学習係長
・三重県教育委員会事務局指導課長〔出向〕
・文化庁文化財保護部記念物課課長補佐
・在中華人民共和国日本国大使館一等書記官〔出向〕
・大臣官房総務課副長（注：2001年（平成13年）1月から文部科学省になった）
・大臣秘書官（事務取扱）
・高等教育局私学部参事官
・高等教育局専門教育課長
・内閣官房内閣参事官（内閣官房副長官補付）〔出向〕

校長の前職になる内閣官房内閣参事官（内閣官房副長官補付）には2006年（平成18年）7月に就いた。それまでの例では、この職は約3年務める例が多かったので、おそらく次の異動は普通に行けば2009年（平成21年）の7月前後だろうと予想していた。私が学校現場で仕事をしたいと考えるようになった際、2009年（平成21年）4月からの着任を目指したのは、その時期を逃してしまうと自分が異動してしまうであろうから、その直後に新たな異動の希望は言い出しにくく、結局、学校現場に行く機会を永遠に逃すことになると考えたためでもある。

いつ頃からだろう、私の中では、もっと学校現場に近いところで仕事をしたいという気持ちが、抑え難いほど強くなっていた。2000年（平成12年）の3月末に中国から帰任して以来、文部科学省と内閣官房での仕事が長くなっていたこともあると思う。国の仕事はもちろん重要だし、その中でもやり甲斐のある大事な仕事をさせていただいているという自負もあった。だが同時に、私の中ではずっと、我々がやっている国の教育行政の仕事が果たして教育現場から見て頼りにされ共感されるものになっているのだろうかという自問自答が続いていた。多くの人はそうに違いないと信じて仕事をしているのだろう。でも、本当にそうか。このことは本来、国で教育行政を担っている文部科学省の存在意義の根幹に関わることではないのか。

私を含め文部科学省の職員は、主観的には皆、日本の教育、社会をより良くしたいと願い、夜遅くまで働いている。だが、その理想はいったいどれだけ実現できているだろうか。その思いはいったいどれだけ現場に届いているだろうか。睡眠を削り、命を磨り減らすような思いまでしてやっているこの仕事が、自分自身で納得できるものになっているだろうか。

心が折れそうになった時に脳裏に浮かぶのは、三重県教育委員会で仕事をさせていただいた時（1992年（平成4年）7月～1995年（平成7年）3月）の記憶だった。県では県立の高等学校、特別支援学校とは直接つながっているし、小・中学校は市町村教育委員会を間に挟む形ではあるが、それでも国よりは遥かに、自分たちのやっている仕事が学校現場で活かされている、子供たちや学校、地域のために役立っているという充実感があった。

私の父は60過ぎで亡くなった。公務員はその前に定年が来る。自分にもそうたくさんの時間が残っているわけではない。本当にやりたい仕事、自分で納得できる仕事をしなければ、きっと後悔する。私はもっと教育の現場に近い仕事をしたい。

正直に言えば、最初は市町村教育委員会での仕事が念頭にあった。学校そのものに行くことは思いつきもしなかった。だが、いろいろ考えたり勉強したりするうちに、２００８年（平成20年）の夏頃に、「子供たちに近い」「学校現場に近い」ことを望むなら、市町村教育委員会よりも学校そのものではないか、と思い至った。教育は現場が命だ。子供たちや教職員がいる学校現場で、これまでの仕事や経験を通じて温めてきた自分なりの教育への思いを実践したい。行政より教育の現場に身を置いて腹を据えて仕事をし、実際の行動や学校の現実を通して発信していく方が、教育をより良くすること、教育現場と教育行政をより近いものにすることになるのではないか。自分がやりたいのはそういうことではないのか。そういう仕事にこそ限りある力と時間を注ぐべきではないか。

そうは言っても、自分に学校現場での仕事が務まるだろうかという不安やためらいもあった。また、文部科学省の人事にそんな例は無いし、自分も既に責任の重いポストに就かせてもらっており、そんな我儘な希望を認めてもらえるとは想像しにくかった。けれども、こうも考えた。文部科学省の在り方としても、本来は教育委員会だけでなく学校現場そのものとのつながりをもっと太くするべきではないのか。私がやろうとしていることは文部科学省にとっても必要なことではないか。もちろん、私が失敗して迷惑を掛けなければの話だが。

最初に私が考えたのは、当時既にいくつかの自治体で行われていた学校管理職の公募に応募し、最終に近い段階まで進んでから文部科学省の人事当局に「実は」と話を持って行くことだった。いわば先に既成事実を作ってしまう作戦だ。調べたところ、ある県で県立高校の校長、教頭の公募がなされていた。これに応募することも真剣に考え、応募書類まで作った。だが、踏み切れなかった。率直に言って高校は自分が一番やりたい場所ではなかったからだ。高校には入学者選抜がある。スクリーニングされた生徒が入って来る。私がやりたかったのはそうではなく、何のスクリーニングもなく、その地域に住んでいるいろいろな子供たちがそのまま入って来る学校、つまり公立の小学校か中学校だった。迷ったが、中途半端な気持ちで勝負をかけるわけにはいかないので、結局それには応募しなかった。

もう一つ躊躇《ちゅうちょ》する理由があった。それは、私としては学校現場への強い思いを胸の内で温め続けていたが、誰にも話したことはないし、ひょっとすると傍から見れば独り善がりの突飛な考えになってしまっている虞《おそれ》があるのではないかということだった。一人だけで悶々と考えていると、得てしてそういうことに陥りがちだ。とはいえ、軽々に人に言える話ではない。小・中学校の教育現場や教員の人事に詳しい方で、真摯に話を聞いてくださり、かつ、秘密を守っていただけそうな方に相談してみることにした。

意中にあったのはお二人の方だった。どちらもそれまでの仕事を通じ接点があった。意を決してそのうちのお一人に打診してみることにした。当時のメモを見ると、最初にその方に「話を聞いていただけないでしょうか」と電話をしたのが２００８年（平成20年）９月初め。実際にお会いしたのが中旬だった。端的に「学校現場で仕事をしたいと本気で考えている」と切り出したのだが、言下に否定されるかもしれないという予想に反し、驚きつつも受け止めてくださり、むしろ背中を押していただくような言葉も頂戴した。学校現場の経験も豊かで教育行政にも詳しいその方と話をすることで、私の希望はますます強いものになった。

結局、もう一人の方には相談せずに終わったが、校長になると決まってから連絡を取ったところ力強いエールをいただいたので、もしも事前に相談していればやはり御理解いただけたのではないかと思っている。

三　願いは、叶う

その後、本当に校長として採用していただけるようになるまでの経過は、人事に関することでもあり人に言うべき話ではないし、私自身の知らないことも多いと思う。差し障りがないであろう範囲で少し書かせていただくと、自分の気持ちが定まった後、10月初旬に初めて文部科学省のある方にアポイントを取ってお会いし、自分の考えをお話しした。通常の人事のルートで相談しても「何を馬鹿なことを」と一蹴されて終わるのが目に見えていた（と私は思っていた）ため、そうではない無茶なやり方をした。学校現場で仕事をするという私の希望は、この時既に、駄目と言われてすぐ諦められるようなものではなくなっていた。それでいわば決戦に挑むような心境で直接上の人に思いをぶつけることにしたのだった。

案の定、「気持ちは理解するが…」と複雑な顔をされ、「人事の上では不利になるぞ」と御心配もいただいたが、「覚悟の上です。戻らなくても構いません」とお答えした。その日は「1、2週間くらいで回答する」という言葉をいただいて終わった。感触としては9割9分無理そうだなと思ったので、この後は少し落ち込んだ。

それから約2週間後にその方から電話をいただき、挑戦のチャンスを認めてもらえることになった。正直、びっくりした。もちろん嬉しかった。夢かと思った。同時に、もう後には引けない、これからが大変だと覚悟を決めた。

それから後のことは私が直接知らない部分が多いと思う。私の思いを知って応援してくださる方もいて自治体間で話が動き出し、区教育委員会からの推薦を経て1月に任命権者である東京都教育委員会で校長選考のための面接等を受けた。詳しく考えを聞かれ、厳しい質問も受けた。そして2月19日の昼頃に都教委から「品川区教育委員会からの推薦に基づき、特別選考を実施し、校長候補者に内定した」旨が発表された。採用年月日は約1か月後の２００９年（平成21年）4月1日、配置予定校は品川区立大崎中学校に決まった。

最終的には文部科学省から東京都教育委員会への出向という形にしていただけたが、腰掛けのように思われては私の思いと違うし、第一、学校現場に失礼だ。戻ることは考えず、腰を据えて「本物の校長」になることを自分に課した。

なお、「出向」という言葉から、文部科学省の身分を持ったまま行ったと誤解されることがあるが、そうではなく、文部科学省に辞職願を出し、改めて東京都教育委員会から採用の辞令を受ける。給与も現給保障というようなものは一切なく、東京都の基準でゼロベースで計算される。国との関係で残るのは、辞職時に退職金が支給されず引き続き通算されるということくらいである。

蛇足だが、この転身については妻にも一言も相談しなかった。初めて話をしたのは都教委から発表される前日で、それも朝、ごくさらっと軽いことのように伝えただけだった。その時は妻も何だかよく分からず「ふーん」と聞き流していたが、報道されたりしたこともあり、やがて実は結構大事《おおごと》らしいと感づき始め、それなのに事前に何の相談もないとはどういうこっちゃという痛いところに気づかれてしまい、怒りが大爆発した。そのあたりのことは日誌の№21で少し触れているが、実際にはその前後にも、私なりにいろいろ試みたことが悉く裏目に出てどんどん事態が悪化し、長期間にわたり家の中は爆風吹きすさぶ惨状と化した。私としては相談しないには相談しない方がいいと思う理由があったのだが、家庭内の話であるし、万一妻の目に触れるとまずいので書かずにやめておく。

2月24日に初めて東京都品川区立大崎中学校を訪ね、前任の大瀧吉夫校長から学校、生徒、地域の状況等について話をうかがった。また3月11日と19日（卒業式の日）、30日にも訪問し詳しい引継を受け、特に生徒指導の状況等について重い課題が多くあることなどを聞き、気を引き締めた。

なお、普通は教職員の人事は年度末ギリギリに公表されるところ、私の人事が2月に出てしまったため、大瀧校長が同年度限りで同校を離れることが年度途中で分かってしまい、御迷惑をお掛けする結果になったのは心苦しかった。今後もしも同様のことがあるとすれば（滅多にないだろうが）、もっと遅い時期、例えば3月の卒業式後に公表する方が望ましいとは思う。

この他、3月18日に東京都教職員研修センターで人事考課制度（評価者訓練）等についての研修を、27日に品川区教育委員会で区転入教育管理職事前研修を受講した。

この27日に想定外のことがあった。研修の後、区教委の方から、5日後の4月1日から大崎中で私とペアを組む予定だった副校長予定者（他区の副校長をされていた方で、お名前や学校名も聞いていた）が突然、病気のため着任できなくなったと聞かされた。後である人から聞いた話が本当だとすれば、その数日前に前任の副校長から仕事の引継を受け、その晩から急に具合が悪くなったそうなので、私とペアを組むのをよほど重荷に感じられたのだろうか。これも私に原因があるのだろうからその方には申し訳なかったと思う。しかし普通、この時期になってそれはない。区教委も困ったことだろう。

その結果、とばっちりというか何というか、区内の他の中学校で次年度も教務主任という重職に就くことが決まっていた金児《かねこ》京子主幹教諭が急遽《きょ》、大崎中の副校長に充てられることになった。金児副校長にも、また新年度直前に中核の教務主任を引き抜かれてしまったその中学校にも大変な御迷惑と御負担をお掛けした筈で、これも本当に申し訳なかったと思っている。

27日に区教委で金児副校長（予定者）と初めてお会いし、ごく短時間だけ挨拶を交わした際、私としては「よろしく」という意味を込めてにっこりしたつもりだったが、金児副校長は「この非常時に何と能天気な！」と腹を立てられた、という話をずっと後になってからお聞きした。他の教職員や保護者、地域の方、他校の校長等もそうだが、親しくなってから「実はあの時はね…」と教えていただいたことも多い。着任した直後には分からなかったが、いろいろと心配されたり警戒されたり怪しまれたりしていたんだな、ということがよく分かった。

四　校長1年目

校長1年目の日誌が欠けているのは既述の通りだが、仮に初年度から書いていたとすれば、その1週目はこんな感じになっただろうか。

大崎中校長日誌（1年目の第1回）

２００９年（平成21年）４月１日水曜日。今日からいよいよ東京都品川区立大崎中学校での生活が始まる。生徒たちを預かる、極めて責任の重い立場だ。

午前中に上野の東京文化会館で任命権者である東京都教育委員会の「公立学校新任校長辞令交付式」。続いて品川区役所で同区教育委員会の「新補転補校長辞令伝達式」に出席。濱野健品川区長にも御挨拶。

午後2時半頃、大崎中学校に到着。早速教職員に挨拶をし、副校長、3人の主幹教諭と数日後に迫る始業式、入学式や4月にある修学旅行の準備等について打ち合わせ。区の校長会、教育会、給食の関係等でそれぞれ担当の他校の校長、教育委員会等から連絡。

校庭に出ると春休みも部活動の練習で来ている生徒たちがいて、見慣れない変なおじさん（私）に声を掛けて来る子もいる。事前に聞いていた情報と頭の中で照合して、あれはあの子かなと見当をつけて名前を聞いたら、やっぱりそうだった。

夕方、再び区役所で転入・昇任校長対象の「品川区の教育改革プラン21」研修会。

2日、午前8時10分から教職員全員による定例の打ち合わせ。続いて8時30分から校長、副校長、主幹教諭による企画委員会。通常ならこの間に校門の前に立ち登校して来る生徒たちを迎えるが、春休み中は無し。生徒の欠席、遅刻等は8時10分までに学校に連絡をもらうルールになっており、一覧できるよう職員室のホワイトボードで情報を共有する。

午前中に荏原《えばら》第三中学校で区の中学校長会。様々な担当業務、行事等についての報告や話があり、追い付くのが大変そう。午後は区役所での校長連絡会。濱野区長、若月教育長、市川教育次長からもお話があった。夕方、都立大崎高校から定時制課程の学校運営連絡協議会委員への就任依頼の電話。副校長、主幹教諭から学校行事や部活動についての相談等。その他、あちこちから電話、メール等多数。21時に退勤。

3日も朝8時前に出勤。職員打ち合わせ、企画委員会（これらは今後は記載を略す）の他、主任教諭を加えた運営委員会も開催。これは職員会議に先立ち開くもので、生徒指導や行事についての情報の共有等が中心。非常勤講師に関する書類を自転車で区教委に届ける。初めて電動アシスト自転車に乗ったが、実に便利だ。午後、職員会議。夜、本校から最も近い三木《みつぎ》小学校から本校の入学式に関する連絡。この日も退勤は21時。

4日土曜日も朝から学校へ。根岸PTA会長、佐藤前会長、小野副会長がお越しくださり、この方々と金児副校長と一緒に、10余りの近隣町会長のお宅へ挨拶回り。学校に戻ると、いつも本校を応援してくださっている（と聞いていた）地域の方がお見えになった。午後、ある生徒が数日前に家を出たきり帰っていないとの情報が入り、部活動の顧問と担任を中心に対応。いろいろある。

6日月曜日、朝のうちに生徒に関する情報の確認と共有。在校生（8、9年生。品川区では全ての区立小・中学校で「小中一貫教育」に取り組んでおり、中学1〜3年生を7〜9年生と呼ぶ）が集まった体育館で、新たに本校に着任した教職員の着任式、続いて始業式。ほんの短い時間なのに、途中で3人の生徒が体調が悪くなり保健室へ。大丈夫か？　昼前に入学式の会場の確認。給食関係の業者の方が来訪。その後あらためて全職員で打ち合わせ。新年度のスタートを、新たに着任した人も含め全員で一体になって迎える体制を作らねばならない。某警察署少年係の方が来訪。本校は学校の所在地、生徒の居住地の関係から近隣3つの署との関わりが深い。この日は何かあったからではなく、インターネットのフィルタリングについての保護者への啓発の進め方に関する相談に来られたもの。その他、主幹教諭から部活動についての相談など。

夕方になって、翌日の入学式に車椅子で来られる保護者がおられると分かり、利用できるトイレへの案内等について対応を相談。区教委にも連絡し、今後も来校されるのだから校門から最も近いトイレを改修してもらえないかとお願いした。この日の手帳には「子供たちが可愛く思えて仕方ない。まだとても怒れない」とメモしている。

7日、入学式。私は前から入学式は和装（羽織袴）と決めていた。7時半に出勤し、打ち合わせやお客様への対応等。各町会、同窓会、小学校、児童センター等をはじめ、驚くほど大勢の方が来賓として来てくださる。学校の大切な応援団だ。地元の期待に応えねばならない。

午前10時から3学級84人の新入生を迎え第62回入学式を挙行。昨年度まで3学年とも2学級で、特に新9年生は54人と少ないが、学校選択制の中でも選んでもらえる中学校を目指そう。新入生だけでなく、私にとっても校長として初めて迎える入学式。生徒たちの顔を見ながら、一所懸命練ってきた式辞を読んだ。

午後、職員会議。もちろん式が終われば普通の恰好に着替えている。その後、前年度から継続の芳水《ほうすい》小学校との小中合同研究会を本校で開催。両校の全教員が参加する。同校の八重樫校長から「学校力を高めるには教員の授業力を高めることこそが必要」というお話など。この合同研究のねらいは「授業力」の向上にある。その後も副校長、事務主事、通級学級担当の教員との打ち合わせなど。

大崎中での最初の7日間はあっという間に過ぎた。

明日（8日）は新入生と上級生との対面式。給食も始まる。14日には生活指導主任会（担当校長として毎回出席）。15日から2泊3日で長崎への修学旅行（引率）も控えている。21日には国の全国学力・学習状況調査と、次回の小中合同研究会もある。22日は区教育会の総会と部会、24・25日は学校公開で、25日（土）には初めての保護者会もある。28日は離任式、30日は「プラン21」についての校長研修会と、今月だけでも大きな行事や予定が目白押しだ。死ぬ気でやらなきゃ追いつかない。


日々の予定やメモを記した手帳は1年目だけで17冊になった。右の日誌はその最初の方を見ながら書いたものだが、ここでは触れていない個々の生徒に関する情報なども含め、その頃のことが一つ一つ思い出されて懐かしかった。この調子で手帳や記憶、学校だより等を元に1年目の日誌を復元することも可能だとは思うが、今はとても余裕がない。

大崎中では地域の方々や保護者にお配りする「学校だより」を8月を除き毎月発行しホームページにも掲載していたが、1年目の6、7、9月号以外は3年間を通して全て私が1ページ目の文章を書いた。4、5月号を自分で書いた後、副校長や主幹教諭等にも交代で書いてもらった方がいいだろうと思い、そう仕向けたのだが、10月号の前に副校長から「校長のメッセージを発信した方がいい」と言われ、書くのは嫌いではないので喜んで引き受けた。

1年目に書いたことを振り返ってみると、4月号では新校長としての挨拶と決意、5月号は『続ける』力」と題して「自学ノート」の取組のことなど、10月号は「挑戦すること」や地域でのボランティア活動などの話、11月号は「貝原益軒の牡丹」と題して私の好きな逸話の紹介、12月号は区の英語学習成果発表会、中学生の主張大会、「税についての作文」等での生徒の活躍の様子、1月号は難病とたたかう子供たちの夢をかなえる活動をしている団体「メイク・ア・ウィッシュ　オブ　ジャパン」の大野寿子事務局長をお招きして12月に行った講演会の報告等、2月号は健康、体力、生活習慣などの話題、そして3月は卒業を迎える9年生へのメッセージと保護者、地域の方々への御礼と、生徒一人当たりの図書の月平均貸出冊数が前年度の2・5倍に増え区内の中学校で最多となったことの報告等だった。

年間を通しての主な行事や動きなど、いわば学校の「歳時記」については2、3年目の日誌からも大体のところは察していただけると思うが、1年目の2009年度（平成21年度）に特徴的だったことなどを少し補足させていただく。

1年目は生徒指導に関わる案件やそれらへの対応等が多かった印象がある。元々、小学校よりも中学校を第一に希望した大きな理由の一つは生徒指導の問題に正面から取り組みたかったからでもある。それで強く印象に残っているのかもしれない。特に5、6月には複数の生徒が関わる重大な事案があり、その後も保護者や関係機関との対応などが長く続いたし、厳しい局面も多々あった。あらためて手帳を見ると、生徒指導に関する内容が相当の分量を占めている。その一つ一つが私にとって貴重な思い出でもある。

保護者との関係では、4月早々に数人の方から学習面等についての「要望書」をいただいた。話をうかがうと、それまでの学校の対応に不信感や不満を持っておられることが分かった。そこで、4月に全ての保護者を対象に学校や校長への要望等についてのアンケート調査を行い、いただいた全ての項目について、次の保護者会で私から一つ一つ説明し、欠席された方も含め全家庭に紙でもお配りした。もちろん全ての要望にYｅｓと言えるわけではないが、できないものはできない理由を説明した。そうすることによって、少なくとも真摯に受け止めているということをお伝えしなくてはいけないと考えた。これは一例に過ぎないが、生徒、保護者、地域の方々や関係機関との信頼関係の構築に手を抜かずに当たったことで、少しずつ信頼される学校に近づくことができたと思っている。

夏休みには校舎の大掛かりな耐震工事が行われた。その間、校長室や職員室も別の会議室に移動し、機械の音が鳴り響く中で仕事を続けた。2、3年目の夏にもそれぞれ別の工事があったので、結局、私がいた3年間は毎年、夏の間中、工事をしていたことになる。業者との細かい打ち合わせや進捗管理、安全対策、部活動等の代替場所の確保、近隣の方々との関係、騒音や振動、埃等の苦情への対応など気を遣う場面も多かった。

また、1年目第1週の日誌でも触れたが、私が着任する前年度から2年間の計画で始まっていた「授業力の向上」に関する芳水《ほうすい》小学校との小中合同研究に引き続き取り組み、1月には研究発表会も行った。遠方からの方も含め400人以上の方が参加してくださったと記憶している。その成果は、その後も三木小、戸越《とごし》小を加えた大崎中グループ4校での取組や、私の校長2年目から実施するようになった本校独自の校内研修でも引き継ぎ、深化させていくことになる。

この他、1年目は8年生の行事として春に田植え、秋に稲刈りの農業体験もあった。これも良い取組だと思うが、費用の問題と、年間の授業時数を確保するために行事を精選する必要があったことから、翌年度からは移動教室の中に農業体験を組み込んで行う形に変更した。農家に育った私としては田植え、稲刈りも捨て難いが、あれもこれもと欲張っては学校がパンクしてしまう。どこで全体のバランスを取るか、どの学校も苦労している点だと思う。

1年目はとにかく全速力で走りながら、次から次へと出現するハードルを跳び越え続けた感じだった。とはいえ、2年目になって振り返ると、このことにも1年目から手を着けておくべきだったと反省した点もある。いずれにせよ、1年目の経験があったからこそ2年目にできたこともたくさんあるし、自分としては大変だったが中身の濃い充実した1年目だったと感じている。

第２章

大崎中の生徒たちと走った校長の日々

初出：２０１０年度（平成22年度）
〜２０１１年度（平成23年度）
『週刊教育資料』

各連載のタイトル
横のメモに、
主な内容をキーワードとして
記しています。
巻末の索引とあわせて
活用ください。

No.1

校長になって実感したのは　学校の大変さ、教職員の頑張り（平成22年度）

キーワード：
春休み，始業式，入学式

タイトル（文科省出身浅田校長の「がんばってます！　学校経営」）にある通り、私は元々文部科学省で主に教育行政に携わってきたが、昨年度から東京都の品川区立大崎中学校で校長を務めさせていただいている。私が学校現場で仕事をしたいと考えた理由の一つは、学校現場と教育行政、教育界と他の世界がつながっていないという問題意識だから、こういう形で発信の機会をいただけるのはありがたい。学校現場2年目の経験やその時々の考えなどを、あまり堅苦しくならないように書かせていただこうと思う。

春休みは休みではない

はじめに、教職員にとっては当たり前でも、世の中ではあまり理解されていないことから。

学校も4月1日から新年度が始まる。生徒は春休み（春期休業）中だが、教職員は休みではない。それどころか、年度初めは滅茶苦茶に忙しい。

人事異動で教職員の入れ替わりがあるし、校内の体制、例えば学年・学級の担任や各主任、校務分掌も一新して再スタートすることになる。その中で、数日後に迫る始業式、入学式に向けた様々な準備を大車輪で進めなければならない。

本校でも4月1日、2日とも朝から全教職員の打ち合わせ。非常に緊張感の高まる時期だ。

昨年、知り合いから「学校の先生は春休みがあっていいですね」というようなことを言われたので、「とんでもない！」と説明し、「学校だより」の4月号にもそのことを書いた。しかし、今年も地域の方から入学式後に「学校が始まったから、そろそろ来てるだろうと思って」という電話をいただいた。

つまり、多くの人に誤解されている。

わざわざこちらから「生徒は休みでも教職員は仕事してるぞ」とアピールすることはないけれども、私としては、教職員が頑張っていることは少しでも多くの方に正確に知って欲しいので、これからもいろんな機会に説明していこうと思っている。

新入生を迎える緊張感

校長として2度目の4月だが、緊張感や心配事は去年より遥かに大きい。というより、去年は私自身が学校に「入る」側だったため、入って来る生徒や教職員を「迎える」ことに十分気が回っていなかった。申し訳なかったと恥じ入る他はない。

3月以降、新入生や転入生の受入れ準備を進める過程で、当然ながら様々な情報が入ってくる。それらを踏まえて準備やクラス分けをすることになる。文科省や教育委員会などでの経験から、「学校現場の大変さ」をある程度分かっているつもりではいたが、現実に自校の生徒のこととして迫ってくると、そのプレッシャーたるや半端ではない。文字通り胃の痛くなる日が続く。本校のように生徒数250人ほどという比較的小規模な学校でさえそうなのだから、大規模校の管理職の心労は察するに余りある。私は難しい課題や苦しい状況に直面すると、「全国で大勢の校長や学校が同様の苦労をしているに違いない。よって自分が逃げるわけにはいかないし、身をもって経験できるのはむしろ幸運だ」と考えるようにしている。それにしても、だ。

口外するわけにはいかないが、もしもありのままを誰かに説明すれば、学校現場の「大変さ」を絶対に理解してもらえる自信がある。それくらいの重い内容が、現実にはある。

子供たちの成長を見る喜び

始業式の前日に職員会議を開き、改めて重要事項について確認、情報交換を行った。

そして6日の始業式。一つ学年の上った8、9年生が久しぶりに体育館に揃う。品川区では小中一貫教育の視点から、区立中学校では1、2、3年ではなく7、8、9年と呼ぶ。最初は違和感が無いでもなかったが、もうすっかり慣れてしまった。

昨年度1年間で生徒たちが大きく変貌、成長する姿を目の当たりにし、この時期の教育の大切さを改めて痛感した。特にこの春卒業した生徒たちは、卒業間際には目に見えて大人っぽくなった。新9年生も昨年度の後半から随分落ち着いてきた。

「立場」や「自覚」が子供たちを成長させる。これからの1年間でこの子たちがどれだけ変わるか、とても楽しみだ。

85人の新入生を迎えて

翌7日が入学式。曇り空だが桜も残ってくれた。今年度の新入生は85人で3学級。実は2月途中までは80人弱の見込みだったため、学級数がどうなるかがなかなか読めず、これまた胃痛の種だった。

この地域では地元小学校卒業生の3割強が私立中学校に進む。区立中学校の中でも学校選択制がとられているため、入学者数が読み切れない難しさがある。

入学式には昨年に引き続き和装で臨んだ。私自身が好きだからということもあるし、生徒に日本の伝統文化に触れる機会をつくりたいという気持ちもある。

私は、儀式である入学式や卒業式は、生徒たちのために厳粛な雰囲気で行いたいと考えている。式辞は毎回、自分なりに一所懸命考える。校長の式辞など誰も覚えていないだろうが（現に私自身もそうだが）、それでも一期一会という気持ちを込めて考え、読む。

8、9年生は前日の始業式ではやや緩んだ空気もあったが、入学式では先輩らしい立派な態度を見せてくれた。

課題や心配は山ほどある。最近は「大崎中は変わった、良くなった」と言っていただけることが多く、それは生徒や教職員たちの努力と保護者、地域の応援があってのことだが、それでも努力が必ず結果につながるという保証はない。品川区の若月秀夫教育長がよく仰る「今はたまたま運がよいだけかもしれない」というおそれを常に抱きつつ、大崎中での2年目に臨んでいく。

No.2

生徒の背後に見える家庭の実態　「家族の再生」こそ日本の重要課題

キーワード：
対面式，部活動，生徒指導，保護者，授業力，小中合同研修

「対面式」と部活動

入学式の翌日は在校生と新入生との「対面式」。8・9年生（品川区では中学2年生を8年生、3年生を9年生と呼ぶ）が「先輩」として学校生活や部活動の紹介、合唱の披露等をしてくれた。7年生の緊張している様子が初々しい。

本校も「文武両道」を掲げているが、こと部活動に関しては、文化系はこれまで音楽、美術の2部だけだった。文科系の活動も盛んにしたいが、限られた人数の教員ですべての部を見る必要がある中では、部の新設は容易でない。それでも今回、家庭科部を新たに発足することができた。

部活動の在り方については思うことがいろいろある。一つには、特に本校のような規模の小さい学校（生徒252人）では、指導できる教員が常にいる保証はなく、継続性の点で非常に危なっかしいこと。もう一つは、部にもよるが、早朝・放課後や休日の練習、試合を含め顧問（教員）の負担が重く、しかもその割に報酬が極めて薄く、ほとんど教員の「ボランティア」精神に支えられている実態だということ。はっきり言って、今の仕組みには無理がある。

教育的な効果は大きい。その良さは貴重だし、学校との関わりは残した方がよいと思うが、基本的には地域主体の社会教育として整理すべきではないだろうか。せめて、教員には実態に合った手当を支給できるようにならないものかと思う。

春は「切り替え」のとき

新学年が始まるこの時期は、「切り替え」の好機でもある。

生徒たちも様々な変化を見せてくれる。例えば、なかなか学校に来られなかった子が自分から学校に行くと言い出して親を驚かせたり、小学校時代に重い課題を抱えていた子が新しい環境で笑顔を取り戻したり、というように。口には出さずとも、子供たちは、それぞれに一所懸命考えていることがよく分かる。それを精一杯応援したい。

一方で、新しい学年や人間関係の中でトラブルが起きやすい時期でもある。もちろん本校も例外ではなく、毎日のように生活指導の問題は発生する。

問題の拡大を抑えるには、できるだけ早期に、学校として統一的な方針の下に毅然とした対応をとることが肝心だ。担任だけでなくすべての教職員が生徒の様子を注意深く観察し、気になることがあればすぐに情報を共有し、チームとして対応していくようにしている。

保護者との関係

4月は保護者との関係も再構築する時期になる。本校でも中旬に学校主催の保護者会とPTAの総会、実行委員

会があった。

保護者会では、校長としての学校経営方針や、本年度特に重点として取り組みたいことなどをお話しさせていただいた。今年は大勢の保護者が出席してくださり、嬉しく思った。

言い古されたことだが、学力面でも生活指導面でも、教育の効果を上げるには家庭と学校との連携協力が不可欠である。

ＰＴＡ役員の方々をはじめ、学校に積極的に協力してくださる保護者の存在はとてもありがたく、心強い。人数は少ないが、新学期などに教員と一緒に校門前で挨拶運動に参加してくださる「オヤジの会」のお父さん方もおられる。

ただ、昨年1年間の印象では、小学校と比べ、保護者の学校への関わりや参加意欲は随分薄いように感じた。学校としても、ホームページや学校だより、学年だよりなどを含め、情報発信に一層力を入れていかねばと思っている。

中には、家にほとんどおられない、電話にも出られず連絡がつかない、家を訪ねても出ていただけない、いくら促しても給食費を払っていただけないといった保護者もいて、対応に苦慮することもある。生徒の問題行動の背景に家庭の問題が絡んでいると感じることも少なくない。反対に、厳しい経済状況の影響をもろに受けながらも家族のために頑張っている保護者も大勢おられる。

学校にいると、生徒を通じてその背後にある「家庭」が見えてくる。今の日本社会の極めて重要な課題の一つは「家族の再生」だと感じている。

「授業力」と小中一貫教育

学校の教育力の中核は授業力、指導力である。

したがって、「授業力」の向上については、個々の教員の努力に任せるだけでなく、学校全体としてもそのための活動や仕組みをつくる必要がある。学校の中に、教員がお互いに学び合い高め合うという「文化」を定着させる必要がある、というのが私の考えだ。

昨年度、本校は、品川区が進める「小中一貫教育」の取り組みとして、近隣の芳水《ほうすい》小学校と合同で「授業力」に関する実践研究を行い、少しずつ成果が見えてきた。今年度からはこれを、同校を含む3小学校と本校の計4校の合同研究に拡げることにしている。

この小中一貫教育の取り組みを梃子《てこ》としつつ、新たに「授業力」向上のための校内研修を計画的に実施することにした。

4月に実施した第1回の研修会は、小森栄治氏（日本理科教育支援センター理科教育コンサルタント）に講師をお願いし、「授業の見方について」というテーマでご講演をいただいた。中学校での豊かな教職経験に裏付けられた分かりやすいお話で、大変参考になった。

今年度はこのような研修会を6回予定している。この他にも、教員が他の教員の授業を見、あるいは他の教員に授業を見てもらって学び合う機会を増やすつもりでいる。「大崎中の先生なら授業力が高いはずだ」と言われる学校を目指したい。

なお、7月30日には品川区で「小中一貫教育全国サミット」が開催される予定である（会場は品川区立小中一貫校日野学園）。全国の方々と情報や意見を交換できるのを楽しみにしている。ぜひ多くの方に参加いただきたい。

No.3

年度初めは怒涛の毎日　校長の役割は皆で支え合う雰囲気づくり

キーワード：
修学旅行，平和・歴史学習，学力調査，教科説明会

修学旅行と「平和教育」

本校の修学旅行は4月に2泊3日で長崎へ行く。伝統の一つである「平和教育」の集大成という位置付けでもある。

「平和教育」というと、内容の偏向を心配する向きもある。残念なことだ。もちろん、そういう疑念を招かない内容でなければならない。その上で、私は、我が国の戦争の歴史、とりわけ広島、長崎の原爆被害や沖縄戦について学ぶことは、日本に生きる者として「常識」と言ってよいほど大事だと思っている。

品川区でも毎年夏に各中学校から一人ずつの生徒を「中学生平和使節」として広島に派遣している。昨年度、本校からこれに参加する生徒に、私が文化庁記念物課で「原爆ドーム」の世界遺産推薦を担当していたときの話をした。地元の関係者や、ご自身も被爆者であられる平山郁夫氏をはじめとする大勢の方々がどんな願いを込めて取り組んでおられたかという内容だ。この生徒は自分でもよく勉強し、多くのことを学んで帰って来てくれた。今回の修学旅行でも、原爆で兄を亡くされた長崎平和推進協会の濱崎均氏から生徒たちに話をしていただいた。全員とはいかないが、多くの生徒が真剣に聞き入ってくれていたと思う。

それにしても、直接戦争を体験された方々の高齢化が進む中、戦争を「生《なま》の歴史」として子供たちに伝えることが難しくなっていると感じる。

全国学力・学習状況調査への私見

4月には国の「全国学力・学習状況調査」も行われた。本年度から悉皆でなく抽出調査となったが、品川区では全公立学校が参加している。

私自身は、この調査は必要だと考えている。理由はいくつかあるが、一つには、各学校、自治体が、児童・生徒の学力の実態を全国的な状況との比較において直視せざるを得なくなる点だ。無論、学力は多面的に見るべきで、一つの調査結果だけを過大に評価するのは間違いだ。しかし、学力が測りにくいものであることを口実に、これまで学力向上への取り組みが十分なされてこなかったということはないだろうか。

数年連続で全国的に成績が下位であった府県では、自治体が学力向上に本腰を入れ始めた。現実を直視した結果である。このように教育現場への支援の強化に生かされてこそ、税金を使って実施する意味がある。

この調査以外にも、例えば本校では、品川区が毎年実施する学力定着度調査の結果について、小中一貫教育の視点から近隣小学校と連携しつつ分析している。教育は数字だけで評価してはいけないが、だからといって実証的な検証を軽視してよいという理由にはなら

ない。

文科省は、調査結果をより深く検証・分析し、施策の見直しと、学校や自治体への支援に十分生かしてもらいたい。

休日に発生した事件と家庭の責任

4月下旬、緊急に区内の公立小・中学校長が招集された。そこでの話は、学校が休みの土曜日に発生したある件に関することだった。関連して思うことを書く。本校でも、休日に子供たちの間で発生したトラブルや、下校後の生徒の問題などが、保護者や地域の関係者から学校に持ち込まれることがある。「学校の話ではない」と言いたいところだが、現実にはそう割り切った対応はしにくいことも多い。ただ、「本来どうなのか」ははっきりさせておくべきだ。

そう考えて、5月1日の教科・部活動説明会の場で保護者に「生活指導や基本的な生活習慣、特に休日や登校前、下校後の生徒の行動については、第一義的にはご家庭で責任を持って指導していただくべきこと」だと話をした。どれくらい理解していただけただろうか。

学校公開、教科説明会

本校では今年度、振替休業日を設けない土曜日の授業や行事を3日間増やした。その一つが5月1日の学校公開日で、授業公開の後、保護者対象の教科・部活動説明会を開催した。ゴールデンウィーク中の土曜日にもかかわらず大勢の保護者にご出席いただき、感謝している。「教科説明会」は新たに実施したもので、学年・教科ごとに年間の指導計画と各観点別の評価基準、それに担当教員からのアドバイスをまとめた資料を作り、各教科の教員から説明してもらった。こういうことを一つ一つきっちりやっていくことが、学校への信頼を高めることにつながると考えている。

怒涛の4月

それにしても4月の忙しさ、気ぜわしさは並大抵ではない。日々いろいろな問題が起こり、心身の休まることがない。本校は今年度、9年生（品川区では小中一貫教育の観点から中学3年生をこう呼ぶ）は80人の2学級で出発したが、4月中旬以降に2人の転入生があった。「1か月早ければ3学級になったのに…」と思わないではないが、仕方がない。

年度初めの活動や行事に加えて、生徒間のトラブル、「いじめ」、問題行動、怪我、不登校の生徒、給食費を払わない保護者への対応など、怒涛のような忙しさの中で、教職員の体調も不安定になる。それでも皆、無理をしがちだ。校長としては、教職員の仕事や健康に目を配るとともに、いざというときにカバーし合う職場の雰囲気づくりを心がけたい。

5月3日の休日、東京都府中市に住む祖母と叔母の家を訪ねた。旅行に行く叔母の代わりに95歳の祖母の世話をするため、私の母が香川県の豊島《てしま》から上京している。親不孝な長男としては、せめてこういう機会に会いに行かねば罰が当たる。

祖母は小学校、叔母は中学校の教員だった。書棚には今も教育関係の古い本がたくさん並び、教職への思いの強さを物語る。

私は教員ではなく教育行政の道に進んだが、巡り巡って今は中学校で仕事をさせていただいている。すべてがつながっているように、私には思える。

No.4

文科省の事業は「行う側の論理」が優先されていないか　学校の事情を踏まえた計画が必要

キーワード：
姿勢，読書，生徒指導，教育会，特別支援教育

5月、新しい動き

昨年も感じたことだが、学校の4月、5月は本当に慌ただしい。年度初めでいろいろな仕事が重なる上に、生徒も新しい環境の中で次第に緊張も解け、様々なトラブルが起きる時期でもある。

5月6日。朝一番で、ゴールデンウィーク前からの生活指導関係の出来事や生徒の怪我などについて職員から報告を受ける。その後、区役所で校長連絡会。いったん学校に戻るが、夕方には区教委で「施設分離型小中一貫教育の推進のための作業部会」の分科会。校長室にある5月の予定表は、校内の仕事だけでなく外での行事、会議、関係機関との連絡などで既に一杯になっている。

そんな中、時間があるときにはできるだけ授業の様子を見て回る。気になる生徒の様子もさり気なく観察する。姿勢の悪い生徒に小声で注意することもある。仕事ではあるが、教室を回り生徒たちの顔を見ることができるのは、私にとって幸せな時間でもある。

「姿勢」の大切さについては、昨年度から何度も話をし、校長室の前に張り紙までしている。実を言うと私もそんなに姿勢のよい子供ではなかったような気もするが、生徒のプラスになると思い、粘り強く注意することにしている。

嬉しいこともいくつかあった。

一つは、7年生（品川区では小中一貫教育の視点から中学1年生を7年生と呼ぶ）の自治委員が、自発的に登校時の校門での挨拶運動を始めてくれたこと。生徒たちの発案であることに大きな意味がある。

もう一つは、図書室に専門スタッフがいない日（週2日）のボランティアをしていただける方が見つかったこと。ずっと募集していたのだが、5月から来ていただけることになった。本当にありがたい。読書の重要性はいくら強調してもし過ぎることはない。図書室の利用がさらに増えることを期待している。

学校には学校の事情がある

詳しくは書けないが、教育関係の事業を行う団体の知人から、事業の実施時期や方法について相談を受けた。

その際に私が意見としてお答えしたのは、要約すれば「どんなに素晴らしい事業でも、時期や期間の設定が学校現場の実情に合ったものでなければ利用されるはずがない」ということだった。

実は数か月前にも別の団体の知人から似たような相談を受け、同じことを答えている。この2度の経験から私が考えたのは、次のようなことだった。

もしかすると文科省の行う事業でも、学校現場からは「こんなやり方をするとは、学校現場のことを全然分かっ

ていない」と呆れられるようなことがあったのではないか。利用者よりも事業を行う側の都合や論理を優先し、結果として使い勝手の悪いものになっているということがなかっただろうか。

学校には学校の事情がある。学校のための事業であれば、その事情を踏まえた上で計画すべきだ。

当然のことだが、文科省は霞が関の中では学校現場へのシンパシーを最も強く持っている。しかし、自戒も込めて言うが、本当に学校現場の実状や感覚を分かっている人間がどれだけいるだろうか。私も学校現場に来る前は、知識としてはある程度知っているつもりでいたが、感覚は今よりずっと鈍かったと感じている。

「生活指導」の視点

5月11日、概ね月に一度開催される小中合同の生活指導主任会に担当校長として出席した。他校や、場合によっては他区の状況も知ることができ、大変参考になる。今回の会議では、携帯電話をめぐる問題を題材にした文科省作成のＤＶＤ「ちょっと待って、ケータイ２」の紹介などもあった。

生活指導に関しては、家庭や「心」の問題なども深く関わる要素が多く、対応が非常に難しくなっている。しかし、中学校に来てつくづく感じるのは、教員は生徒の将来を考えて一所懸命、根気強くやっているということだ。

30年近く前、私が大学で心理学を専攻に選んだ理由の一つは、非行心理や犯罪心理を学びたいと考えたからだった。

校長として生徒の生活指導もする立場になった今、自分自身がどういう子供であったかは語りにくいが、個人の「心」の内に目を向ける視点は常に持ち続けていたいと思う。

同時に、自分の思い通りにならない他人が大勢いる中で生きていくためには、社会のルールや規範意識もきちんと教える必要がある。そういう点がとても弱くなっているように感じる。だが、これは子供だけの問題ではない。電車やバスで目の前にお年寄りが立っても平気で座っていられる大人が多い現実を目にすると、暗澹《あんたん》たる気持ちになる。

特別支援教育部会を担当

翌12日には「教育会」の今年度２回目の各部会が開かれた。教育会は、品川区の全教職員が参加し、部会に分かれて主体的に研究を深める組織である。昨年度は国語・図書館部会、今年度は特別支援教育部会を担当させていただく。今回は年間の活動計画を決めるのが主眼だった。三重県教委指導課長時代には特別支援教育（当時は「特殊教育」だったが、私の在任中に係名を「障害児教育係」に改めた）も所管していた。文科省でも特別支援教育課での仕事を何度も希望したが、残念ながらその機会はいただけなかった。

大崎中には特別支援の固定学級はないが、私が着任した昨年度から通級学級が設置され、区内の各中学校の生徒が週に1、2日ずつ通っている。

今年度は、教育会での活動も通して、特別支援教育の現状や課題について多くのことを学びたいと楽しみにしている。

No.5

学力向上に欠かせない家庭での学習習慣　学校で工夫はすれど手応えはわずか

キーワード：
運動会，学力調査，自学ノート，小中合同研究

運動会に向けて

5月中旬から、月末の運動会に向けての練習が始まった。グラウンドから毎日のように生徒たちの元気な声が聞こえてくる。転入生がクラスに溶け込み楽しそうに練習している様子を見ると、ほっとする。

運動会や文化祭などについては、学校に来て見方が少し変わった。こういう行事への取り組みを通じ、生徒一人一人の力だけでなく、集団の力が高まっていく。学校の外から見えるのは本番の1日だけだが、教育上はその前の過程の方がずっと長く、重要である。

本校の運動会は昨年まで3年連続して雨で延期になっている。平日だと見に来ていただける保護者の数も少なくなる。生徒たちの頑張る姿を大勢の方に見ていただきたい。天気予報がとても気になる。

本校の運動場は土の粒が非常に舞い上がりやすく、風の日には近所の方々に大変ご迷惑をお掛けしてしまう。学校が住宅地の中にあるため、近隣の方からこの土埃や生徒の声、マイクの音などについて苦情をいただくこともある。学校のことゆえ温かく見ていただきたい気持ちもあるが、人によって感じ方や考え方が違うのも当然のことだ。管理職にとって頭の痛い問題でもある。

「自学ノート」で学習習慣を

2月に実施された品川区独自の「学力定着度調査」の結果がまとまった。区内の公立小学校4年生と中学校の7年生を対象に、国語と算数・数学で実施している。

学校ごとの平均点を競うのではなく、区教委があらかじめ設定した習熟基準をどれだけの生徒が満たしているかを見て、各学校が自らの課題と改善策を具体的に打ち出すことがねらいである。区教委は「子供の成績評価ではなく、教員集団全体の指導力としての『学校力』の評価である」と説明する。

本校も小中一貫教育連携グループを組む3小学校と結果を分析し、今後の指導につなげていくことになる。

学力を上げるには、授業の質を高めることはもちろんだが、生徒が家で毎日学習する習慣をつけることが欠かせない。

本校では昨年度から「自学ノート」という取り組みを全学年で行っている。使い方は学年によっても様々だが、とにかく毎日少しずつでもこのノートを使って学習することが主眼である。

私も時々見せてもらってコメントを書く。今年も既にいくつかのクラスのものを見せてもらった。できるだけ早く全クラスの分を見るつもりだ。私にとっては、一人一人の生徒とのささやかなコミュニケーションの機会でもあり、これからも大事にしたいと思って

いる。

　それにしても、全体として家庭学習の時間が少な過ぎるように感じる。勉強する子としない子で二極化していると言った方が正確かもしれない。

　昨年、ある保護者から「家で勉強を見てやりたいが、どうすればいいのか分からない」というお話を聞き、私なりに家庭での学習の仕方についての参考資料を作って年末の保護者会で配布した。しかし、あまり手応えはない。家庭への働き掛けも含め、引き続き粘り強くやっていくしかないと思っている。

関係機関との連携

　5月中旬、区の家庭あんしんセンター、児童相談所、警察の少年センターなど様々な関係機関と連絡や相談をする機会が続いた。不登校生徒のための適応指導教室への入室についての判断会もあった。生徒本人のことだけでなく、保護者の悩み、家庭の問題などいろいろなことについて、どうするのが一番よい道なのかを関係機関とともに探っていくことになる。週1日来ていただいているスクールカウンセラーも、朝から夕方まで大忙しの日程だ。ケースは本当に多様であり、マニュアル的な対応は全く通用しない。

　それにしても、大人も子供も含め、「心」の問題がこれほどまでに広がっていることに危惧を覚える。身近に相談できる人、心を支え合うことのできる人がいない、生きにくい世の中になってしまっているのではないか、という気がしている。

小中一貫教育の合同研究

　本校は今年度から小中一貫教育連携グループの3小学校と、区の研究学校として小中一貫教育の合同研究に取り組む。テーマは「授業力向上を通して学校を変える」。その第1回合同研究会を5月19日に開催した。

　昨年度まで近隣の芳水《ほうすい》小学校と本校の2校で取り組んできた成果を踏まえ、今年度から4校に拡大するものだ。これまでの取り組みから、例えば、授業中に発言しようとするときの作法、辞書の活用、礼の仕方などについて、小中で一緒にやってきた良い成果が表れつつあると感じている。この流れをさらに加速したい。

　よく「小・中学校間の文化の違い」などという話を聞くが、私は、教員が互いに授業や指導方法について見合ったり助言し合ったりして高め合っていくことこそ、学校の文化として根づかせなければいけないと考えている。この研究を、各教員の授業力と各校の教育力の向上につなげたい。

家ではダメおやじなのに

　学校では校長でも、家に帰れば権威のないダメおやじに過ぎない。会津藩の「什《じゅう》の掟《おきて》」に倣《なら》い、正月に「浅田家の掟」なるものをつくって壁に貼り出したが、家族からは煙たがられている。

　そんな私が、6月20日（日）、NPO法人「おやじ日本」の全国大会（東京都渋谷区・千駄ヶ谷区民会館）にパネリストとして出させていただくことになった。テーマは公立学校の現状と課題。叩かれ役になるのだろうが、学校、教育の理解者や応援団の輪を少しでも広げられれば、と思っている。

No.6

校長になり多くの方から「授業の見方」学ぶ　実感したのは教育という仕事の奥深さ

キーワード：
教員評価，授業観察，音楽鑑賞教室，運動会

教員の評価について

5月24日、教員の業績評価のための「評価者訓練」という研修を受けた。管理職はこれを毎年受講することになっている。

東京都では教育職員の人事考課制度が導入されており、教職員が年度初めに「自己申告書」を作成し、それを基に年3回、管理職が個別に面接を行う。

可能な限り評価の客観性を上げるためであろう、都は一通り目を通すだけでも大変なほど詳細な資料を作ってくれている。それでも、教員の評価はとても難しい。仕事の内容が広範にわたること、生徒の状況など所与の条件が異なること、仕事と結果の因果関係が分かりにくいこと、管理職の目が届く範囲が限られることなどが理由である。

率直に言って、管理職にとっても負担が大きく、文部科学省の課長だったときよりずっと大変だ。こんなに細かい評価が必要なのか、とも思う。

授業の見方を学ぶ

学校では、教員の指導や生徒の様子を見るため、できるだけ授業を見て回る。

私は教員出身でないため、昨年校長に就任して以来、私自身が授業の見方を勉強するよう心がけている。

文科省にいたときも学校訪問の折などに授業を見ることはあったが、校長として見る場合とは視点が全く違う。そのため文科省の視学官、大学の研究者、教育委員会関係者、他校の校長、私立中高一貫校で教員の評価に携わる方などにお願いし、一緒に授業を見ながらアドバイスをいただいた。他にも何人かの方が助言や詳しい資料をお送りくださった。

この他、近隣の小学校と一緒に取り組んでいる「授業力」に関する小中一貫教育の合同研究、校内研修、区の教育会、また休日に開催される教員の研修セミナーの類などを通じ、いろいろな授業を見たり、視点を学んだりするようにしている。

それでも付け焼刃に過ぎないことは自認しているが、私自身が努力しなければ教員に対して失礼だと思っている。

様々な授業を見ると、教え方はいろいろであるにしても、やはり、いいなあと感じる授業と、そうでない授業がある。準備がしっかりとできていて、ねらいが明確で、生徒の様子や反応をきめ細かく見て指導していながら、そのことを感じさせないような軽やかな授業がある。そういうものを見ると、授業には本当に高度で専門的な技術が必要であることが分かる。教育という仕事の奥深さを実感する。

中原校長との再会

25日は品川区の音楽鑑賞教室。区立中学校の8年生が午前、午後に分かれ

て参加する。

本校は会場まで近いため学校から徒歩で往復した。こういうときも、校長としては、近隣の方々にご迷惑にならないように、ということが気に掛かる。

中学生にとって、本物のオーケストラによる演奏に触れる機会は貴重である。その魅力を体感するとともに、音楽会でのマナーも学んで欲しいと思っていた。開始前には少し私語もあったが、演奏が始まると、どの学校の生徒も静かになり、誰一人、他人に迷惑になるようなことはなかった。そんな中学生たちの様子に安心し、感心した。

28日、大阪府立和泉高校の中原徹校長とお会いした。日米両国で弁護士として活躍されていた方で、40歳になられたばかりである。米国での経験から、国際社会における日本の将来に危機感、使命感を抱き、府の公募を経て今春着任された。

実は中原校長とは、昨年7月、共通の知人の紹介でお目に掛かったことがある。そのときはまだ採用されるかどうか分からない段階だったが、とても魅力的な人で、教育界でも活躍して欲しいと思っていた。

中学校と高校ではかなり違う点もあるが、教育への思いは重なる部分も多い。中原校長の話に触れて、あらためて自分も頑張らねばと思った。

運動会を終えて

去年まで3年連続して雨で延期になっている運動会。今年は大丈夫そうだと楽観していたが、29日当日には雨の予報になってしまった。

午前6時前に出勤。最後まで実施できることを願いつつも、雨天に備え、プログラムを縮小する場合の案について確認した。途中で小雨がぱらつき心配したが、何とか最後まで予定通り実施することができた。

開会式では、生徒会長が「史上最高の運動会にしたい」と気合のこもった挨拶をし、9年生の代表が大きな声で選手宣誓をしてくれた。私は甲子園やいろんな大会の開会式も見ているが、どこに出しても恥ずかしくない立派な選手宣誓だった。

競技では、遅れたり、うまくできなかったりした生徒も、投げやりになったりせず、最後まで真剣にやってくれた。9年生の百足《むかで》競走では、青組の女子のチームが何度も転んでしまい、多くの生徒が泣きながらも最後まで一所懸命走ってくれた。それに対して赤組の生徒たちが大きな声で声援を送ってくれた。こういう姿を見ると、生徒たちが素直な心を持って育ってくれていることが感じられて嬉しくなる。ますます子供たちが可愛く思える。

後日、来賓の方からも「感動した。素晴らしい運動会だった。先生方の日頃の指導の成果と思う」という言葉をいただいた。私もそう思っている。

月が変わって6月4日、鳩山首相が辞意を表明された。私が内閣官房で仕事をした2年9か月の間にも、4人の総理、5人の官房長官にお仕えした。それで本当にいいんだろうかと、一国民としては心配になる。

No.7

校長会総会での大臣挨拶の代読　直接語る貴重な機会なのに

キーワード：
文部科学省，教育実習，家庭・地域との連携，校内研修

大臣の肉声が聞きたい

前回書き漏らしたことから書く。5月下旬に全国の高等学校長が集まる会議が東京で開かれた。遠方から上京された旧知の校長の何人かが、「プログラムを見て、大臣のお考えを肉声で聞けると思って楽しみにしていたのに、大臣も副大臣も出られなくてがっかりした」と残念がっていた。

「全国の学校現場で頑張っている校長に直接思いを語る絶好のチャンスなのに出られないなんて、それより大事な仕事って何ですか」。そう憤る高校長に、国会のためではないかと答えはしたものの、本当の理由は私も知らない。

「もう二度と出ない」と言われる校長もいた。私が文部科学省の事務方に言いたいのは、そのように期待してわざわざ遠くから出席する現場の校長も少なくない筈で、そのことを正確に大臣にお伝えしてご判断を仰いでいるか、ということだ。現場の士気をどうお考えだろうか。

短過ぎる教育実習期間

5月下旬から6月中旬まで教育実習生を迎えた。期間中、何度か授業を見るとともに、私からも一時間ほど話をさせてもらった。本気で教員を目指す実習生に期待することや、教育実習に臨むに当たって持ってもらいたい覚悟などだ。最終日まで一所懸命取り組む姿勢には好感が持てた。教員採用試験は相変わらずの「狭き門」だが、やる気のある、適性を備えた人が大勢入って来てくれなければ教育界は持たない。頑張って欲しいと思う。

ただ、本当に実践力を育てるためには、今の教育実習期間ではやはり短過ぎる。6月3日、文部科学大臣が中教審に「教職生活の全体を通じた教員の資質能力の総合的な向上方策について」諮問された。教員養成・免許制度はどういう在り方が望ましく、また現実的なのか。きっと意見が大きく分かれるところだろう。それでもこの際、微修正ではなく、抜本的に仕組みを考え直した方がよいように思う。

生徒、家庭、地域への向き合い

運動会が終わって6月に入り、生徒たちには気持ちを切り替えて前に進んで欲しいところだが、どうもざわざわして落ち着かない。生活指導面でも気になることがいろいろとあるし、欠席者も増えている。教員が家庭訪問をしたり保護者からの相談を受けたりすることも多くなっている。

7日の全校朝会で、先の運動会や音楽鑑賞教室で生徒たちが見せた真剣さ、優しさ、けじめなどを褒めつつ、それらを普段の学校生活で発揮していってもらいたいという話をした。

また翌日の教職員の打ち合わせで

は、休みがちな生徒への対応について、担任だけの負担にならぬよう学年で協力して一人ひとりに働きかけることを求めた。

生徒の問題だけではない。親子関係、家族関係に起因する、あるいはそれらのために事態がより深刻化、困難化しているケースが非常に多くなっている。そういう問題への対応は、学校としても非常にエネルギーを使う。心理、医療などの専門機関につなぐべきと思われるケースも多いが、そのつなぎ方自体が大変難しい。どこの学校でも苦心しておられることだろう。

近隣のある小学校の校区外部評価委員会でも、学校公開の際の保護者の振る舞いが話題に上った。授業中なのに廊下で大声でおしゃべりをする、携帯電話で話をする、などである。本校でも、相変わらず給食費を払わず、電話にも出ない保護者もいる。

地域との関係でも、土埃や工事の音だけでなく、集会で使うマイクの音量やボールの音などにも苦情をいただくことがある。

学校としては、地域の祭礼の時には、ＰＴＡの方々と教職員とで土・日曜日の夜間パトロールを行ったりもしている。町会などでの会合や行事にも私や副校長ができるだけ出るようにしている。

私は故郷を出てから数年おきに転居を繰り返してきたので、地元自治会などとの接点はほとんど無かった。大崎中に来て、地域のつながりが生きていることを知り、新鮮な感動を覚えている。本当は、学校の生徒や教職員も含め、住民みんなが自然に挨拶を交わせるような地域づくりが理想なのだろうと思う。

「学校を良くする」とは

３日、品川区教育委員会の学校経営監による学校訪問。八重樫憲一・学校経営監は、昨年度まで芳水《ほうすい》小学校の校長を務められ、本校との小中一貫教育の合同研究をリードしてくださった。本校の事情にも詳しいので、非常に親身な、的確なご助言をいただけた。

７日、都内のある大学を訪ねた。今年度から始めている校内研修会で、７月に講師をお願いする予定の方にお会いするためである。久しぶりの大学キャンパスは、緑に溢れ、色鮮やかな花々も目に眩しく、羨ましいような環境で心地よかった。

本校でも職員や生徒たちが花や緑を増やそうと頑張ってくれている。学校は綺麗な方がいいし、花や緑には人の心を和ませる力がある。学校を良くしていくというのは、こういうことも含めた、いろいろな努力の積み重ねだと思っている。

９日には、今年度第２回目の校内研修会を開催した。今回は研究主任（主幹教諭）による授業を全員で見ての協議会に加え、新規採用の二人にも５分間の模擬授業をしてもらい、先輩教員から様々な助言を受けた。区教委の指導主事、学校経営監、小中一貫教育で連携する小学校の管理職にもご参加いただき、より緊張感のある研修になったと思う。私自身、教員や助言者の発言から学ぶことが多々あった。

学校として組んだのはここまでだが、その後、若手の教員たちが自主的に反省会を開いてさらに勉強したと聞き、嬉しかった。私が期待するのは、まさにそういうことだからだ。

No.8

学校の理解者、応援団を増やさなければ　教育予算は決して増えない

キーワード：
乳幼児とのふれあい学習，進路指導，面接練習，学校を開く

父親失格

　最近、我が家の子供が学校での行いについて指導を受け、家に連絡をいただくことが2度続いた。これまで家で繰り返し注意してきたことの延長線上の問題である。私も親に迷惑をかけた口ではあるが、そんなところまで似て欲しくはない。子供の躾《しつけ》には厳しくしてきたつもりだが、親として十分な教育力は揮えていないということであり、情けないと思う。

　悪いものは悪いのだから、直るまでしつこく注意する。しかし、子供も頭では理解しているだろうに、いったいどうすれば2度としないようになるのかと頭を抱えてしまう。

　学校でも、何度も繰り返し生活指導をしなければいけない生徒はいる。あの子たちの親も私と同じような煩悶を抱えているのだろうか。そんなことを考えながら、連絡帳に親としての「反省文」を書かせていただいた。

赤ちゃんとのふれあい授業

　大崎中学校の特色ある教育活動の一つに乳幼児との「ふれあい授業」がある。品川区の平塚児童センターの協力を得て一昨年度から行っているもので、乳幼児とお母様方に来校いただき、生徒たちと交流する。今年度は6月に8年生と1歳児、7月に7年生と0歳児で行う。

　乳幼児や育児についての知識、思いやりなどを学ぶとともに、自分が赤ん坊だったときに親がどういう気持ちでいたかを考える縁《よすが》にもなる。

　6月10日、今回は31人もの赤ちゃんが来てくれた。ちなみに8年生の生徒は84人だ。体育館で、グループに分かれて生徒が赤ちゃんの面倒を見たり、一緒に遊んだり、母親から話を聞いたりする。その後、大きなパラシュートを使った遊びもした。

　昨年度も経験しているためか、ほとんどの生徒が赤ちゃんと積極的に関わろうとしていた。児童センターや主任児童委員、民生委員の皆さんのお蔭で、回を重ねるごとに触れ合いが自然なものになっている。

　生徒も普段とは違う一面を見せてくれる。この子がこんなに赤ん坊のあやし方が上手いのかと驚いたり、感心したり。

　参加された母親たちからは毎回、少し怖そうだと思っていた中学生に対するイメージが変わったという感想をいただく。地域の方々に学校や生徒の生《なま》の姿を知っていただける機会としてもありがたいと思っている。

15歳での進路選択

　11日、保護者を対象とした本年度1回目の進路説明会を開催した。9年生の保護者を中心に、予想以上の人数の

方がご出席くださった。私からは、「15歳の時点で先を見通して進路を考えるのは難しいことだが、高校中退者も多い現実を考えると、生徒本人がいろいろな選択肢をよく考え、できる限り後悔しない進路選択をして欲しい。学校や家族の役割はそれに支援や助言をしていくことだ」という話などをした。

あまり知られてはいないが就職、進学実績の高い高等専門学校についても、文科省で担当課長をしていた経験を踏まえて紹介した。

今春初めて生徒の受験を経験したが、入試日には悔いを残さぬよう頑張ってくれよと願い、合格発表の日は朝から祈るような気持ちだった。

生徒には、来春の入試はまだ遠く見えるかもしれない。しかし、春に咲く桜は、実は冬のうちから蕾《つぼみ》をふくらませ始めているし、花の芽をつくるのは前年の夏だ。全ての生徒が希望する進路に進むことができるよう、今のうちから少しでも力を伸ばしてやりたいと思う。

9年生は6月中旬から、一学期の定期考査に向けて補充教室を実施する。秋には9年生全員に私が面接練習をする。やる以上は間違いなく役に立つものにしたいと思い、昨年、都立高校の校長を訪ねてお話もうかがった。一人一人の生徒と将来の希望や勉強方法などの話ができるので、私も楽しみにしている。

教育の世界の「内」と「外」

6月中旬はこの他、他県教委からの「小中一貫教育」視察、連携している戸越《とごし》小学校の学校公開、夏の工事に関する業者との打ち合わせ、それに臨床心理士と教育心理相談員による巡回相談などもあった。

ところで、学校が外部の力を借りることへの抵抗感は、一昔前に比べれば劇的に薄まっているが、それでも先日、何人かの校長と話していて、まだ「外部の力を借りずに教員が自らやるべきだ」というこだわりが根強くあると感じたことがあった。そういう理想論を否定する気はないが、果たしてその感覚は世間で理解されるだろうか。

異業種勉強会の仲間で企業の管理職を務める友人から、内閣府の規制改革会議に関わった方々の共著の一部を分担執筆したとして本が送られてきた。学校選択制の全国実施、児童・生徒による教員評価、教育バウチャー制度といった規制改革会議的な発想には、学校関係者の間では反発が強いようだ。私自身も、基本的なところで意見が違う点もある。しかし、そういう考え方が世の中で一定の支持を得ているのも事実である。

私の偏見であればよいのだが、教員や学校関係者だけの勉強会などに出ると、内輪で「我々が正しい」という話のみで盛り上がってしまうことが多いように思う。それではいつまで経っても味方は増えないし、教育予算も増えない。税金の使い道を決めるのは国民の多数の意思だからだ。

教育に関わりの深くない人たちの中にも学校の理解者、応援団を大幅に増やしていかない限り、今の状況は打開できない。私はそう思っているが、そういう認識や危機感を持っている教育関係者は少ないと感じる。

内弁慶にならず、教育の世界の「外」に向かって、「外」で理解し共感してもらえる言葉で発信していくことが必要だと思う。

No.9

「おやじ日本」のパネルディスカッションに参加　学校の理解者や応援団の輪を広げよう

キーワード：
移動教室，農業体験，小中一貫教育

移動教室と「けじめ」

6月16日から18日まで、7年生の「移動教室」引率で磐梯高原、会津、喜多方方面に行った。野外活動が多い日程なのに初日の朝から雨で心配したが、バスでの移動中に上がってくれた。

到着後、数人のグループに分かれての農業体験。昨年度まで農業体験は別日程で行っていたが、年間を通して行事を精選する観点から、今回初めて移動教室に組み込んだ。生徒たちはそれぞれの農家で昼食をいただいた後、畑やビニールハウス、農家の庭先などで実際に農作業の一端を体験した。

農家に生まれ育った私と違い、東京の子供たちは普段、畑の土に触れたりする機会は少ないだろう。各グループを見て回ったが、農家の方々によくしていただいたこともあり、生徒たちはとても楽しそうに働いているように見えた。

夜のレクリエーションでは、準備期間もない中、それぞれの班が工夫を凝らし、豊かな個性や芸を発揮した出し物を演じてくれた。この子たちにこんな才能があったのかと舌を巻く場面も多く、私としても楽しかった。

2日目は6時間かけての登山と山歩き。慣れない、しかも雨の後で滑りやすくなった山道で転ぶ生徒も（実は教員も）続出したが、大きな怪我もなく歩き通すことができた。その夜は蒔《まき》絵体験。生徒が絵を描いたお盆は文化祭で展示する予定だ。

そして最終日は会津藩校日新館の見学と、喜多方での班別行動だった。日新館では「ならぬことはならぬものです」という「什《じゅう》の掟《おきて》」などを学んで欲しかったのだが、生徒たちの心に残っただろうか。

結局、行き帰りは雨に降られたが、それ以外は天候にも恵まれ、滞りなく日程をこなすことができた。体調を崩す生徒や、指導を要するトラブルもいくつかあったが、大きな怪我や事故がなかったのは幸いだった。

この間、私が生徒に繰り返し言ったのは「怪我をしない」「時間を守る」「迷惑をかけない」の3項目である。頭文字をとると「けじめ」となり覚えやすいだろうと考えたのだが、そのことは言わなかった。気づいてくれた生徒はいたかな…。

6年生が大崎中の生活を体験

私が学校を留守にしたこの3日間に、学校では、小中一貫教育で連携グループを組む3小学校の6年生たちが中学校生活を1日体験する「小6体験授業」を実施した。

従来は移動教室の日程に重ねてはいなかったが、普通の日にやると教室のやりくりが大変で在校生にも負担がかかることもあって、この形に変えたものだ。

主な内容は、本校の教員による授業、給食、部活動体験である。本校生徒会役員や各部からの説明もしてもらった。

今回、6年生たちの様子やそのお世話をする本校の生徒たちの姿を直接見られなかったのは残念だが、こちらも順調に実施できたようだ。

本校とこれらの小学校3校とは、いわゆる「施設分離型」小中一貫教育の連携グループとして協力している。今年度からは学校教育目標も4校共通にし、授業力向上の研究にも4校合同で取り組んでいる。

東京では小学校から中学校に進む段階でも様々な選択肢があり、生徒のシャッフルが起こる。それでも公立中学校の校長としては、地元の方々から「公立だから駄目だ」と言われたくないし、逆に「来てよかった」「子供を通わせてよかった」と言ってもらえる学校にしたいと思って教職員と一緒に努力している。

今春は連携3小学校からの入学者が大幅に増えた。来年度もそうであって欲しいと願っている。

子供の学校の授業参観

19日の土曜日は、長男の学校の保護者会と次男の学校の授業参観が重なり、妻が前者、私が後者に行くことにした。私の仕事と重ならなかっただけでも運が良かった方である。

子供の授業参観などには、仕事と重ならない限り行くようにしている。自分が校長になってからは、やはり授業や学校を見る観点が変わったと思う。教員の教え方、生徒の様子、授業中の規律、教室や校内の掲示や環境、図書室の利用状況など、いろいろなところを意識して見るようになった。

ただ、自分の感想や評価のうち、良いこと以外は家族にも誰にも絶対に言わないことにしている。どの学校もいくつもの課題や困難を抱えながら努力している。それを理解できる立場であるだけに、親としては、子供の通う学校を応援する立場でいたいと思っている。

「おやじ」の日

「父の日」の20日、NPO法人おやじ日本（竹花豊理事長）の全国大会が都内で開かれ、そのパネルディスカッションに出させていただいた。

テーマは「今どきの学校教育を考える」で、特に公立中学校の現状や課題、具体的には学校週5日制や部活動、教員の多忙さ、学校と家庭の溝をどう埋めるかなどが論点になった。

日曜日にわざわざ「おやじ」の催しに集まって来られるだけあって、会場から発言された方々も、懇親会でお話しさせていただいた方々も、皆、教育や社会問題に熱い思いを持っておられ、頼もしく感じた。

子供や学校を取り巻く人たちが皆このように力強い応援団であれば、教育は今よりずっと良くなるだろう。しかし、一歩会場の外に出ると、こういう方々はやはり少数派である。

本校でも昨年度から、保護者による「おやじの会」が新学期に朝の挨拶運動をお手伝いくださるなどの活動を始めているが、参加者はごく少数の特定の方にとどまっている。

学校の理解者や応援団の輪を広げるのはとても難しい。それでも、少しずつでも広げる努力をしていかなければいけないと思っている。

No.10

学校の人事の特性　校長の考えをどう形にするか

キーワード：

生徒の姿，高校，教職員，学校の人事，安全指導

サムライ・ブルーの成長

サッカーのワールドカップで日本代表チームが決勝トーナメントに進出し、6月29日、初のベスト8進出を目指してパラグアイと死闘を繰り広げた。

岡田監督が帰国後の会見で「あのW杯での試合を年間5試合、6試合、南米予選やヨーロッパ予選のような試合をやっていれば、彼ら（日本代表選手）は必ず伸びます。もっともっと、そういう厳しい環境での試合、プレッシャーの中での試合、親善試合でなくて相手が本気でやってくる試合、そういうものをたくさん経験させてやりたい」と語られた。

本校の生徒たちにも、真剣勝負の他流試合の大切さを伝えたい。「井の中の蛙《かわず》になるな」ということだ。

迷っている人を案内した生徒

本校で校区外部評価委員会を開催した際、新しい委員の方が会議室を探すうちに間違って音楽室に入られた。そのとき、室内にいた9年の女子生徒が「どちらをお探しですか」と声を掛け、「私がご案内します」と道案内をしたとのことだった。自然にそういうことができるのは素晴らしいとお褒めの言葉をいただいた。生徒が褒められるのは自分のことより100倍も嬉しい。さっそく教職員にも紹介しておいた。

21日、都立大崎高校定時制の学校運営連絡協議会に委員として出席し、授業中の教室や廊下の様子も見て回った。昨年同時期には、率直に言って、これは大変だなと思った。ところが今回は、授業の邪魔になるような私語もなく、あくまでも昨年との比較だが、生徒が全体的に落ち着いて、気持ちが前に向いているように感じられた。

3月の卒業式では、4年間皆勤という生徒が2人いたと知り頭が下がる思いがした。難しい環境の中で大変な努力を重ねたことだろう。そういう子たちが報われる世の中であって欲しい。

大崎高校には全日制、定時制とも卒業生がお世話になっている。今年度から全日制の協議会でも委員をさせていただいている。

私は残念ながら校舎内で迷う機会はなかったが、次回はわざと迷った振りをして生徒に会議室の場所を聞いてみようか。それはもちろん冗談だが、高校の抱える課題についてもいろいろと学ばせていただき、お手伝いできればと思っている。

上司と部下の関係

6月後半、各教員の自己申告（当初申告）に係る個別面接を行った。この時期の面接は、申告された目標設定や水準、目標達成のための具体的手立てなどについての話が中心である。

目標は当然、学校経営方針を踏まえ

て設定してもらう。今年度は全員に「授業力の向上」に関する内容を入れるよう求めた。

面接では、今年度、学校運営面で特にどういうことを期待しているかを伝えたつもりだ。各教員から日頃感じていることや考えていることなどを聞く場でもある。管理職に対する辛辣な意見も含め、虚心坦懐に受け止めるとともに、私の考えも率直に話すようにした。

学校という職場は、私が長く仕事をしてきた文科省などとは上司・部下の関係などが随分違う。正直に言えば、まどろっこしく感じることもある。

何が大きく違うか、私なりに思い付く点をいくつか挙げると、例えば次のようなことである。あくまでも一般論であり、本校の話ではないので念のため。

第1に、学校には「管理職」と「非管理職」を区別する意識がある。私は今の職場に来るまで、非管理職の時も管理職になってからも、そんなことを意識したことは一度も無かった。組織は常に一体のチームだった。

第2に、校長の人事権は非常に限定的である。せいぜい職員の転出と校内での配置くらいで、転出先や新たに迎える職員の人選については、希望は言うが、最終的には都教委が決めた結果を受け取るのみである。文科省の課長時代は人事課などと交渉し、最終的には納得の上で体制を組んだ。

第3に、学校では職員間で仕事を移すことに制約が大きい。役所では例えば、A係長にこの仕事は無理だと判断すれば、課長補佐や係員、場合によってはB係長にやらせることもできる。しかし中学校では、ある教科の教員の能力に疑問があったとしても、それを別の教科の教員に代わってもらうことはできないし、各教科ともぎりぎりの人数しかいない。ドラスティックなことがやりにくい組織である。

第4に、役所では同じ係長であってもポストによって仕事の量や困難さは大きく違うが、だからといって忙しさが不満や不公平感には直結しない。どのポストに配属されるかということ自体が一種の評価の表れであり、困難な仕事を任されることはむしろ仕事へのインセンティブになるからだ。学校ではこういうインセンティブが働きにくい。

第5に、学校の人事は基本的に年1回に限られる。役所では必要なら1年中いつでも可能だ。

本当に組織を統括するには実質的な人事権が欲しいところだ。とはいえ、無い物ねだりをしても仕方がない。私も今年で2年目、来年度は3年目になる。自分なりの考えを少しでも形にしていきたいと思っている。

加害者にも被害者にもしない

この他、6月下旬には、1学期の期末考査、「セーフティ教室」、校舎改修工事についての近隣への挨拶回り、特別支援教育コーディネーターによる訪問、小中一貫教育で連携グループを組む戸越《とごし》小学校の校区外部評価委員会などもあった。生徒に関わるある件への対応のため、急遽《きょ》、区の会議に欠席せざるを得なくなったこともあった。

「セーフティ教室」では品川警察署の方から薬物とハイテク犯罪についてお話しいただいた。生徒からの質問も活発で、講師の方々が「こんなことは初めてだ」と驚かれるほどだった。薬物など自分には関係ないと思っていても、危険は向こうから近づいて来る。私はどの生徒にも、絶対に、加害者にも被害者にもなって欲しくない。

No.11

小中一貫教育で「授業力」向上を目指す「文化の違い」を乗り越えたい

キーワード：
授業力，小中合同研究，乳幼児とのふれあい学習，教育学

「文化の違い」への向き合い

本稿ではどうしても特別な行事などを取り上げることが多くなる。しかし現実には、学校教育の中心は日々の授業である。毎日4、5時間の授業をするために教員がどれほどの時間をかけて準備をしなければいけないか、私にも想像はつく。だが、世の中で教育問題が論じられるときに、授業の質に目が向けられることは少ない。奇妙なことだ。

本校では「小中一貫教育」の取り組みとして、今年度から小学校3校と共に「授業力の向上」に関する合同研究をしている。その第2回研究会を6月30日に本校で実施した。今回は本校教員の授業を4校の全教員で分担して見た上で、教科ごとの協議会、全体会を行った。

全体会では、筑波大学の水本徳明准教授に「小中連携合同研究において起こり得る問題―小中間の『文化の違い』にどう向き合うか」と題してご講演をいただいた。この演題は私がお願いしたものだ。昨年度も芳水《ほうすい》小と2校で研究をしてきたが、着任したばかりの頃は小中学校の教員間で研究に向かう意識に大きな溝があると感じた。今年度から三木《みつぎ》小、戸越《とごし》小の先生方にも研究に加わっていただいているので、この「溝」への向き合い方について早目に認識を揃えておきたいと考えた。違和感を無理に糊塗するのではなく、現実を直視した上で一歩一歩進めるのが正攻法だと思っている。

「ふれあい授業」と妊婦体験

7月6日、7年生と0歳児による「ふれあい授業」を行った。7年生にとっては初めてとなる。赤ちゃんを迎える前に、保健師の方から乳幼児の発育や妊娠中の女性の体のこと、赤ちゃんへの接し方などをお話しいただいた。生徒たちは妊婦体験ジャケットを着て、「重い」「起き上がるのが大変」などの感想を漏らしていた。

私も去年着て、妻の妊娠中にもう少し優しくしておくべきだったと反省したものだ。

今回も17組の母子が参加してくださった。本当にありがたい。7年生は皆、積極的に赤ちゃんたちと触れ合い、とても温かい時間になった。生徒や赤ちゃん、お母様方の幸せそうな顔を見ることができ、私も嬉しかった。

初旬には、PTA文化厚生部の主催による家庭教育学級「校長を囲んで」を開催していただいた。昨年同様、父親の出席はなく、12人のお母様方に「黒一点」を囲んでいただく形になった。学校への要望や質問も含め、率直なお話をうかがうことができ、私からも生徒の様子や校長としての考えなどをお話しさせていただいた。私にとっては

有意義で、ご出席いただいた保護者の方々に感謝している。

日本カリキュラム学会にて

3日の土曜日、久々に東京を離れ、佐賀大学で開催された日本カリキュラム学会の公開シンポジウムに登壇させていただいた。テーマは「地域・学校・カリキュラム」である。私からは主に品川区の「小中一貫教育要領」と本校の取り組み、カリキュラムの在り方に関する私見などを述べた。

来場者の大部分は大学などの研究者で、教員の参加は少ない。冒頭の挨拶で、「自分は、学校現場と教育行政が上手くつながっていない、文科省が学校現場から頼りにされていないという問題意識を持って学校現場に来た。同様に教育学の研究も学校現場とつながっていないのではないか。学校現場から頼りにされていないのではないか」と話させていただいた。他にもいくつかの点で少し厳しいことも言わせていただいた。呼んでいただきながら失礼かとは思ったが、本音である。

カリキュラムについては、全国的な教育水準確保のため、「基本」は国において定めるべきだが、それは各学校現場で多様な子供たちの実態に対応し得る柔軟なものであるべきだ。また、新しいカリキュラムの開発については、地方自治体などの責任ある主体による取り組み、挑戦が中核になるべきだと考えている。

一緒に登壇した日渡円《ひわたしまどか》宮崎県五ヶ瀬町教育長の「学校を地域コミュニティの核に」というお話も大変興味深かった。

会場からの質問や参加者との話から、品川区の「市民科」への関心が高いことがうかがわれた。これは、豊かな社会性や人間性を育むことを目的に、道徳、特別活動、総合的な学習の時間を統合し、より実学的な内容を盛り込んだ新しい学習として創設されたものだ。独自の教科書も作っている。現在、私も参画させていただいているカリキュラム検討委員会で、新しい手引書を作る作業を始めている。

なお、大会に個人として参加していた文科省の職員が何人もいたことを紹介しておきたい。

七夕の願い事

7月初旬には教員養成評価機構の会議にも出席した。教職大学院の認証評価（学校教育法で義務づけられた第三者評価）を行う機関として3月に文部科学大臣の認証を受けた団体である。

私は文部科学省の高等教育局専門教育課長として教職大学院制度の創設期に関わった。はっきり言えば、学部段階での教員養成に対する厳しい評価の上に制度設計したものだ。求めたいのはとにかく「量より質」である。

その後、実際に誕生した教職大学院は、構想通り実践的で質の高い教育ができているか。私も厳しい目で見ていきたい。

学校では、七夕に向けて、今年もクラスごとに笹を用意し、生徒一人一人が願い事を書いた短冊を飾った。成績のこと、家族のこと、自分のことなど子供たちの願い事は様々だ。

今年は教職員用の小さな笹もつくった。私は短冊に「生徒全員が笑顔で卒業の日を迎えられますように」と書いた。

No.12

職員会議で校長の考え示す　服務、言動、危機管理

キーワード：
スクールカウンセラー，ふれあい給食，事務職員，危機管理，大学，教育委員会

学校での「ふれあい」

7月は、前回書いた乳幼児との「ふれあい授業」の他にも様々な方の力をお借りした。

8日には、本校の梶谷奈生《かじたになお》スクールカウンセラーに8年生の授業をしていただいた。「いじめ、暴力」から連想する言葉を手掛かりに、いじめなどの問題について考えるものだ。私は中学に来て、生徒たちに「してはいけないこと」を教え、実際に行動に反映させることの難しさを痛感している。今回の授業を、生徒たちはどれだけ「自分の問題」として受け止めただろうか。

振替休業なしの土曜登校日とした10日は、地域の高齢者による朗読サークル「宙《そら》の会」の皆さんが、7年生の国語の時間に読み聞かせをしてくださった。『寿限無《じゅげむ》』や『坊ちゃん』の一部を代わる代わる読んでくださり、最後には北原白秋の『お祭り』の詩を生徒も一緒に「わっしょい、わっしょい」と元気に読んだ。普段は読み飛ばしているような言葉の一語一語に重みを感じた。その後、「宙の会」の皆さんと地域の高齢者の方々が7、8年生と一緒に給食を食べながら語り合う「ふれあい給食」の時間も設けさせていただいた。

考えてみれば、乳幼児や高齢者との触れ合いにせよ農業体験や自然体験にせよ、「豊かな体験」の機会を学校の中でつくらねばならなくなったのは、社会の側の問題でもある。仕事中心の生活の中で、私も含め、多くの人が親元を離れ核家族で住むようになった。それは子供たちの育つ環境として良かったのかどうか。私は疑問に思っている。

職員会議で話したこと

13日は区中学校長会の後、各校の校長、副校長、事務主任の集まりがあった。他校の方と話す中で、自身の仕事を振り返って考える契機にもなった。

学校は、教員だけでなく事務、用務などいろいろな職員の総合力で成り立つ。小・中学校では事務体制の強化が必要だ。事務主任を校長室長的な位置付けにすべきだというのが私のイメージだが、そのためには人員増や人事の在り方も課題になる。

翌14日の職員会議では私から次の4点について話をした。

第一に夏季休業中の生活指導について。これはこの時期、日本中どこの学校でも意識していることだろう。

第二に、学校での危機管理について。最近本校であった不審者への対応についての注意である。相手が何者だか分からない段階では、最悪の事態を避けることを最優先に、その場で動ける人が動くのが鉄則だ。大阪教育大学附属池田小の事件の際、私は大臣秘書官（事務取扱）として現地に行ったが、あの時は教職員一人一人の動きが厳しく問

われた。「それは誰々の仕事」というような人任せの感覚では話にならない。

第三に、服務事故の防止について。7月は都教委が設定する年に2回の服務事故防止月間である。都教委の研修資料を基に話をし、注意を求めた。

第四に、教職員の「不適切な言動」について。都教委が毎年全教員に配布している冊子『人権教育プログラム』でも、教職員の言動について、体罰と同様に人権侵害に当たる可能性のあるものの例が挙げられている。大崎中学校はそういうことのない学校にしたい。その考えを改めて表明しておいた。

大学生に「仕事」を語る

今年度から3学期制に戻したため、教員はこの時期、連日遅くまで評定や通知表の準備に当たってくれた。生徒に関するいろいろな件への対応などもあり、私も非常に慌ただしく過ごした。

13日、区が8月に広島に派遣する「中学生平和使節」に参加する8年生に原爆ドーム関係の資料を渡し、広島で何を見、何を感じ取ってきて欲しいかという話をした。私はかつて、文化庁記念物課で原爆ドームと厳島神社の世界遺産推薦を担当した。平和への願いを子供たちにどう伝えていくか。われわれ大人の課題でもある。

14日には校舎改修工事の打ち合わせ。これから当分の間、毎週定例の会議を開くことになる。15日は校内の特別支援教育推進委員会。ある用件のため、某都立高校もお訪ねした。

16日には保護者会。私は大汗かきだが、きちんとした場にはきちんとした恰好で出るのが礼儀だという古い頭の持ち主なので、冷房のない体育館で背広にネクタイで話をしたら汗だくになってしまった。夜は某NPOの集りで様々な職種の方と意見交換をした。

17日の土曜日は日帰りで京都の立命館大学へ行き、加藤敏明教授の「キャリア形成論」で大学生に「学校教育の仕事、行政の仕事、私の仕事観」について話をした。多くの学生が熱心に質問してくれ、議論もできて楽しかった。

翌18日の日曜日は近隣の三木《みつぎ》小学校を会場に、大崎第二地区の「品川区民まつり」。真夏日となったが、本校の生徒、教員も大勢ボランティアとして参加し、子供のゲームコーナーで頑張ってくれた。

教育委員会からの急な仕事

終業式の直前になって、区教育委員会から、8月中に小中一貫教育の連携グループごとにある研修会を実施するようにとの指示があった。この時期では、教員は皆、仕事、研修、部活動、休暇などの予定を組んでいる。急に言われても、というのが自然な反応だ。突発的な事態への対応ならともかく、そうでなければもっと早く学校に連絡すべきだろう。そういう話を教育委員会の事務局にさせてもらった。

私は教育行政の出身だから、教育委員会の大変さも理解しているつもりだ。学校も忙しいが、教育委員会の職員がさらに夜遅くまで仕事をしていることも知っている。また、行政の仕事では急に人に無理を頼まざるを得ないことも少なくない。しかし、だからこそ、関係者には早め早めに情報を提供するなど、普段の対応や気配りが重要になる。

今回は関係の教員に何とか日程をやりくりしてもらったが、私にとっては、学校現場から教育行政の仕事がどう見えるのかを考えさせられる機会にもなった。

No.13

夏休み迎える子供たちに　流されず自分で考え行動する大切さ説く

キーワード：
生徒の姿，外部評価，部活動，夏休み，校内研修

地域に見守られる学校

夏休みに入って間もなく、近隣の方から学校にお礼の電話をいただいた。ある家を探して道に迷っていた人に本校の8年生2人が「どうしたんですか」と声を掛け、一緒に探してあげたという。生徒たちの行動も嬉しいし、地域の方が温かく見守ってくださっていることも嬉しかった。

一方で、本格化してきた校舎の改修工事で出る音などについての苦情をいただくこともある。管理職として大変気を遣い、悩むところでもある。

少し遡るが、7月12日、本校の校区外部評価委員会（委員長＝樋口直宏筑波大学教育学系准教授）を開催していただいた。品川区では評価結果を次年度の改善につなげるため、8月から翌年7月までをサイクルとしている。

私自身は4月から3月まででよいと考えているが、ここでは深入りしない。現メンバーでの最終回で、委員の皆さんでこの1年間の本校の取り組みや変化についての評価をご議論いただいた。2時間以上にわたり活発に意見交換をしてくださり、いつものことながらありがたいと思う。最終的な取りまとめはホームページにも掲載する予定だ。

校区外部評価委員会は、外からの目で我々の気づきにくいことをチェックしてくださるだけでなく、学校の頼もしい理解者、応援団でもある。他校では委員の入れ替えはあまり行われていないようだが、私はメンバーの固定化を避けるため毎年概ね3分の1ずつ交代していただく方針でいる。これまでご協力下さった方々に感謝しつつ、次の期にはまったく新しい分野の方にも入っていただこうと検討中だ。

16日、品川区の「社会を明るくする運動」で、本校も表彰を受けることになった。「区民まつり」などでの生徒、教職員のボランティア、生徒会が夏休み中に行う地域清掃活動、秋の地域総合防災訓練、「ふれあい授業」や「ふれあい給食」などの取り組みが評価されてのことだ。表彰式には生徒会役員の生徒たちに出席してもらった。

「夢」に向かっての努力

17日の立命館大学での講義、18日の「区民まつり」については前回書いた。翌19日の海の日は、女子バレーボール部の都大会の試合を応援に行った。試合に出る生徒だけでなく、応援の生徒たちも皆、一所懸命だ。この日は3連勝。その後、本稿執筆の時点で関東大会出場を決めている。女子バレー部は、地域の指導者の力もお借りしながら練習に励んでいる。昨年はあと一歩のところで全国大会出場を逃したが、今年こそはと高い目標を持って頑張っている。

バレー部に限らず、大きな夢や目標に向かっての努力は生徒たちを成長さ

せると実感する。

1学期の終業式

20日は1学期の終業式。体育館に並んだ生徒の顔を見回すと、1学期中にあったいろいろなことを思い出す。暑いので話は短くと思い、私からは3点だけ。第1に「社会を明るくする運動」の表彰のことを紹介しつつ、これからも自信を持っていろいろな活動に積極的に取り組もうということ。第2に、夏休みに力をどれだけ伸ばせるかの分かれ道は「流されるか、自分で考えて行動できるか」だということ。第3に、健康管理と事件、事故に十分気をつけて過ごすようにということ。

本校は今年、2学期制から3学期制に変更した。生徒は夏休み前に通知表を受け取る。貴重な夏を有意義に過ごして欲しい。

生徒の下校後、教職員で生徒の状況についての情報確認。夏は特に生活面で問題が起きやすい時期でもある。昨年もいろいろあった。今年も気は抜けない。

夕方には三木《みつぎ》小学校の外部評価委員会に出席した。昨年着任された林誠校長は、笑顔の優しい穏やかそうな方だが、様々な改革を着実に進め、成果を上げておられる。品川区が今年度から始めた、学校施設を活用した待機児童解消事業（西品川保育園との連携事業）にも先陣を切って取り組んでいる。三木小も大きく変わりつつあると私も感じるし、地域の方からもそういう評価が多く聞かれた。

「夏休み」の学校

先日、バスに乗っていると、「学校の職員は夏休みも学校に行くの?」「生徒がいないんだからお休みじゃないですか」という会話が聞こえ、ムッとした。

実際には、夏季休業期間に入っても、例えば本校では7月中は三者面談やプールでの水泳指導を行うし、部活動の生徒は毎日のように練習に来ているので、あまり休みという感じはしない。校舎の改修工事も本格化し、廊下に工具などが積まれ機械の音が鳴り響く中で仕事をしている。

21日は午前中に、今年度第3回の校内研修会を行った。今回は玉川大学教職大学院の谷和樹准教授を講師にお招きし、本校の教員3人による5分間の模擬授業を見ていただき、詳しく指導、助言をいただいた。その後、講師による示範授業もお願いした。

授業の「基本」についてポイントを端的に分かりやすく解説し、見本も示してくださった。お話しぶりが非常に楽しく、スピード感もあり、感心しつつ見とれてしまった。本校の教員が2学期からの授業に活かしてくれることを願っている。

午後には品川警察署の方から教職員を対象に「学校110番」の講習をしていただいた。先日、不審者が校内に入ることがあったばかりであり、緊張感を持って受け止めた。

22日、ある大学院生が訪ねて来た。地方公務員として学校教育に関わる仕事をしたい、ついては私の話を聞きたいと手紙をくれた。公務員や教育関係の仕事の内容、職業についての考え方などを話させてもらった。

それにしても、先日の立命館大学でも感じたが、今の若者たちを取り巻く雇用状況の難しさは本当に気の毒だと思う。若い人たちが「頑張れば報われる」と思える社会にしたいものだ。

No.14

小中一貫教育全国サミット開催　悩みや課題を共有し解決策を考える場に

キーワード：
調査書，小中一貫教育，企業との連携

文科省ではできないこと

7月23日は、午前中に品川区の教育改革「プラン21」についての校長研修会。午後は区内の全公立中校長による「成績一覧表調査委員会」で予備調査。

何のことだか分かりにくいと思うが、要すれば、高校の入学者選抜の資料となる調査書に記載する評価について客観性、信頼性を確保するため、各校の評価、評定の状況を1学期終了時点でチェックし合うものだ。本調査は来年1月に行う。

昨夏やらせていただいた都の公立学校教員採用候補者選考の面接委員などもそうだが、これらは文科省にいては経験できなかった仕事だ。こういうものは実際に体験しないと分からない。当たり前だが、やはりそう思う。

24日の土曜日は久しぶりの仕事のない日で、小学生の息子とその友達を連れて上野の国立科学博物館へ「大哺乳類展・海のなかまたち」を見に行った。鯨が毎日食べる餌の量を考えると、海にはいったいどれだけ多くの生き物がいることかと驚く。

26日夕方、女子バレー部が都大会で５位になり関東大会出場を決めたとの連絡が入り、職員室で拍手が起きた。夜は事務、用務の職員と暑気払い。

小中一貫教育全国サミット

30日、品川区の小中一貫校日野学園と区立総合体育館で「小中一貫教育全国サミット２０１０ｉｎ品川」が開催された。５回目となる今回のテーマは「施設分離型小中一貫教育の課題を探る」。

サミットに参加される鹿児島県南さつま市と沖縄県那覇市の方が、前日の29日に本校に視察にお見えになり、お話もさせていただいた。

小中一貫教育に取り組む区市町村が増えているが、大部分は本校と同様の「施設分離型」だ。一口に「小中一貫教育」と言っても、学校や自治体の置かれた状況、具体的には小中の関係、進学状況、距離、教職員人事の在り方、自治体の財政力などによっても課題は全く異なる。したがって、単純に形を真似るのではなく、他の取り組みを参考にしつつも、それぞれの状況に応じて課題を絞り込み、一歩一歩進めることが大事だと思う。

サミット当日は朝のうち雨だったが、全国から約１８００人もの方が参加された。

初めに濱野健品川区長、続いて高井美穂文部科学大臣政務官、小中一貫教育全国協議会を代表して若月秀夫品川区教育長からのご挨拶。その後、私を含め５人の区市教委、学校の関係者がシンポジストとなり、コーディネーター、お２人のコメンテーターとともに、午前、午後の2部構成でシンポジウムが行われた。5人からそれぞれ学校、自治体の取り組みを報告し、これまでの成果と課題について述べた後、コメンテーターが会場からの質問に答える形で進められた。

私は、この手のものは、やる以上、綺麗事の議論で済ませるべきでないと考えている。小中一貫教育に様々な良さがあることは間違いないが、実施に当たっての難しさも現実にある。うまくいった例だけでなく、難しさや悩みも共有し、一緒に解決策を考えていけるとよいと思う。

大崎中での成果と課題

本校は現在、小中一貫教育連携グループを組む3小学校とともに、「授業力」向上に関する合同研究を核にして取り組みを進めている。その成果かどうかは評価が難しいが、私自身はよい成果が表れつつあると見ている。3小学校を卒業して本校に入学した生徒の割合は、昨年度の33%から今年度は41%に増えた。約3割いる私立中への入学者を除き、公立中への進学者の中で本校を選んでくれた生徒の割合は、昨年度の44%から58%へと大きく増加した。地元からの信頼を少しずつ取り戻せつつあるのかな、と感じている。

一方でまだまだ課題もある。例えば、小中の教員間にある、いわゆる「文化の違い」「意識の違い」の問題。外から見ればつまらないことだが、長年かけてできあがってきたものを崩すのは決して容易ではない。

また「施設分離型」では、施設一体型と比べて小中一貫教育らしさが見えにくいため、保護者や地域の方になかなか理解していただきにくい。小中一貫教育の眼目は本来、施設ではなく教育内容にあるが、それにしても学校からの積極的な説明や情報発信がもっと必要だ。

第1部と第2部の間に、文科省の前川喜平大臣官房総括審議官が「小中一貫教育に期待すること」と題して話をされた。その中で、学校と同様に文科省にも閉鎖的で新しいことを嫌う体質があるという趣旨を述べられた。私も同じ意見である。

学校や企業と社会との関係

8月1日の日曜日、地域で大変お世話になった方のお通夜に参列した。2日には、やはり地域でお世話になっている方が来校され、いろいろなお話、意見交換をさせていただいた。

地域との濃密なつながりも、故郷の香川県豊島《てしま》にいた頃を除いては、大崎中に来て初めて経験させていただいている。学校も大勢の人に見守られ支えられていることがよく分かる。

3日は年に1度の人間ドック。確実に年をとっている。

4日、大崎に東京支社を置く日本ハム株式会社の社会・環境室の方とお話をさせていただく機会があった。食物アレルギー対応商品の開発、販売にも力を入れておられることを知った。学校でも食物アレルギーの生徒が増えていると感じる。消費者からは「初めて家族で同じハンバーグを食べることができました」といった感謝の声が届くという。大切な、素敵な仕事だと思う。採算面では厳しいとのことだが、ぜひ頑張って続けていただきたいと思った。

No.15

教育は理想論だけでなく　現実を直視して議論すべき

キーワード：
夏休み，市民科，部活動，小中一貫教育，日本語指導

教育の理想と学校の現実

大崎中に来て1年半が過ぎた（注：№21で訂正している）。学校の課題、自身の課題はたくさんある。しかし、実際にはなかなか思うようにできていない。学校なりの難しさも感じるし、私なりの反省もある。

『これからの「正義」の話をしよう』（マイケル・サンデル著、鬼澤忍訳、早川書房）という本に、アリストテレスの言葉が引用されている。

曰《いわ》く「道徳的な意味での美徳は習慣の結果として生まれる」「美徳を身につける第一歩は、実行することだ」「われわれは正しい行動をすることで正しくなり、節度ある行動をすることで節度を身につけ、勇敢な行動をすることで勇敢になる」。

道徳（品川区では「市民科」）教育の在り方を考える上でも大事な視点である。同時に、私自身は、仕事への取り組みについて「実行」が足りないことの反省を迫られているような気がした。

最近、「教育の理想」と「学校の現実」ということを考える。「かくあるべし」という理想と「実際にはこうだ」という現実とのずれは、どの世界にもある。しかし、理想が重んじられる教育については、それと合わない現実を表で堂々と言いにくい、また言っても通らない雰囲気がある。その結果、現実とは異なる理想論を前提に議論が進められ、ますます乖離してしまう。

叩かれようが何しようが、「本来はこうあるべきだが、現実にはこうなのだ」ということを、もっと正確に外に伝えていかないといけないのではないか。そんなことを感じている。

教職員の「夏休み」

夏休み中の学校が一般にどういう様子なのか、私の狭い経験では何とも言えない。私の場合、8月も学校、区教委関係の仕事を中心に、土日を含めほぼ空白がないほど埋まっている。

教職員には休めるときには休むように言っているが、7月下旬は三者面談やプール指導、8月下旬は学力補充教室や8年生の職場体験、それ以外の期間も部活動や研修などがあり、かなり窮屈だ。人が本当に少なくなるのはお盆前後くらいである。私自身は、副校長と調整して、飛び飛びで数日間の休暇を取らせてもらい、主に家族サービスだか罪滅ぼしだかに充てた。

バレー部が全国大会に出場

8月6日は休暇の予定だったが、夕方「市民科」カリキュラム部会の分科会が入った。品川区独自の学習である「市民科」の指導書の改訂作業を行っている。メンバーである教員の負担は重いが、教員が中核になって教育内容を検討するのは正しい姿だと思う。

7日の土曜日は、一般社団法人ジュニア・アチーブメント日本が主催する「小・中・高校教員のためのグローバルリーダーシップ・フォーラム」で各界の方々のお話を聞かせていただいた。鈴木寛文部科学副大臣のお話は、日米韓三か国の教育費とGDPの推移との関係、日本が世界的に見て極めて「低学歴社会」であることへの危機感、大学教育と小・中・高等学校の関係など、大変興味深かった。

8日の日曜日は、関東中学校バレーボール大会に出場する女子バレーボール部の応援で埼玉県所沢市へ。ベスト8に入れば全国大会に出場できる。どの学校の生徒も一所懸命で接戦続きだったが、幸い2連勝し、悲願の全国大会出場が決まった。本当によかった。

その関係で、9日からは、他の仕事と並行して区役所や関係の方々へのご挨拶回りも。大勢の方が温かく応援してくださっていることが嬉しい。午後は区教委のヒアリング。

10日には「大崎周辺まちづくり協議会」の綱島信一副会長、JR大崎駅の長友真輝駅長他のご尽力で、大崎駅の改札口近くに同協議会、大崎駅西口商店街、JR大崎駅の連名による「祝・全国大会出場」の横断幕を掲出くださった。感謝に堪えない。

エアコンにも感謝

11日は午前中に工事関係者との打ち合わせ。その後、PTA会長、バレー部の保護者と挨拶回り。午後は、小中一貫教育連携グループの小学校で理科を教える教員を対象に本校理科教員が行う実技研修会の第1回目。13日の夕刻、私も本校も大変お世話になっている区教委の方の訃報が入った。あまりに突然で、いまだに信じられない。心からご冥福をお祈り申し上げる。17日、2学期から転入予定の生徒が来校。各学年とも転入生がある見込みだ。その後、区教委のヒアリング。

19日は外国人児童・生徒の日本語と学校生活適応に関する指導を行うNPO法人「IWC国際市民の会」の講習会。本校の生徒もお世話になっている。個々の学校では対応が難しいケースについては、専門的なノウハウを持つ外部の力をお借りすることに積極的であるべきだ。

20日は茨城県日立市学校長会の研修会、翌21日の土曜日は香川県小豆《しょうず》郡の内海《うちのみ》小学校教育懇談会が主催する会で、それぞれ話をさせていただいた。

今回も実感したのは、普段会えない方とお会いして話をすることの大切さだ。ともすれば目先の仕事で頭が一杯になりがちだが、そういうときにいろんな方にお会いすることで視野が広がり、発想が豊かになる。私自身、考えを深める貴重な機会をいただいたと感謝している。

同時に、例えば普通教室や職員室、校長室にエアコンがあることも、決して当たり前ではなく恵まれていると再認識した。

21日は岡山市で開催された全日本中学校バレーボール選手権大会の応援にも行った。予選グループ初戦の相手は、何と同じ校名である鹿児島県の大崎中学校。一進一退の攻防だったが、残念ながら一歩及ばず。その後、2戦目も惜敗し、翌日の決勝トーナメントに進むことは叶わなかった。しかし、生徒たちは皆、選手も応援も含め、本当によく頑張ってくれた。

23日からは学力補充教室や職場体験も本格化する。2学期に向けて、いよいよ忙しくなる。

No.16

「学力向上」に欠かせないのは　集団全体の力を高めること

キーワード：
学力補充教室，職場体験学習，部活動，「副籍」（特別支援教育）

学力補充教室と職場体験

8月23日からの週に入ると、もう2学期は目前で、学校も活気づいてくる。校内で生徒の元気な顔を見たり声を聞いたりできる機会も増えてくる。

23日の月曜日、まず朝8時から副校長、主幹教諭と打ち合わせ。その後、8時15分から職員室で教職員全員での打ち合わせ。これらは7月末から中断していたが、今日から再開。また毎朝やることになる。全員の打ち合わせは連絡事項が中心で、極力短時間で終えるようにしている。私からは、学力補充教室と職場体験学習、2学期からの転入予定者、校舎改修工事、バレーボール部の全国大会出場、教職員の健康管理について短く話をした。

学力補充教室はこの日から1週間実施。やり方はいろいろあり得るが、今回は主に学校側で指名した生徒を対象として行うことにした。

本校の場合、地域からの信頼を確固たるものにするには、まだまだ「学力向上」が大きな課題だ。私は高校時代の経験などから、受験も単なる個人競技ではなく、団体競技的な要素が非常に強いと考えている。一人一人の気持ちの高まりが、相乗効果のように集団全体の力を高めていく。そういう勢いのある学校にしたい。

生徒たちの学力、意欲を高めようと、教員は一所懸命工夫や努力をしている。自分が学生の時には気づかなかったが、今はよく分かる。でも、最後は生徒たち自身の頑張りに懸かっている。頑張れ、大崎中の生徒たち。

8年生の「職場体験学習」もこの週が中心だ。協力していただける受入先は、生徒の希望状況も考慮しながら、学年の教員が開拓する。安全面への配慮から近場が多い。私も文科省でインターンシップの学生を受け入れたことがあるが、受け入れ側には負担だし、時にはご迷惑を掛けることもないとは言えない。それでも今年も多くの事業所が快くお引き受けくださったことに感謝している。

教員も分担して様子を見て回る。生徒の成長につながる経験になることを願っている。この日も2学期からの転入生と保護者が来校。受け入れる以上、その子にも他の生徒にもプラスになるようにしたい。教職員もそう思ってくれている。

地元町会と「クリーン作戦」

24日はこの夏最後の休暇の予定だったが、区の研究学校に関する連絡協議会とヒアリングが入り、区役所へ。

25日は午前中に定例の工事関係者との打ち合わせ。

この日と27日、生徒会が中心になり、地元の二つの町会の高齢者の方々と一緒にクリーン大作戦（美化活動）に取り組んだ。昨年初めて実施したところ、地域から大変好評で、今年は回数を増やして行うことになったものだ。猛暑の中、両回とも10人以上の生徒が参加してくれた。町会の方々も大変喜んでくださった。

前回、アリストテレスの「美徳を身につける第一歩は、実行することだ」という言葉を引用した。奉仕活動やボランティア活動についてもいろいろな考え方があるが、私は、まずやってみることが大事だと思う。それが新しい気づきへのきっかけになることもある。

午後、ある件で地域の方が来校。夕方、バレーボール部の生徒たちが校長室に挨拶に来てくれた。私からは、全国大会までの頑張りを称えるとともに、試合に出られなかった生徒も含め全員の力の結晶であること、地域の大勢の方々が温かく応援してくださっていることを話した。

それにしても、全国大会出場というのはすごいことだ。自分の中学生時代を考えると、あまりにレベルが違い過ぎて想像もつかない。その高いレベルの目標に見合うだけの練習、努力を生徒たちは重ねてきた。この経験が、この子たち全員の成長のために大きな力になると信じたい。

夜は法務省の知人からの誘いで、マスコミ関係者も交え「法教育」について意見交換。文科省の高等教育局専門教育課長時代に法科大学院も担当していたので、その時の縁から声を掛けてもらったものだ。よい機会なので、品川区の「市民科」についても紹介させてもらった。

やりたいことは多いが…

26日の午後は慌ただしく、まず2時からは小中一貫教育で連携グループを組む三木《みつぎ》小学校の若手研修会に（若手でもないのに）途中まで参加。2時半に同校を出発し、PTA会長、バレーボール部保護者と共に全国大会の報告を兼ねた挨拶回り。そのまま4時から小中一貫校日野学園で開かれた臨時校長会に出席し、学校に戻れたのは6時半近く。

27日は、本校での「副籍」を希望する都立特別支援学校の生徒と保護者、担任が来校。「副籍」制度は東京都で平成19年度から始まったもので、都立特別支援学校の小・中学部に在籍する児童・生徒が、居住する地域の公立小・中学校に副次的な籍（副籍）を持ち、いろいろな形での交流を通じ、同じ地域に生きる同世代の子供たちとのつながりをつくろうというものだ。

本校ではこれまでたまたま実績がなかったが、趣旨には大いに賛同できる。その子にとっても、本校の生徒たちにとっても大切なことだ。よい形での「出会い」ができるよう、よく相談しながら進めたい。

その後、2学期から転入予定の生徒と保護者が来校。午後は、本校理科教員が連携3小学校の教員を対象に行う実技研修の最終回。各小学校で成果が活かされることを期待している。また、前日に続いてバレーボール部関係の挨拶回り。ネクタイをして自転車で走り回ったが、とにかく暑かった。

7月下旬の「小中一貫教育全国サミット」が終わった後、自分なりに8月中にこれだけはやりたいと考えていた仕事がたくさんあったが、実際にはほとんどできていない。時間はどんどん過ぎて行く。体も昔ほど無理がきかない。内心とても焦っている。

No.17

いまだ厳しい教育界への社会の目　教育関係者は気づいているか

キーワード：
校内研修，特別支援教育，２学期

本当に大変なことは…

校長として仕事をしていて大変だと感じることはたくさんあるが、それを人に理解してもらうのはとても難しい。生徒、保護者、地域、教職員に関する事柄は、外に向かっては言えない、書けないことが多いからだ。今回も、本当に労力を取られていることはなかなか書けないな、と思いながら書いている。文科省の皆さん、想像できますか。

文科省が新しい教職員定数改善計画の案を公表した数日後、かつてお世話になったある異業種勉強会の中心的存在である民間企業出身の年配の方から、「教員を楽にするためで、とんでもないことだ」というお叱り（?）の電話をいただいた。いやいやそうではありません、と必要性を説明したが、世の中には学校、教職員に対してそういう厳しい見方をする人も多い。私たちはそういう見方とも戦ってきたが、教育関係者の多くはそのように見られていることにさえ気づいていないのではないか。

「知識の切り売り」ではない

8月30日、今年度第4回目の校内研修会。高機能広汎性発達障害の子供たちに「社会性」を育てる教育を実践され大きな成果を上げている翔和学園の伊藤寛晃先生を講師にお迎えし、「特別支援教育」についてのお話や、本校教員による模擬授業への講評・指導をいただいた。

発達障害の子供たちの「発述の凸凹」を理解し、必要な配慮や支援を行うという視点を、特別でない、普遍的なものにしていくことが必要な時代だ。指導に当たって留意すべきポイントや具体的な手法なども含め、多くのことを学ばせていただいた。

その後、副校長、主幹教諭と新学期に向けた打ち合わせ。私の学校運営を支えてくれる頼りになるメンバーだ。頼りにならないのは校長だけ。申し訳ない。

翌31日は、午前中に職員会議を開き、生徒の状況や新学期の日程、行事などについて確認した。私からは、転入生の状況、児童虐待、情報管理の話の他、品川区独自の学習である「市民科」のねらいや重要性などについて、あらためて私なりの考えを話した。

内村鑑三氏の『代表的日本人』（鈴木範久訳、岩波文庫）に次のような一節がある。

「そう。私どもには学校教育があった。それもなかなかのものだ。（中略）学校もあり教師もいたが、それは諸君の大いなる西洋にみられ、今日我が国でも模倣しているような学校教育とは、まったくちがったものである。まず第一に、私どもは、学校を知的修練の売り場とは決して考えなかった。修練を積めば生活費が稼げるようになるとの目的で、学校に行かされたのではなく、真の人間になるためだった」

学校は知識の切り売りをするところではない。人間を育てるところだ。青臭いと言われそうだが、そういう一番大事なことを見失ってはいけないと思う。

午後、小中一貫教育で連携グループを組む4校の校長で打ち合わせの予定だったが、急な対応を要する件のため、直前になって延期させていただいた。

「切り替え」と「継続」

9月1日から2学期。朝、3人の転入生を教職員に紹介することからスタートした。9年生はなんと42人学級になる。

校門前では、おやじの会の会長が教員、生徒と一緒に「おはようございます」と声掛けをしてくださる。学期の初めにいつもご協力いただいている。ただ、参加する「おやじ」の輪がなかなか広がらないのが課題だ。

始業式。生徒たちの顔を見ると嬉しくなる。大きくなった子や精悍になったと感じる子もいる。学期の初めに当たり、私からは、自分で切り替えができること、続けることが大事だという話などをした。

私もこの夏、人間ドックで山ほど悪いところを指摘され、運動不足が大きな原因だと言われて以来、朝1時間早く起き20分だけジョギングをすることにした。雨や仕事の都合でどうしても無理な日以外は、今のところ約1か月間続いている。生徒に言うだけでなく、自分も「続ける」ことを実践しよう。妻からは早くも「年だし、やめたら?」と冷たく言われているが、聞こえない振りをしている。耳も遠くなっているので。

始業式の後、転入生を全校生徒に紹介すると同時に、特別支援学校の生徒が本校に「副籍」を持ち交流することも説明した。この日は大正12年(1923年)に関東大震災が起きた「防災の日」で、生徒たちは地域別集団下校練習。夕方には品川区の全教職員が参加する「市民科研修会」に出席した。

新学期の教室の風景

2日の午前は区の校長連絡会。若月秀夫教育長から全校長、とりわけ中学校長に対し激烈な「叱咤」を頂戴した。夕方、本校への転入を希望する他校生と保護者に来校いただき、面談。

3日朝の教職員打ち合わせでエアコンの話をした。品川区では100%、東京23区では95%の普通教室に設置されているが、全国的に見ればまだ約10%に過ぎない。もちろんあった方がいいのだが、生徒たちには、これが当たり前のことではなく、恵まれているのだということは知っていてもらいたい。

この日は各学級の授業の様子も見て回ることができた。全体的には落ち着いた雰囲気が保てているが、やや危なっかしさを感じるところもある。姿勢の悪い生徒、上履きのかかとを踏んでいる生徒を何人か注意して直させた。「破れ窓理論」ではないが、こういうことを放っておくと、全体が緩む元になる。

午後、旧知のマスコミの記者の方と法務省の方がそれぞれ来訪。法務省の関係者とは法教育について意見交換をした。やらなければいけないことは多い。

No.18

教育への投資こそが　国や社会の未来につながる

キーワード：
教育予算，学校選択制，教職員

教育は公事である

学校教育は公事である。私はそう考えている。

しかし、残念ながら今の日本では、そういう認識が非常に薄くなってしまっているように思う。だから、受益者が自分で費用を負担すればいいじゃないか、というような話になる。また、親の年収が低いほど子供の大学進学率が低いという明らかなデータが出ているのに、しょうがないね、という感じでほったらかしにされてきた。

9月初旬、OECD（経済協力開発機構）が公表した『図表でみる教育』の内容が報じられた。2007年の公財政教育支出の対GDP（国内総生産）比が、我が国はOECD加盟国のうち比較可能な28か国中で最下位だったという内容だ。教育支出に占める私費負担の割合も4番目に高い。

2008年の教育環境に関するデータでも、教員1人当たりの児童・生徒数は小・中学校ともOECD各国平均より多くなっている。生活指導や部活動など、他の国ではやっていないような仕事まで学校が引き受けているにもかかわらず、である。「能《よ》く子弟を教育するは、一家の私事に非ず。是れ君に事《つか》うるの公事なり。君に事うるの公事に非ず。是れ天に事うるの公事なり」

江戸時代の儒学者、佐藤一斎の言葉である（『言志四録（一）言志録』講談社現代文庫）。家庭教育でさえ公事だと言っている。いわんや学校教育をや、だ。

もちろん、教育に限らず、貴重な税金の無駄遣いは無くさなければいけない。それは当然としても、将来の我が国を担う子供たちへの教育や支援に力を入れないで、いったい誰が日本を支えていくのか。

「米百俵」の故事ではないが、私は、教育への投資こそが将来の国や社会の発展につながる「未来への投資」として大事だと考えている。

学校を知ってもらいたい

2学期から転入生が5人加わり、生徒数は255人になった。事情はそれぞれだが、本校を選び、あるいは縁あって来てくれた生徒たちだ。大崎中に来てよかったと思えるようになることを願っている。

品川区は学校選択制である。中学校から私立に進む子供も多い。その中で、公立学校として、特に地元から信頼される学校にしていきたい。よく「大崎中は変わった、よくなった」と言っていただくが、それが毎年の入学者数に結びつくとは限らない。しかし、入学者数によって学級数や教員数、クラスサイズも変わってくる。学校にとっては大問題だ。来春もより多くの新入生に本校を選んでもらえるよう、大崎中学校の今の姿をアピールする営業努力も必要だ。

という訳で、9月7日から9日にかけて、小中一貫教育で連携グループを組む三木《みつぎ》、芳水《ほうすい》、戸越《とごし》の3小学校の6年生の保護者会にお邪魔し、本校の現状や教育活動、校長としての私の方針などをお話しさせていただいた。特に強調したのは次のようなことである。

私は大崎中はとてもよい学校だと思っているが、自画自賛では説得力がないので、ぜひ、今の学校、生徒、教職員の姿を直接ご覧いただきたい。本校に通っている生徒や保護者の話をお聞きいただきたい。そうすれば私の言うことが本当だと分かっていただけるはずだ。

また、学校選択制は学校だけでなく保護者にも「人任せにしない」姿勢を求めるものである。保護者にも、家庭でやるべきことは責任を持ってやっていただくよう求める。私がそういう考えであることをご理解いただいた上で、本校をお選びいただけることを願っている。

苦手な子供の気持ち

学期初めでもあり、可能な限り教室に行って授業の様子を見るようにしている。9日には区教委の八重樫憲一学校経営監による学校訪問もあり、授業観察にも同道させていただいた。

本校の教員には、もう授業を見られることへの抵抗はほとんどないように見える。むしろ積極的に見てもらいたいと言う教師もいるし、品川区の全教職員が参加して研究を深める「教育会」などで研究授業を買って出る教員も少なくない。これが全国どこの学校でも当たり前になるとよいと思う。

かつては、指導主事訪問を拒否する学校があるというような話もよく聞いた。そんな姿勢で学校教育に対する国民の信頼を得られる訳がない。

私は、教員が自信を持って、元気に授業をする学校がよい学校だと思う。

ところで、本校にも体育の苦手そうな生徒はいる。私も幼い頃は病弱で、体育が苦手だった。ソフトボールなどは本当は好きだったけれども、下手だから、同じチームになった人たちに悪くて小さくなっていた。だから、苦手な子の気持ちもよく理解できるつもりだ。

保健体育の教員には以前から、運動の苦手な生徒たちが運動嫌いにならないようにしてやって欲しい、と話している。

これは実は他の教科にも通じることだろう。「嫌い」は枝を広げる可能性の芽を摘んでしまう。「好き」なら、今すぐでなくとも、いつの日か枝を広げる機会があるかもしれない。苦手な子供の気持ちを酌むことのできる大人でありたい。

綺麗になった校舎

この週は早速、生徒間のトラブルがあったし、日頃からよく苦情をいただく近隣の方とお話しする機会もあった。台風への対応や、都内で今季初めてインフルエンザ様疾患による学級閉鎖があったという情報もあった。

教育会の特別支援教育部会では、発達障害について医師の方からお話をお聞きし、勉強させていただいた。

週末の土曜日は午前中にＰＴＡの実行委員会、夜は地域の祭礼のパトロールなど。外から見ると、夏に塗り直していただいた第一校舎の壁面が綺麗に見えた。外観も中身も明るい学校でありたいものだ。

No.19

「個」への対応と全体の安定の両立　常に感じる学校の危うさ、怖さ

キーワード：
児童虐待，安全指導，市民科，「寺子屋」授業，東京教師道場，児童自立支援施設

日本人学校と「絆」

　尖閣諸島沖で起きた中国漁船と海上保安庁の巡視船の衝突以降、天津《てんしん》など中国国内にある日本人学校の窓ガラスが割られるなどの事態が続いている。

　中国に限らず、日本人学校は在留邦人と現地の人たちの力に支えられている。将来に向かって国と国との絆を強める存在でもある。1997年から3年間、北京《べきん》の日本大使館で勤務し、日本人学校も担当した。天津日本人学校はその間に開校した、私にとっても思い出深い学校だ。

　これまでもこの手のことは繰り返されてきた。その度にやるせない気持ちになる。せめて、子供に恐怖感を与えるようなことだけでも、世界中から無くせないものかと思う。

「個」と「全体」の両立

　二学期からの転入生は5人になった。彼らに限らず、生徒は一人一人が様々な背景の中で育ち、それぞれに課題も抱えている。それに学校がどこまできめ細かく対応していけるか。

　学校は生きた人間の集まりだから、一つの出来事が他の生徒、教職員、関係者にさざ波のように影響を与え合う。常に揺れ動いている水のようなものだ。

　学校の難しさは、個々の生徒への対応と学校全体の安定や調和を常に両立させなければならないことにある。綱渡りのような危うさ、怖さを、私はいつも感じている。

　子供を見守るのは学校だけではない。9月中旬、大崎第二地域の「子供家庭あんしんねっと協議会」に出席した。児童福祉法に規定する要保護児童対策地域協議会である。区、児童センター、児童相談所、民生委員、人権擁護委員、警察、学校などの関係者が一堂に会し、情報交換や意見交換を行う。

　私からは、児童虐待の問題をめぐる最近の動向について、日頃から考えていることを述べるとともに、児相などの関係機関の人員体制、相談・処理件数などを確認させていただいた。

　児童虐待への関心が高まり、人々のアンテナがとても敏感になってきた。それ自体はよいことだが、現実には、例えばネグレクトや単発の暴力などの場合、「虐待」に当たるかどうかの判断は非常に難しい。一方で、児相などの体制整備は全く追い付いていない。近年、児相は虐待で手一杯で、他の仕事まで手が回りかねているようにさえ見える。それを知っていながら「少しでも疑いがあれば児相へ通報を」などと言うのは無責任ではないか、と心に引っ掛かっている。体制の充実が急務だ

　同じく中旬に、品川警察署少年係の方を講師にお招きし、地域健全育成運営協議会を開催した。平日にもかかわ

らず大勢の保護者、地域の方々がご参集くださり、心強く思った。

今回のテーマは「ネット社会に潜む危険について」。特に携帯電話は、子供がいったいどう使っているのか、親にも分からないことが多い。それだけに、一つ間違うと危険に巻き込まれ、気づいた時には手遅れという恐れもある。携帯電話のサイトから犯罪の被害に遭う中学生は現実に身近なところにもいる。実際にあった事件の例を挙げてのお話は、生徒にとっても大人にとっても「他人事ではない」と実感できるものだった。

「他者の目」の重要性

9月18日の土曜日に市民科授業地区公開講座を実施した。「市民科」は道徳、特別活動、総合的な学習の時間を統合して創設された、品川区独自の新しい学習領域である。

7年生はCAPS（経営体験学習）、9年生は「地域社会への貢献」をテーマとして、それぞれ、一人一人が「どう行動するか」を重視した実践的な内容の授業を行った。地域の活動に主体的に参加しようとする態度は、「新しい公共」の考え方にも通じるものだ。

8年生は、東京青年会議所品川区委員会のご協力を得て、様々な職業の方を講師にお招きし、仕事や「働くこと」などについてお話をうかがう「しながわ寺子屋」授業。昨年度に続いて2度目となる。

中学生の段階で「職業」について実感を持って考えるのはなかなか難しい。それでも、将来、職業や進路について考える場面に立ち至った時に「そういえば中学校であういう話を聞いたな」と思い出してもらえるような豊かな種を生徒の心に宿すことができれば、と思う。

この週には区の中学校長会も本校で開かれ、会議の前に各校長先生方に授業の様子をご覧いただいた。頂戴したご意見やご感想は私が整理して教員に伝えた。いろいろな方の目で見ていただくのは大事なことだ。

東京教師道場（授業研究を通し、2年間継続的に指導・助言を受け、教科などの専門性を一層高めるとともに、授業力リーダーとしての資質・能力を磨くことを目的として行われている東京都の研修制度）に部員として参加している本校教員による授業研究もあった。私も授業を一緒に見、協議会にも途中まで参加させていただいた。その後も少人数で長時間にわたり熱心な協議が行われたと聞き、頭の下がる思いがした。どんな職業でもそうだが、プロとして高いレベルで仕事の能力を上げるには、こういう厳しさが欠かせない。

国の教育施策はどう決まるか

このほか、区立中学校特別支援学級連合スポーツ大会にも出席させていただいた。週末には、児童自立支援施設に入所中の子供たちが通う学校の運動会を参観した。それぞれ事情があって入所している子供たちだが、皆、明るい表情で、きびきびとした動きを見せてくれた。この子たちが施設を出た後もこの表情を失わないでいてくれるよう願わずにいられない。

校長会の2日後には、副校長会も本校で開かれた。会場校の校長が何かしゃべるのが恒例だというので、「国の教育施策はどうやって決まるか」と題し、文科省、内閣官房での経験を踏まえ私なりの考えを話させていただいた。内容は「秘」である。

No.20

子供の問題で家族も苦しむ　親の話を聞き一緒に方法を考える

キーワード：
保護者

忙しくても微笑みを

「文は人なり」である。自分で言うのもはしたないが、このところ忙しくて余裕がない。それが最近の文章にも表れてしまっていると感じる。今も余裕はないが、今回は意識して柔らかめに書いてみよう。

「忙」という字は「心を亡くす」と書く。心にゆとりがなくなると、どうしても顔つきまで険しくなる。国の仕事はそれでも困らないし、つまらない仕事を追い払うためわざとそうすることもあったが、学校でしかめっ面はふさわしくない。

特に子供と長時間顔を合わせる教員は、自身の体調が悪くても、心配事を抱えていても、笑顔が基本だ。そうでないと生徒が不安になってしまう。本校の校内研修でも「嬉しそう、楽しそうに授業しているか」を評価の観点の一番に挙げている。校長は関わり方が違うが、生徒には穏やかな顔で接したい。「ジャパニーズ・スマイル」を無意味だと悪く言う人もいるが、私はそうは思わない。知らない人とだって、目が合ってニコッとすれば、お互いに警戒も解けて気持ちが軽くなる。

しかし、表情をつくるのも実は結構難しい。接客業の方、また教員でも、鏡を見て笑顔の練習をする人もいると聞く。私はそこまではやらないが、過去には、自分では優しく微笑《ほほえ》んだつもりが「いやらしい」と言われてしまった悲しい経験もある。気をつけよう。

様々な親、家族の思い

学校でいろんな方との出会いを経験させていただけることを、本当に幸せに感じている。先日も、岩手県のある校長先生から突然にお手紙をいただいた。私に何ができる訳でもないが、教育を真剣に考えておられる方々とのつながりは大事にしたい。

不登校や非行などの課題を抱える生徒の保護者、ご家族と直《じか》にお話しさせていただくのも、私にとって貴重な時間だ。

世間ではよく「家庭の教育力の低下」とか「子供より親が問題」などと言われる。実際、その通りだと感じることも多い。しかし、家族全体が壊れそうな厳しい状況の中で、親や他の家族も傷つき、悩み、苦しみながら、子供のために懸命に努力を重ねておられる姿に接すると、単純に「親が悪い」で片付ける訳にはいかないと痛感する。出口の見えない暗闇を歩き続ける苦しさ、辛さは如何《いか》ばかりだろう。校長である前に、同じ人間として、親として、何とかその重荷を少しでも軽くしてあげられないものかと思う。

私たちにできるのは、まず話を、気持ちをお聞きすること。その上で、子供の将来のためにどうするのがよいのかを一緒に考えていくことだ。もちろん学校でできることはするし、関係機関、専門機関の力を借りる場合もある。

　少しでも早く事態を動かしたいのは誰しも同じだが、現実には時間もかかる。私が直接知っているケースでは、卒業などの節目を機に立ち直れることもある。中学では途中からほとんど学校に行けなかった子が、卒業後は新しい進路で頑張って毎日休まず学校生活を送っている例も知っている。安易に考えてはいけないが、転校し環境をリセットすることで好転した例もある。一方、同じやり方でもやはりうまくいかないことも多い。

　いずれにしても、決定的に重要なのは、保護者が子供への強い愛情を持ち続け、努力を続けることだ。そうである限り、希望はある。そう思いたい。

野分《のわき》の如き忙しさ

　この時期に本来やらなければならない多くの仕事に加え、教員関係、生徒関係、区教委やいろいろなところから頼まれている仕事などもあり、正直なところ全く追いつかない。

　9月21日は午前中に都立高校の入学者選抜実施要綱説明会。午後は生徒会の新役員選挙。多くの生徒が積極的に立候補してくれたことが嬉しい。残念だった生徒も含め、みんなで協力して新しい風を起こして欲しい。夕方、臨時の校長連絡会。

　22日は午前中に工事の打ち合わせ。午後は「授業力の向上」のための今年5回目の校内研修会。研究授業、5分間の模擬授業とそれらについての協議。

　これらの他、私の手帳には、生徒関係の情報、打ち合わせのメモなども日々かなりの分量で増えていく。

　10年来、毎日の予定を書き込む年1冊の手帳と、メモ帳のように何でも書くA6判の手帳の2冊をいつも持ち歩いている。後者は大崎中18か月目で26冊目。最近は老眼のため、自分の小さい（＋汚い）字が判読できずに悩むことも増えた。

　23日は秋分の日。24日の金曜日を休めば4連休になるとかで「シルバーウィーク」とも呼ばれているらしい。が、学校には無縁の話だ。この日の雨で、暑かった夏も峠を越えたようだ。

　24日はまた特別忙しく、朝から来客2件、昼から外出し、人に会ったり会議などに出たりで3か所をハシゴし、帰りにもある人に会って話し込み、帰校したのは夕方。夜もある人に会う件があったため、デスクワークはほとんどできなかった。

土日の仕事と甘い物

　文科省や内閣官房では深夜までの残業が普通だったが、今はそうではなく毎日仕事を持ち帰っている。が、家では子供が起きている間は勉強を見るよう妻から厳命されているため、実際には仕事はほとんどできない。夜中まで一人起きて、先日までは蝉の声、最近では秋の虫の音を聞きながら仕事に励む、寂しい日本の父親である。

　この週末も、近隣小学校の運動会や研究会などで土日とも仕事。妻に「役に立たない」と言われている。

　学生時代に読んだ太宰治の『人間失格』に、女性が泣いたりしたときは甘い物をあげると機嫌を直すと書かれていたのを思い出し、仕事帰りにシュークリームなどを買って帰ってみたりする。読書は本当に役に立つ。

No.21

校長になったのは　現場に近いところで仕事をしたいという思いから

キーワード：
生徒会，生徒指導，連合体育大会，部活動

2年前の夏の話

9月27日から「衣替え」の移行期間に入った。猛暑から一転、涼しい日が続く。区内の小学校でもとうとうインフルエンザによる学級閉鎖が出た。手洗い、うがいなど予防を徹底したい。

№15で、どう数え違えたのか「大崎中に来て1年半が過ぎた」と書いてしまった。もちろん間違いで、9月末でちょうど1年半になる。この間、私自身の考えや感覚も随分変わってきたと感じる。この先もきっとそうだろう。もっと広く、深く、ものが見えるようになりたいと思う。

学校現場で仕事をしたいと本気で考え始めたのは、約2年前、平成21年（2009年）の夏だった。当時私は内閣官房内閣参事官（内閣官房副長官補付）の職にあった。

平成12年（2000年）3月に中国の日本大使館勤務から帰国して以来、文部科学省（当時はまだ文部省）の大臣官房総務課副長、大臣秘書官（事務取扱）、私学部参事官、高等教育局専門教育課長、そして内閣参事官と重要な仕事をさせていただいた。しかし心の中では「教育現場に近いところで仕事をしたい」という気持ちが日増しに強くなっていた。かつて三重県教育委員会で指導課長を務めさせていただいた時の、自分の仕事が現場とつながっているという実感。限られた残り時間をそういう仕事に使いたいと思っていた。

また、長く教育行政に携わる中で、自分たちが寝食を削ってやっている仕事が本当に学校現場のためになっているのか、学校や教育委員会、文科省を含む広い意味での教育の世界が、その他の世界とうまくつながっていないのではないか、という問題意識も強く持っていた。

実際にはもっとずっと複雑なことを考えていたが、縮めて言えばそういう思いだった。

我儘な希望で実現は無理だろうと思っていたが、その後、理解し応援してくださる方も現れ、最終的には東京都教育委員会の選考手続を経て2月に正式に決まった。

この転身については、家族にも一切相談しなかった。妻に初めて話したのは、明日、都教委から発表されるというその前日である。当然、妻は激怒し、その後、長らく家の中に暴風雨が吹き荒れた。小学生の息子がどこかで聞き付けてきて、「パパ、校長先生になるの?」と言った途端、鬼の形相で「その話はするな!」と一喝され、固まってしまった。

正直なところ、この歳になって新しい仕事に挑むのはきついと感じることもある。しかし、全く後悔はしていない。まだ1年半。これからだと思っている。

感じる生徒の「幼さ」

9月27日、生徒会のアイデアによる3学年合同の縦割り給食が実現した。前執行部の置き土産だ。いろいろなアイデアを出してくれたうちの一つである。生徒たちの発想や行動にそばで触れることができるのは、本当に楽しい。これからもどんなアイデアが出てくるか楽しみだ。

この週も、生活指導をめぐって対応を要する件があった。かなりの数の生徒が関わっている。放課後に学校外で起きたことではあるが、人様に迷惑を掛けているし、中身としても指導が必要だと判断した。教員が生徒たちから個別に話を聞き取った上で、保護者にも来校いただいて担任などから話をさせていただいた。

いわゆる問題行動を起こした時の生徒の反応を見ていると、学校に来る前に思っていたよりもずっと「幼い」と感じる。だから何度も繰り返す。集団になると流される。すぐ分かるような嘘をつく。「個」としての成長をどう促すか、本当に難しい。

前後して、不登校になっている生徒の保護者が来校されての相談と、やはり不登校気味の生徒についての専門家（臨床心理士）による巡回相談があった。多くの場合、家族へのケアも必要だし、医療機関など外部の専門機関の力が必要な場合もある。自分がその家族であれば、という気持ちを持って一緒に考えることを心がけている。

他にもこれまで、ネグレクトや虐待ではないかと疑われるケース、複雑な家庭事情のしわ寄せが子供に行っていると思うような事例など、いろいろなことがあった。

子供や家族の状況は多様であり、自分の狭い経験や知見だけで先入観を持たないように気をつけている。

勝敗だけが大事ではない

9月29日は区立中学校の連合体育大会。区内の各中学校から代表選手が一堂に会して競い合う。本校からも大勢の生徒が参加し、頑張ってくれた。成績は他校と比べれば今一つだったが、会場での態度もとても立派で、嬉しかった。生徒たちにとって、自分で目標を決めて挑戦すること自体が貴いし、競技力だけでなく人間としての成長につながると思う。

30日には久しぶりにバレーボール部の練習を見せてもらった。9年生がこれから新チームを背負っていく7、8年生の練習の相手をしていた。部員数が多く、試合に出られない生徒も多い筈だが、皆、弱音を吐かず厳しい練習についていっている。そういうことも含めて、鍛えられていると感じる。

10月2日の土曜日は別の区の公立小学校に通う次男の運動会。午前中だけ見て、午後は法務省の「法の日」フェスタで実施された法教育授業に参加。30人以上の中学生が参加し熱心に聞き入っていたことに感心した。ただ、題材として「契約」を扱うのは、中学生にとってあまり実感がなく、難しいのではないかと感じた。今後の参考にしたい。

9月末前後には様々な提出物の期限が重なり、今もその対応に追われている。8月から健康のために毎朝少し走っていたが、ここにきて、寝不足のために走れない日も出てきた。残念だ。

3日の品川区長選で現職の濱野健区長が再選。「品川の教育改革」は続く。

No.22

挨拶、姿勢など「小さなこと」の徹底を　大事なことは何度でも言い続ける

キーワード：
安全指導，市民科，学校公開

私の「こだわり」

10月4日の全校朝会で生徒に新しい呼び掛けをした。

これまでも「続ける」ことの大切さや挨拶、姿勢などについて何度も繰り返し話してきた。縁あって本校で出会った生徒たち全員にどうしても身に付けてもらいたいという私なりの「こだわり」だ。授業を見て回る時も、姿勢の悪い生徒や上履きのかかとを踏んでいる生徒がいれば注意して直させている。

大部分の生徒は、挨拶や姿勢は問題なくできるようになっている。そこでそろそろ新しいことをと思い、「ドアや戸を閉める時に、できるだけ音を立てないで静かに閉める」ようにしようという話をした。これはマナーでもあるし、他の人に対する思いやりでもある。私も生徒の手本になれるよう気をつけたい。

今回のことにせよ、挨拶や姿勢にせよ、一つ一つは小さいことだ。だが、その小さいことを徹底してやり切ることが他の面でも力を伸ばすことにつながる。私はそう信じているので、これからも何度でも言い続けるつもりである。

「恐怖」も漢字も直視せねば

5日の午前中に「自転車安全教室」を実施した。品川警察署、交通安全協会、トラック協会のご協力によるもので、プロのカースタントチーム「スーパードライバーズ」の皆さんが実際の交通事故の様子を再現して見せてくださった。

このように「恐怖を直視させる」ことで危険な行為を防ぐ指導を「スケアード・ストレイト」方式という。後で生徒が書いた感想文を読むと、強いインパクトを受けた様子が伝わってきた。

私が事ある度に言っている「加害者にも被害者にもならない」ということを書いている生徒も大勢いた。小泉元首相のワンフレーズ・ポリティクスではないが、本当に大事なことは何度でも繰り返して覚えてもらいたいと思っている。

蛇足ながら、生徒の感想文に漢字の間違いがあまりに多く、めまいがしそうになった。基礎的な学力はこういうところに表れる。多かった間違いの例を校長室前の掲示板にでも張って、注意を促そうと思っている。

同日午後は小中合同生活指導主任会。小中一貫教育で連携するグループごとに協議を行い、その後、中学校及び関係機関間での情報交換。都市部では複数の学校にまたがる問題も多く、情報の共有が非常に大事だ。

財務省と他校での仕事

7日は午前、午後と外での用務。まず午前中に財務省財務総合政策研究所の「人材の育成・活用に関する研究会」に出席し、公立学校の現状と課題につ

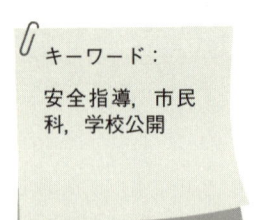

いてプレゼンテーション。一般的な状況などは必要なら文科省から聞いてもらえば足りるはずだから、私からはこの1年半に学校現場で経験したこと、感じたこと、そして現在考えていることなどをできるだけ率直に述べさせていただいた。財務省の建物に入るのはもちろん、霞が関に行くのも随分久しぶりだ。隣は文科省だが、特に用もないので寄らずに次の用務先へ直行する。校長になってから文科省には一度も足を踏み入れていない。これも、へそ曲がりな私のこだわりである。

午後は同じ品川区内の荏原《えばら》第一中学校で行われた「市民科授業地区公開講座」で9年生の授業について講評と講演。そんな柄ではないのだが、井上好嗣校長から頼まれたときに、はっきり断らなかったためにこうなってしまった。

9年生の授業テーマは「人権についての理解」。重要な課題だが、社会問題への認識や理解が多様な中学生に自らの問題として考えさせることは簡単でない。今回は標語づくりを通じてこれに挑戦しようというものだった。

授業後の意見交換会には同校の教員、保護者がご出席くださり、そこで私なりに道徳教育や「市民科」についての思いを語らせていただいた。保護者の方からも熱心なご発言があり、私は他校の保護者の方と教育を論じ合うような機会は滅多にないので、大変楽しかった。

学校公開と小6保護者説明会

8日の金曜日と9日の土曜日は学校公開と新入生（小学校6年生）保護者を対象とした学校説明会。この週は寝不足で体調が危なかったが、何とか9日まで持ちこたえることができた。

小中一貫教育で連携グループを組む3小学校の生徒や保護者をはじめ、他校、区外からも来校いただいた。本校の保護者の皆様にもお手伝いいただき、感謝している。

ある来校者の方からお帰りの際に「生徒が挨拶しない」「私語が多い」というご指摘をいただいた。私が見て回った教室では私語は一切なかったし、挨拶も最近は随分できるようになっていると思っていたのだが、必ずしも十分でないということだろう。普段できているのに一場面のためにマイナスの印象を持たれるのは残念だ。学校公開だからといって取り繕うようなことは嫌いだが、日頃からもっと徹底しないといけないなと感じた。

また本校の保護者から、一部の生徒の様子を懸念する旨のお話もいただいた。学校説明会では、「校長である私の方針を理解した上で本校をお選びいただきたい」と話をするが、現実には公立学校には多様な生徒が入ってくる。課題も心配も常にある。それに正面から対峙《じ》していくのが私たちの仕事である。

この週は他に、校長連絡会、教育会部会での本校教員による研究授業、7年生の学力補充教室、ある部の臨時保護者会、ＰＴＡによる給食試食会などもあった。10日の日曜日はＪＲ大崎駅周辺での「しながわ夢さん橋」イベントに本校の生徒たちも大勢ボランティアとして参加し、活躍した。全国大会出場を果たしたバレーボール部の生徒たちもご紹介いただき大きな拍手を受けた。11日の体育の日も近隣小学校の運動会などがあり、当分、完全オフの日はない。

No.23

「外の風」にさらされないと 学校は変われないものなのか

キーワード：
不登校，生徒の姿

危機意識を持った仕事

ユニクロの柳井正会長が書かれた『一勝九敗』（新潮文庫）という本に次の記述がある。

「成功するということは、保守的になるということだ。今のままでいいと思うようになってしまう。成功したと思うこと、それがすなわちマンネリ化と保守化、形式化、慢心を生む源だ。（中略）商売というのは、現状があまりうまくいかないときに、『だったら、どうやればうまくいくのか』ということを徹底的に考えるということであり、成功したと思った時点でダメになるのだと思う」「『去年これをやったから』、『他社がこういうことをやっているから』。これでは会社はつぶれる」

教育は商売とは違う、という声がすぐに聞こえてきそうだが、仕事にこういう厳しさが必要だという点で変わりはない。そして私は、公立学校の世界でこのような意識が不足しているのは事実だと感じている。少なくとも民間企業の人の目にはそう映るだろう。品川区が進める教育改革「プラン21」は、「変わらなければという意識はあっても変われないでいる学校の現状を変えていくため」のものだとされている。きっと背景には同様の現状認識があると思う。

先日、ある人と話していて、私が「各学校がもっと主体性を発揮できるようにすべきだ」と述べたところ、「これまで何度も現場を信じようとし、任せては裏切られた歴史があるではないか」と反論されてしまった。

私は公立学校の民営化論などには反対の立場だが、時に「ショック療法も必要かも知れないな」という考えが頭をよぎることも無いではない、ということを告白しておく。

ずっと部屋の中にいると外の風が分からなくなる。私も国で仕事をしていて、自分が文科省や霞が関でしか通用しない人間になってしまっているのではないかという恐れを感じていた。公務員としてそれでよいとは思わない。

科学の面白さを知らせたい

10月12日から9年生を対象とする放課後の学習補充教室を開始。いろいろな課題を乗り越え、今はとても落ち着いた、まとまりのある学年に育っている。卒業後の進路に向けて頑張って欲しい。

13日からは教員の中間申告と来春の異動に関する個別面談。学校の人事の仕組みについては個人的にも意見があるが、今はそれを詳述する時期ではない。校長の権限も非常に限定的だし中途半端だ。改めるべき点は多いように思う。

同日午後は品川区立三木《みつぎ》小を会場として「授業力」に関する小中一貫教育連携グループ4校の第3回合同研究会。

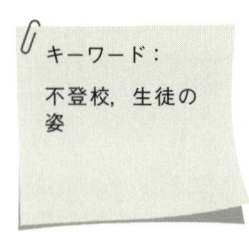

私は理科の授業、分科会を担当。水溶液の性質に関する実験だったが、小と中とで随分違うと感じる点もあった。

私はかねがね、理科は本来、面白いことがたくさんあるはずなのに、現実には難しいもののように思われてしまっていることをとても残念に思っている。

毎月学校で出している「ライブラリーレター」（図書室だより）では私が本を紹介するコーナーもあるが、10月号では、２００２年にノーベル化学賞を受けられた小柴昌俊東大名誉教授の『やれば、できる。』（新潮文庫）を取り上げた。

「中学生にこそ、科学は自分でやって、いろいろと考えてみる勉強なんだということをしっかり教えてあげたいですね。教室で一方的に教わるだけではなく、自分で実験してみると科学は絶対に面白い」。

受け身でなく、自分から手を動かし、五感を使って楽しんでもらいたい。

中間考査とボランティア活動

15日は2学期の中間考査。各教室を見て回ったが、皆、静かに取り組めていた。

午後はまず、東京都品川児童相談所の方に来校いただいての情報交換と協議。内閣参事官の時に「子どもと若者総合支援勉強会」も担当したが、その際にも「現場では支援に関わる関係者・機関間で対象者の個人情報を共有しにくいことが障壁になっている」という議論があった。実際、じれったく感じることもある。本当は法的措置の必要性まで含めて検討が必要な課題ではないか。

次に、戸越《とごし》小学校で行われた市民科授業地区公開講座の全体会に出席。

帰校後、マイスクール八潮《やしお》（適応指導教室）の教員等と話し合い。いわゆる「不登校」については、本人の気持ちと保護者の思いが一致しない場合もある。学校としては対応が難しいところだが、関係者間でよく相談し、歩調を合わせて支援していくことが大事である。

16日の土曜日は、品川区の施設一体型の小中一貫校、荏原《えばら》平塚学園の新校舎落成記念式典。児童・生徒の代表として言葉を述べた生徒会長の堂々とした様子に感心した。

本校は新しい施設一体型の学校に取り囲まれる形になる。施設以外では負けたくないと思っているが、他校の最新式の綺麗な校舎、広い体育館や運動場などにはやはり溜め息が出そうになる。

その後、区内にある日本音楽高校の「総合的な学習上演発表会」へ。全校生徒が出演しての「サウンド・オブ・ミュージック」で、いつものことながらレベルの高さに見入ってしまった。

翌17日は品川区立芳水《ほうすい》小で、青少年対策大崎第二地区の「親子レクリエーション運動会」。本校の生徒、教職員もボランティアとして準備、運営の手伝いで頑張ってくれた。その中のある女子生徒について、ある方から「あの子は毎朝大きな声で挨拶してくれます。とっても気持ちのいい子ですね」とお褒めいただいた。自分の娘（いないが）を褒められたようで、とても嬉しかった。

仕事が忙しいこともあるが、体調がなかなか戻らず、仕事がたまっている。青色吐息の10月である。

空狭き都に住むや神無月――漱石

No.24

公立中学校の生活指導の難しさ　学校を真の「学びの場」にしたい

キーワード：
生徒指導，進路指導，生徒会，教職大学院

公立学校と生活指導

公立中学校での生活指導の難しさについて書く。

本校はこのところ落ち着いた状態を保ってきたし、そう評価していただけることが多い。もちろんその裏には、小さな変化を見逃さず、きめ細かく粘り強く生活指導や学習指導に当たる教職員の日々の努力がある。

けれども、私がとても怖いと感じるのは、そうした努力が常に結果に結び付く保証はないことだ。いかに努力しても荒れや崩れを止められないケースは全国にいくらでもあるだろう。

本稿ではその時々で感じていることを率直に書き留めておきたいので、あえて身も蓋《ふた》もないことを書く。これは、生徒を選ぶことのできない公立中学校の宿命であり、桎梏《しっこく》でもある。

外形的に何かさせることはできても、本人にその気がなければ「学び」は始まらない。しかし学校では、「その気」のない生徒を何とかして「その気」にさせようとするところから刻苦奮闘している。

そのように「一人も放っておかない」という姿勢で粘り強く働き掛けることで、現実に多くの子供たちは変貌し、成長する。それこそが教育の真骨頂だという思いも私にはある。

その一方で、学校を名実ともに「学びの場」にするには、学習への意欲や態度を入学の条件にすべきではないか、学習の定着状況を確認して進級認定を行うべきではないか、という気持ちもある。その場合は当然、課題を有する生徒へのより丁寧な支援の仕組みも合わせて考えねばならない。どういう形が最善なのか、私にもまだ答えはない。

10月18日から卒業アルバムの写真撮影が始まり、校長室で1枚。月末の文化祭に向け、各クラスの合唱練習にも熱が入る。生徒たちの歌声には人を優しい気持ちにさせる力がある。

家庭でも進路の話を

22日の午後、保護者を対象とした進路説明会を開催。9年生だけでなく7、8年生の保護者も例年になく多数ご出席くださった。このような意識の高さは必ずや生徒の大きな助けになる。私も11月から9年生一人一人に面接練習をすることになっている。生徒が少しでも不安や緊張なく本番に臨めるよう、私も力になりたい。家庭でも、進路や職業について子供と話をして欲しい。

先日、高校生の長男に職業や大学の話をした際、私が高校から一人暮らしだったことを彼が知らなかったのに驚いた。仕送りを節約するためにパンの耳を2斤《きん》10円で買って食べていたことや、寮の先輩にもらった参考書を使っていたことも。前にも話した筈だし、当然知っていると思っていたのだが、親が思っているほど子供には伝わっていないのだと反省した。もっとも息子の方は、父親と話すのは「うざい」と思っている様子がありありだが。

生徒会新執行部が始動

18日の生徒会朝会では、新執行部の面々が今期の生徒会スローガン「絆《きずな》と笑顔で築く大崎城」を発表。意欲的なメンバー揃いで、既に地域行事でのボランティア活動などでも活躍してくれている。これからが楽しみだ。この日も教員の中間申告に係る個別面談。夕方はある件で生徒の両親が来校。

19日は品川区教委に行く用事があった他、転入希望者と保護者に来校いただき面談。

20日は午前中に通級指導学級での家庭科授業を1時間通して観察。生徒1人に教員1人で、包丁を使っての実習。

その様子を見ながら考えたのは、特別支援教育に限らず、個別またはそれに近い少人数での取り出し授業の方が教育効果が上がるのに、と思う生徒が少なくないことだ。公立学校での学習指導の難しさは、そういう子供たちにきめ細かく対応できるだけのマンパワーが足りないことにもあるのではないだろうか。退職された教員や社会人の方の力を借りてもよいと思う。生活指導をしながら学習指導ができるような人材を、学校に大勢入れることができないものか。

午後の職員会議では生徒の状況について情報交換と協議。夕方は区教委へ。その後、ある会合で学校選択制や小中一貫教育について意見交換。

多様な経験が世界を広げる

21日は朝から区教委の指導主事が来校され、学校の様子を見ていただくとともに相談など。昼過ぎにある人を訪ねた後、品川区立城南中での中学校長会に出席。授業も見せていただき、感心したり、安心したり。

夜は某教職大学院を訪ね、修了者の話を聞くなどした。現在の職場（学校や教委事務局）での認知度が低く、「1年間遊んできたんだから」などと言われるという。私も大使館勤務から戻った時に似たようなことを言われた。しかし私は、むしろ出向時の経験こそが自分の世界、視野、人脈を広げてきたと感じている。ただ、そんなことをいくら言っても分からない人には分からない。教職大学院の修了者が実力でその意義を説明していく他はない。頑張って欲しい。

22日の夜は異業種勉強会「フォーラム21」の総会に出席し、民間企業の仲間たちと旧交を温めた。既に大企業の執行役員や子会社のトップを務める人もいる。総会には6年連続で時の総理がご出席くださっている。ありがたいことだが、毎年総理が別の方というのもいかがなものか。

23日の土曜日は、朝、次男の通う小学校の授業参観に顔を出し、午後は三木《みつぎ》小学校の市民科授業地区公開講座で主に6年生のスピーチの様子を見せていただき、コメント。他校を見た直後だけに、比較して違いを感じる点もあった。

24日はJR大崎駅西口でのイベントに出演した本校音楽部の生徒たちの演奏を聴きに行った。少人数だがよく音が出ていた。大勢の前での演奏が自信につながればよいと思う。

No.25

子供たちが持っている「人を幸せにする力」

キーワード：
文化祭，家庭の教育力，連合音楽会，教職員

天使の歌声

梶井基次郎の『檸檬』ではないが、心の中に2、3の塊があり、何をしている時も気持ちが晴れない。しかし、頑張ろう。

10月30日の土曜日は本校の文化祭だった。学級ごとの合唱コンクールが中心だ。悪天候にもかかわらず大勢の保護者、地域、関係機関の方が来校くださり、体育館に用意した椅子が足りなくなるほどだった。

生徒たちはこの日に向けて、朝や放課後にも練習を重ねてきた。歌声が日に日に大きく、美しくなってくるのが分かる。生徒の成長を体で感じることができるのは幸せなことだ。なかなか皆の気持ちが合わず苦しんだ学級もあった。それでも皆で協力して一つのものを創り上げていこうとする過程自体が、生徒たちにとって大切な学習であり、成長の時間であったと思う。

合唱の他にも、広島平和使節派遣団の一員として参加した生徒による報告、音楽部の演奏、7年生の群読、合奏、ダンス、劇、生徒の作品の展示などがあった。特別公演として、日本音楽高等学校合唱部の皆さんが素晴らしい合唱を披露してくださった。

運動会もそうだが、こういう行事を通じての子供たちの成長は本当に大きなものがある。大事にしたいと思う。

生徒たちの合唱の歌声を聞くと、どんな時でも、優しい、幸せな気持ちになる。閉会式では感謝を込めて「皆さんは、自分では気づいていないかもしれないけれども、力を合わせれば、人を優しい、幸せな気持ちにすることのできる大きな力を持っている。自分たちの力を信じて、お互いに高め合い、もっと大きな力を出せる学級、学年、学校にしていこう」という話をした。

肝心のところには届かない

前回、生活指導について書いた。そのことも深く関わるが、今回は家庭との連携について。行間をお汲み取り願いたい。

生活指導は学校だけでは絶対にできない。家庭の協力が不可欠だ。だが、その協力が十分に得られない場合も多い。

教育をめぐる議論では必ずと言ってよいほど「家庭の教育力」が取り上げられるが、なかなか有効な対策が打ち出せない。よく言われるのは、どんなに良い講座を開こうが資料を配ろうが、本当に分かってもらいたい親は来ない、読まない、肝心のところには届かない、ということだ。

学校でも似たような状況がある。生徒の問題について保護者に懸念を伝え協力を求めようとしても、肝心の保護者の協力がなかなか得られない。

本来、躾《しつけ》は学校より家庭の責任である。しかし現実には、本校も、おそら

くどの公立学校も、服装、持ち物、姿勢、授業態度、生活態度などの指導にかなりのエネルギーを費やしている。

多少の問題行動があっても、保護者、家庭がしっかりしていればそう大きく道を外れることはない。けれども、大人の意識を変えるのは子供よりはるかに難しい。児童虐待の関係で親権の制限が議論されているが、保護者に対する強い手立ても必要だろうと私も思う。

最近私は、生活指導について、公立学校でも「停学」や「退学」などの措置を可能にすべきではないかと思い始めている。

音楽部が連合音楽会で演奏

10月の最終週は、学校全体が文化祭直前の高揚した雰囲気に包まれていた。

そんな中、25日には東京都の「児童・生徒の学力向上を図るための調査」（学力調査と意識調査）が実施された。

27日は「品川区立小中学校合同連合音楽会」で本校音楽部の生徒たちが「ラプソディ・イン・ブルー」を演奏。少人数でも、大きな舞台、大勢の聴衆の前で堂々と演奏し、頼もしく見えた。他校の合唱や演奏もそれぞれに素晴らしい出来だった。

この週は、ある学級で保護者会を開いたほか、保護者が個別に相談に来られたり、こちらから来校願ったり。先日の学校公開・学校説明会に来られなかった区内の小学6年生が親子で見学に来られたりということもあった。関係機関の方にお越しいただき情報交換も行った。

26日には品川区立芳水《ほうすい》小学校で同校の大数見《おおすみ》仁校長とともに、「小中一貫教育」等の視察に来られた岡山県真庭市立小学校校長会の方々と話をさせていただいた。

「対立の構図」にしたくない

この時期、教員に関わる問題の報道が相次いだ。例えば、小学生に「妹を殺せば会える」が正解というクイズを出題したり、もっとひどいのは、学級通信に児童のことを「バカなんじゃないかと思う」「相当な心の病を抱えているとしか言いようがない」などと書いて配ったり。

ごく少数の者であっても、こういうことが教員や学校に対する信頼をどれだけ損ねているか。影響は計り知れない。

本校でも教員の言葉遣いなどで危ないと感じることがある。これまでも繰り返し注意してきたが、この機にあらためて全教職員に「人権に配慮した教育活動の徹底について」の話をした。

28日、経済界の錚々《そうそう》たる方たちが名を連ねている勉強会に久しぶりに出席。席上、某ビジネス雑誌に最近掲載された、いわゆる民間人校長に関する記事が話題提供の材料として配布されていた。

その校長自身は教育への理解も深い方だ。しかし記事は「公立学校の教師の世界には、クビも減給も強制異動もない。（中略）民間企業では考えられないことだ」というようにわざわざ学校の異質性を強調し（しかも不正確である）、学校と他との対立を煽っているように見えた。

教育をめぐる問題をこういう「対立の構図」にして欲しくない、というのが私の強い願いである。学校にも改めるべき点はある。同時に、学校の事情が世の中に正しく理解されないまま批判されている面もある。その溝を埋め、共有できる部分を増やしていくことこそが必要だと思う。

No.26

9年生一人一人と「面接練習」　希望の進路の実現を応援したい

キーワード：
高校，面接練習，地域総合防災訓練，家庭の教育力，読書

9年生の面接練習を開始

11月1日付の東京新聞社会面は「高校生 苦闘」「求人数低下、資格ない普通科さらに」という記事。比較的求人倍率の高い東京でも、面接さえ受けられない生徒も多いという。

三重県教育委員会の指導課長時代（1992～95年）にも高校生の就職が厳しい時期があり、県内の経済団体に採用増をお願いして回ったのを思い出す。高校生や家族の心中を思うと胸が痛む。

同日夕、都立大崎高校の学校運営連絡協議会に出席した際、就職の状況について質問したところ、今のところ概ね順調と聞き、少しほっとした。

今回は生徒との懇談の時間も設けていただき、今どきの高校生の素顔に少し触れることができて楽しかった。よく「最近の若者は…」と言われるが、私はそれは年寄りの偏見だと思っている。自分たちがそんなに立派な子供だったとは思わない。

同校は来年、創立百周年の節目を迎える。小巻明校長は生活指導にも力を入れておられ、学校をより良くしていこうという強い意志を感じる。

2日の放課後から、9年生一人ずつに校長室での「面接練習」を開始。推薦入試などを念頭に置いたものだ。私にとっては、個々の生徒と話をすることのできる楽しい時間でもある。

やる以上、生徒たちが自信を持って本番を迎えられるよう、実際に役に立つものにしたい。そう思い、事前に留意点をまとめたものを配布し、面接後にはアドバイスを書いて生徒に渡すことにしている。来春、生徒たちがそれぞれの希望を実現できるよう、精一杯応援したい。

地域防災訓練に生徒全員が参加

7日の日曜日、本校で大崎第二地区の「地域総合防災訓練」を実施。千人以上が参加し、濱野健品川区長もお見えになった。本校は昨年度からこの防災訓練を登校日として、生徒も教職員も全員参加である。生徒は救護、救命、放水、仮設トイレ設置などの学習をする。ミニポンプ隊の生徒たちも練習の成果を発揮し、立派な実演を披露してくれた。こういう経験を通じ、防災や人命への意識や知識を高めたい。

私も先日、大崎第二地域センターでＡＥＤ（自動体外式除細動器）の使い方をおさらいしてきた。ボーイスカウトのモットーである「備えよ常に」の精神を忘れないようにしたい。

本校に限らず、学校は災害時の指定避難場所になる。該当の教室には町会名を明示している。私は阪神・淡路大震災の1週間後に現地に入り、避難場所での規律を保

つことも重要な課題だ。これからも地域の方々との協力関係を大事にしたい。

必要なのは現場への視線

この週も何人かの保護者に来校願い、生活指導について話をした。難しい年頃ではあるが、保護者から「子供が言うことを聞かない」という話を聞くと、それは違うでしょうと言いたくなる。私自身は、子が何を言おうが、人様に迷惑を掛けないようにしつけるのが親の義務だと考えている。親が子に遠慮してどうするのか。

４日、文科省生涯学習政策局の上月《こうづき》正博政策課長らが来校された。文科省の人たちには、できるだけ学校の生《なま》の姿を見、生の話を聞いてもらいたい。私も国の施策や制度についていろいろ意見を言わせていただいた。

同日夜は日本銀行の見学会に参加。説明を聞くとともに、地下金庫も見せていただいた。関東大震災にも耐えた重厚な建造物で、明治29（１８９６）年当時、既に高度な技術が使われていたことが分かる。扉の厚さ90センチ、重量25トン。怖くて触れる気もしない。市中に流通する日本銀行券の流通高は85兆円と案外少なく、それに比べ各銀行の日銀当座預金間の決済額が１日当たり約１１０兆円。経済が生きて動いていることを実感する。

５日夜は歴代ＰＴＡ役員や校長による「大崎中の会」。当時のお話などをうかがった。準備に奔走してくださった現ＰＴＡ執行部の皆さんに感謝。

６日の土曜日は、ある方のお誘いで日中両国間の交流に関わる方々の会合に出席。その際、さる文科省ＯＢの先輩方が私の転身を「理解できない」と言っておられたという話も聞いた。理解してもらおうとは全く思わないが、私が抱いている危機感をどうして感じずにいられるのか、私も理解できない。

先日、今は大学に勤務される別の文科省ＯＢからある研究会について相談を受けた。聞くと、小中学校がテーマなのに研究者や行政出身者ばかりがメンバーになっている。そもそもそういう感覚では話にならない。協力をお断りすることになるだろう。

読書の秋と「家族の週間」

この週は、久しぶりにある学級の生徒全員の「自学ノート」を見せてもらい、コメントを書いたりもした。この他、１日には夏の女子バレーボール部全国大会出場に際してご支援をいただいた財団法人にお礼の挨拶。２日は区教委主催の校長連絡会など。

あっという間に11月。一日一日は忙しいが、月日は流れるように過ぎてしまう。

秋は読書の季節でもある。読売新聞社の読書に関する全国世論調査の結果によると、１か月間に１冊も本を読まなかった人が52％。大人がこうだから子供も本を読まなくなる。「学力低下」はむしろ大人だろう。

私は毎年１８０冊前後の本を読む。今年は10月末までで１４３冊。本を読まずに頭が鍛えられるはずがない。生徒たちにも少しでも読書の習慣をつけさせたい。

11月21日（第３日曜日）は内閣府が定める「家族の日」、14日から27日が「家族の週間」だ。それぞれの家庭で家族の絆《きずな》を確かめる契機にして欲しい。

No.27

「老婆心」を見直そう　多くの大人が子供を見守る社会に

キーワード：
生徒の姿，外部評価，教育予算

「他流試合」で力を伸ばそう

10、11月と子供の自殺のニュースが続く。子供の死ほど悲痛なものはない。何としても防がなければならない。

文化祭も終わり、これからは落ち着いて学習に向かわせたい。11月8日の全校朝会では、文化祭、地域総合防災訓練で地域の方々からいただいた生徒たちへのお褒めの言葉を紹介するとともに、読書などについて話をした。

秋は学校外でも生徒たちの学習成果を発表する機会がたくさんある。9日の品川区「英語学習成果発表会」には本校の8年生も二人参加し、全く原稿を見ず、実に見事なスピーチを披露した。惜しくも入賞は逃したが、十分それに値する出来だった。

11日は同じく区の「小中合同理科発表会」で、7、8年生3人のチームが発表。本校も含め、どれも努力の跡がうかがえる内容だった。聴衆が少ないのが残念で、もっと大勢の前で発表させてあげたいと思った。

12日には品川税務所主催の納税表彰式で、「税についての作文」で入選した9年生が代表として受賞作品を朗読した。

もちろんスポーツの大会などでも大勢の生徒が活躍している。

こういう学校外での「他流試合」は、生徒が大きく力を伸ばし、自信をつける好機になる。どんどん頑張ってもらいたい。

9年生の面接練習だけでなく、11月下旬はいろいろな機会に生徒と個別または少人数でじっくり話す機会があった。一人一人が心の中に持っているいろいろな思いが見えて、あらためて、この子たちの良い面を大事にしてやりたいという思いを強くした。

一方で、生活指導については相変わらずモグラ叩きのようにいろいろなことが起きる。誰がやったか分からない悪ふざけのために、急遽《きょ》学年集会を開催したりもした。

高校長を外部評価委員に

16日、「校区外部評価委員会」を開催。外からの目で見ていただき、内にいては気づきにくい点を改善していく上でとても重要な仕組みだ。

委員の固定化を避けるため、毎年3分の1程度の方に交代していただく方針でいる。今期は新たに都立小山台高校の山崎茂校長にもお願いした。

小中一貫教育を進めていることもあり、本校でも小学校との連携は比較的よく進んでいるが、高校などとの連携は今一つだと感じていた。高校から見た本校の教育の課題などについて率直なご意見をいただきたいと期待している。この日も早速、生活指導についての経験談などをうかがうことができた。

この日ご都合のつかなかったある委

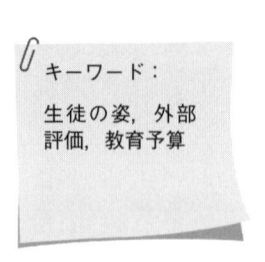

員の方は、翌日来校され授業の様子などを熱心にご覧くださった。学校はこういう方々の熱意に支えられている。

私自身も、10日は品川区立戸越《とごし》小、19日は芳水《ほうすい》小の外部評価委員会、15日は都立大崎高校定時制の学校運営連絡協議会に、それぞれ委員として出席した。作家の雨宮処凛さんによる大崎高校定時制の進路ガイド講座も生徒と一緒に聞かせていただいた。

こういう外部評価等の仕組みは形骸《がい》化させては何の意味もない。大いに活かしていきたい。

教育費負担と「教育の機会均等」

他にも書きたいことはたくさんあるが、紙幅が足りない。主な出来事だけ挙げておく。

8日夜は本校同窓会の幹事会で、5年に1度の総会に向けた準備。9日は三重県津市、鈴鹿市の市議会議員の方々が視察に来校。10日は区の教育会で特別支援教育部会に参加。11日はある方にご紹介いただき、東京の高校入試事情に詳しい学習塾の方からお話をうかがった。12日は授業力向上に関する今年度6回目の校内研修会。夜は私立大学、民間企業等の関係者による勉強会で、最近の私学経営の動きなどについて興味深い話を聞くことができた。

15日はある学級の「自学ノート」に一人ずつコメントを記入。16日は区の中学校長会。17日は職員会議。18日は特別支援教育委員会。19日は財務省財務総合政策研究所の「人材の育成・活用に関する研究会」。教育施策の評価が主なテーマだったが、聞けば聞くほど難しさも感じる。

14日の朝日新聞社会面に「年収の37%教育費」という記事があった。日本政策金融公庫が今年度、国の教育ローンの利用世帯を対象に実施したアンケートの結果だ。家庭の年収に対する教育費の負担割合が4割近くに上り、年収が高い世帯層ほど教育費が高く、収入が低い世帯で特に負担割合が高くなっている。

僻《へき》地の出身者として何回でも言う。私は、親の財産や収入のために子供が「学ぶ機会」を制約されるのは社会正義に反するとさえ思っている。「教育の機会均等」を実質的に実現することがどうしても必要だ。

全国生涯学習フォーラム出席

21日の日曜日、高知市で開催された「全国生涯学習フォーラム」のトークセッションにパネリストとして参加。他の自治体や学校の実践事例をお聞きするのは刺激的で、勉強になる。

学力、体力とも全国トップクラスの福井県では3世代家族が50%以上を占めるという。子供にとっても、子育て経験の少ない親にとっても、祖父母のような「柔らかい」包み方をしてくれる人が身近にいるのは幸せなことだ。

セッションの最後に、パネリストが一人ずつホワイトボードにキーワードを掲げた。私が書いたのは「老婆心」。

「老婆心ってどういうことですか」『孫がコタツに入ってうつらうつらしているだろ。それを見て自分の羽織を脱いでそっとかけてやる。これが老婆心だよ』（魚住昭著『証言 村上正邦 我、国に裏切られようとも』講談社）。

私が大事だと思うのは、まさにこういう意味での老婆心だ。学校や親だけでなく、多くの大人たちがそういう目で地域の子供を見守り、構っていくような社会にしたい。

No.28

教員に物足りない外部との交流や　上位者の視点で物事を考えること

キーワード：
小中一貫教育，同窓会，教職員，学校保健会

小学校の朝会で話

11月24日から2学期の期末考査。試験の直前には生徒の様子、学校の雰囲気もそれらしくなってくる。そして終わると「もっと早く始めていれば…」だ。

そのことに気づく人は多い。だが、一時はやる気になっても、続けられる人は滅多にいない。

先日、史上最年少の16歳で公認会計士試験に合格した少年のニュースが報じられた。中3で同試験を目標に決め、1日10時間以上勉強してきたという。ちなみに中学時代の成績は「中の上」だったとか。勉強でもスポーツでも仕事でも、本気で集中して取り組む時期を作ることが飛躍につながる。

「高い感性の強さではなく、むしろその持続が高い人間を作る」（ニーチェ著、木場深定訳『善悪の彼岸』岩波文庫）。

22日の月曜日、小中一貫教育で連携する三木《みつぎ》小学校の朝会で全校児童に話をした。前日に高知へ行ったことから始め、坂本竜馬、歴史学習、本校の平和学習と長崎への修学旅行のことなどを、特に低学年の児童に分かるように話したつもり。

高知でご一緒させていただいた福井県の校長からお聞きした話を紹介し、「学力、体力が全国トップクラスの福井県では、家で勉強しない子はいないそうです」「集会などで姿勢の良い子が多いのは筋力が強いからではないかとのことでした。体力と学力はつながっているのかもしれません」ということなど。子供たちの反応がとても可愛くて、楽しかった。

同じ週の26日、三木《みつぎ》小の学芸会、芳水《ほうすい》小の学習発表会（児童参観日）の様子を参観。両校とも子供たちが大きな声を出せているのに感心した。私が小学生の時はとてもあんなふうにはできなかった。

せりふを忘れて泣きそうになっていた児童もいた。翌日の保護者・地域公開日にはうまくできていればいいのだけれど…。

5年に1度の同窓会総会

23日は「勤労感謝の日」。戦前は農作物の恵みに感謝する新嘗祭《にいなめさい》が行われる日だった。この日も午前中から仕事で出勤。勤労させてもらえることに感謝せねば。

午後は本校の同窓会「かしわ会」の5年に1度の総会及び懇親会。私は名誉会長として近況報告など。予想を上回る１７０人以上の方が出席され、旧交を温めつつ、母校への思いを語ってくださった。準備に当たられた新旧役員、幹事の皆さまに感謝。卒業生に誇りに思ってもらえる学校にしたい。

私自身は滅多に帰省しないため、母校の同窓会にも長らく出ていない。特

に高校（香川県高松西高）は1期生だったこともあり、母校への思いは強く持っている。いつかは落ち着いて同窓会に出たいものだ。

学校と企業などとの違い

　最近、佐々木常夫氏の『そうか、君は課長になったのか。』（WAVE出版）などを読み、企業と比較して教員が弱いのはこういう点ではないかと考えていることを二つ。

　一つは「自分の現在の職務よりも上位者の視点で考える」訓練だ。私も常にそうしてきた。係長の時は課長や局長の、課長の時は局長や大臣の立場に立って考えるというように。そうすることで、全体を考えて判断する習慣が身に付く。「自分が課長ならどうするか部長ならどうするかという発想での仕事の進め方は仕事の幅と内容を豊かにし、自分及び組織の成長につながる」（同書）。こういう感覚が弱いと感じる。

　二つ目は、学校や教育関係以外の「外の世界の人たちとの深い交流を通じた自己啓発」だ。どんな組織の人にとっても「社外の人との付き合いの最大のメリットは、『社内の常識は世間の非常識』ということを肌で学ばせてもらえる」（同書）ことにある。視野を広げ、ものの見方を深めるということだ。今どき名刺も持っていないようでは、「教員とは何と狭い世界の住人か」と思われても仕方がない。

　こういうところが、外部から教員が「線が細い」ように見られる原因にもなっているのではないか。

　三重県教委の指導課長時代、全国に先駆けて、教員が1年間企業等で研修できる制度を作った。教育界の足腰を強くするためにも、人材育成の仕組みを工夫する必要があるように思う。

「いただきます」の大切さ

　25日の夜は品川区学校保健会学校歯科医部会の研修会に出席。講師のご講演で、食事の前後に「いただきます」「ごちそうさま」を言う家庭の子供ほど、食事の準備や片付けをよく手伝い、食事への感謝の気持ちを持つ傾向があるという調査結果をうかがった。我が家でも必ず手を合わせて言わせている。

　被虐待児は2歳児で普通の7倍も虫歯が多いとも聞いた。放置（ネグレクト）の結果だ。親の意識の低さが子供を損なう。

　核家族化が進む中、親の育児経験やノウハウが次世代にうまく引き継がれなくなってしまっている。そのために母親の育児ストレスも高まる。誰とは言わないが、私のごく身近にも、年中子供にキレて怒りまくっている人がいる。どうしたものか…。

　23日、北朝鮮軍が韓国の大延坪島《テヨンピョンド》などを砲撃。ごく近いところでこういうことが起こるのが現実の国際社会であり人間の世界である。もしもの時にどうすべきか。何ができるのか。いろいろなことを考えさせられる。

　26日の東京新聞夕刊で、片山善博総務大臣の「図書館と首長」と題する文章を読んだ。図書館行政の重要性を首長（知事等）が認識している自治体では、必要な経費が予算化され施策も進む。品川区もそうだが、教育環境の充実に予算が向けられる自治体は、例外なく首長の教育への理解が深い。教育施策の充実のポイントは首長である。

No.29

給食にも細心の注意と配慮　放置できぬ給食費などの滞納問題

キーワード：
生徒の姿，部活動，給食，進路指導

次年度に向けての構想づくり

12月3日、米航空宇宙局（ＮＡＳＡ）が、ヒ素をＤＮＡに取り込み成長する細菌を発見。地球外生命の探索にも一石を投じるものだという。大いに興味を引かれるが、まずは地球内生命に関わる仕事を優先しよう。

11月29日からの週、生活指導に関し児童相談所や児童センターと情報交換や相談を行った。課題は常にあるが、関係機関で連携しながら対応していく他はない。30日の午後には小中合同生活指導主任会に出席。

12月4日の土曜日、「品川区中学生の主張大会」が開催された。区青少年対策地区委員会連合会の主催によるもので、各校から一人ずつの代表生徒が発表を行う。皆、大勢の前で堂々とスピーチし、頼もしい。介護に関わる話など、私自身も考えさせられるところがあった。

翌5日は「品川区小中連携バレーボール大会大崎杯」。大崎周辺まちづくり協議会の主催で、本校バレーボール部も全面的に協力している。今年は12チームの小学生が参加。挨拶や返事も元気一杯で礼儀正しく気持ちがよい。開会式では子供たちに、「強さ」には「厳しさ、優しさ、正しさ」が伴っていなければいけないという話をした。一所懸命運営を手伝ってくれた本校の生徒たち、強く、厳しく、優しく、正しいバレーボール部であれ。

11月30日、本校は品川警察署長から交通安全活動、交通事故防止で「感謝状」を頂戴した。自転車安全教室などの取り組みを評価していただいてのことだ。学校のやるべきことは広範にわたるが、これからも一つ一つ、おざなりにせずにやっていきたい。

この時期、校長は、来年度に向けた構想に関わることなどで頭を悩ませる。12月1日の校長連絡会では、小中一貫教育の今後の進め方などについての話もあった。私も連携グループの小学校3校の校長や区教委の担当者と個別に相談するなどした。

給食の「検食」と滞納

給食の話をしよう。2日朝、栄養士から、リンゴの皮をむいたところ一部変色しているものが多いという報告があった。すぐに現物を確認。その通りだ。腐っているわけではなく、輸送の途中で箱にぶつかって傷んだという感じか。早速業者に来てもらい、原因の究明と善処を要請。味や安全性に問題はなさそうなので、変色した部分をできるだけ除いて供することにし、教員にもその旨を連絡した。

学校では、児童・生徒に給食を出す前に校長が「検食」をする。「毒見」のようなものだ。実際には、食材の問題は通常、調理の段階で発見できるので、私は「スプーンも添えてください」といった注文を出す程度である。

育ち盛り、食べ盛りの中学生だが、個人差も大きい。栄養のバランスを考えつつ、十分な量を摂《と》れるよう、同時に残菜が多くならないよう、工夫して献立を作っている。すべてのメニューごとに残菜の割合を出し、それを踏まえて「次はこうしてみよう」という相談もしている。

家できちんと朝食を食べていない生徒も現実にいる。体の元になるのは食べ物だ。毎月の献立表にも、栄養士と相談して、食事や栄養に関するアドバイスを載せるようにしている。

給食といえば、文科省の推計で、昨年度、給食費の滞納者がいる公立小中学校が55・4%、児童・生徒数に占める滞納者の割合が1・2%、滞納額が全国で26億円という報道があった。本校でも滞納はある。特に困るのは、滞納の理由などについて保護者と連絡がつかない場合や、未納のまま遠隔地に転校してしまった場合だ。意図的な不払いとしか思えないケースもある。もちろんそのままにはしておけない。この週も、給食費を含む学納金未納に関する件で区教委と対応を協議した。

進路選択と「覚悟」

先月から行ってきた9年生一人ずつの面接練習も3日でひとまず一巡。校長室で二人きりで向き合うと、普段のイメージと随分違うなと感じた生徒もいた。進路選択はもう目の前だ。私も精一杯応援したい。とにかく悔いを残さないよう努力を続けてもらいたい。

29日、本校を卒業して外国の高校に留学している生徒が母校を訪ねて来てくれた。留学前には保護者も随分心配され、私も相談に乗らせていただいたが、たくましく明るく成長した姿を見て安心した。

今の9年生にも、卒業後は親元を離れる予定の生徒もいる。私も高校から一人暮らしだったので、その寂しさも大変さも、自由さも危なさも知っているつもりだ。すべては本人の覚悟次第。己に厳しく、頑張って欲しい。

同日、東北大の小泉祥一教授が来校くださった。仙台市で文科省の研究開発学校として取り組んでおられる「地域共生科」は、品川区の「市民科」と相通ずるものだ。全国各地でこういう創造、挑戦が百花繚乱のように生まれてくれば、日本の教育はもっともっと強くなる。

長らく、いつ買ったか分からないほど古い機種の携帯電話を使っていたが、間もなく使えなくなりますよという連絡をもらい、キャンペーンで安く買える機種に買い替えた。

4日の土曜日、仕事前に次男が通う小学校の学芸会を参観。家で練習していた「おわりのことば」の場面をこの携帯のカメラで撮ってやろうと思ったが、ズームの使い方が分からず断念。しっかり言えていたから、まあいいか。

高校生の長男は最近、選択科目で福祉の勉強をしており、珍しく特別支援教育について私に尋ねてきたりした。特別支援学校も訪問したとのこと。遊び回って母親の血圧を上げているが、父は自分の高校時代よりずっとましだと楽観している。

No.30

文科省は現場の仕事を増やすより　学校のマンパワー増に力を

キーワード：
ＰＩＳＡ，小中合同研究，歯科指導，スクールカウンセラー，文部科学省

若者よ「大きな夢を追え」

12月10日、区教委による教育課程届説明会。副校長と教務主任に出席してもらい、翌日、報告を受けた。校長2年目の今回は、次年度に向けた準備を去年より早く進めたい。

この日、スウェーデンでは鈴木章北大名誉教授と根岸英一米パデュー大特別教授がノーベル化学賞を受けられた。科学の分野に限らず、日本人の世界的な活躍はやはり嬉しい。

7日に行われた共同会見で、根岸特別教授は若い世代へのメッセージとして「好きな分野を見つけ、得意であることが分かったら大きな夢を追え。うまくいくと信じる楽観主義が大切」と話された。得意を伸ばす。夢を追う。生徒たちにも伝えたい。

「学習時間」で負けている

経済協力開発機構（ＯＥＣＤ）が各国の15歳を対象に3年ごとに行っている国際的な学習到達度調査（ＰＩＳＡ）の２００９年分の結果が公表された。過去最多の65か国・地域が参加。日本は「読解力」で前回の15位から最も順位が高かった２０００年と同じ8位に。「科学的リテラシー（応用力）」は5位（前回6位）、「数学的リテラシー」は9位（同10位）と順位を上げ、「学力低下に歯止め」と報じられた。

２００２年、当時の遠山敦子文部科学大臣が学力重視を宣言する「学びのすすめ」アピールを出される際、大臣秘書官（事務取扱）であった私は、大臣や小野元之事務次官の方針を具現化するため、出張先の欧州から文科省と何度も文言の調整でやり取りしたのを思い出す。

今回の結果で安堵する訳にはいかない。学習意欲の低さ、学習時間の短さ、生徒間の学力格差など課題は山ほどある。また、ＰＩＳＡ調査には表れないが、ろくに勉強しなくても卒業できてしまう大学のありようも非常にまずいと思っている。

初参加の上海が3分野とも1位となったが、中国の学校と日本とでは宿題の量や家での勉強時間がまるで違う。日本は学習量で既に負けている。かの国には、「努力すればしただけ豊かになれる」という希望がある。日本では学習へのインセンティブをどう高めていくかが難しい。

教育を国と関係付けることに抵抗感を持つ人もいるが、私は、教育は国の基であり、国力の源泉であり、国家戦略として取り組む必要があると考えている。本校の現状に照らして言えば、とにかく学習時間を増やし、読書量を増やし、学力のレベルアップを図りたい。

6日の全校朝会では、区の作品展や理科発表会、部活動で優れた成果を上

げた生徒を表彰。今年の反省と来年の目標といった話もした。

スクールカウンセラーと連携

同日、品川区立三木《みつぎ》小と保小連携している西品川保育園で「言葉の教育」を基盤とした科学的トレーニング「サントレ」の様子も見せていただいた。子供たちの表情が明るい。

参観して感じたのは、早期からの教育の効果の大きさだ。家庭の教育力にばらつきがあることを考えると、仮に義務教育を広げるなら、高校より幼児期の方が効果は大ではないか。

それにしても、小学校低学年以下の子供たちが持っているはじけるような明るさは、いったいいつ頃、どのようにして消えていくのだろう。これを失くさない教育は無理なのだろうか。

8日は小中一貫教育連携グループ4校で取り組む授業力向上の合同研究会。今回は品川区立戸越《とごし》小で開催。同校の校区外部評価委員会も併せて開催され、私は委員の皆さんと各授業を見て回った。研究会終了後には4校校長でグループの今後の取り組み方針について相談。

この日、「税の作文」表彰式もあった。本校生徒も3人が入賞。税も含め、社会的な問題への関心、理解を深めるのは「主権者教育」としても大事なことだ。例えば学校教育の費用も多くは税金で支えられている。そのことを忘れてはいけない。

9日は7年生で「歯科講話」。新東京歯科衛生士学校の学生の皆さんが各学級に分かれ、それぞれ工夫した教材を使って優しく指導してくださった。特に男子が嬉しそうにはしゃいで見えたのは気のせいか。

木曜日は、本校に週1日ずつ勤務するお二人のスクールカウンセラー（一人は通級学級担当）が来られる日で、私も情報交換やいろいろな話をする。私自身、大学で心理学を専攻し、カウンセリングの重要性は分かっているつもり。生徒、保護者、教職員の相談をはじめ、忙しく活躍していただいている。

文科省「緊急調査」に思う

7日、都・区教委経由で文科省の「いじめの問題への取組状況に関する緊急調査」が学校に来た。各校、教委の取り組み状況のフォローアップとのこと。子供たちの自殺が相次ぎ、背景にいじめがあるとされる事案もあり、深刻に受け止めねばならないのは当然だ。そのことに反論する人はいまい。

しかし、私個人は、何か問題が起きたときに、国（文科省）がこういうドタバタした動きをすることは好きでない。いったい誰のための、何のための調査なのか。

言っては何だが、文科省より学校の方がずっと深刻に受け止め、心配でびくびくしながら、できる限りの手立てを取ろうと努力しているに決まっている。日本中で多くの教委、学校が、余計な仕事を増やさないでくれよ、と感じたはずだ。

こういう問題について、いったい国に何ができるのか。何をすべきか。現場の仕事を増やすようなことより、学校のマンパワー（教職員の数）を増やしてくれよ、というのが学校現場の本音だろう。皆、文科省に遠慮して言わないだけだ。代わりに私が言っておく。

10日、文科省初等中等教育局の絹笠誠企画官らが来校され、学校の様子をご覧いただくとともに、いろいろと意見交換をさせていただいた。

No.31

教職員定数改善計画に思う　学校が担う仕事の線引きの重要性

キーワード：
地域の行事，外部評価，自学ノート，全国体力テスト

教職員定数と学校の仕事量

学校は季節感が表れやすい世界だ。時期により雰囲気も大きく変わっていく。本校は今年度から3学期制に戻したので、12月は通知表の作成や三者面談もあり「学期末」の気配が色濃い。午後の校内は普段より静かだ。

振り返れば２０１０年もいろいろなことがあった。前の職場と比べ、学校の1年は長く変化に富むと感じる。生徒たちが1年で大きく変わるからだろう。

12月17日、来年度予算案の大臣折衝で、文科省が求めていた小学校1、2年の「35人学級」は結局「小1のみ」になってしまった。8月に同省が「今後8年で小中全学年を35人学級に」という教職員定数改善計画案を打ち出したが、初年度からこれでは先の展望も見えてこない。今後も計画の早期実現を目指すのは当然だが、思い通りには進まない現実がある以上、並行して考えるべきことがある。それは、そもそも学校が担うべき仕事はどこまでかということの確認、線引きだ。その外縁がはっきりしないものだから、種々の要請や期待を受け止めて一所懸命やればやるほど仕事が広がり大変になるという、現場にはつらい状況になっている。

今の教職員配置はいったいどれだけの仕事を想定して算定されているのか。「どれだけの仕事をするためにどれだけの人や予算が必要か」ということを、いま一度きちんと論理立てて整理する作業が必要ではないか。

ついでにもう一つ。18日、「子ども手当」から滞納給食費・保育料を天引きできる仕組みを導入する方向で政府が調整に入ったとの報道があった。学校としては、どんな手立てであれ未納が解消できるならありがたい。だが、そもそもは生徒、保護者からの集金、催促のような仕事自体を学校から極力減らしてもらいたい。「義務教育の無償」という憲法の理想は、公立の授業料と教科書の無償だけではないだろうに、とも思う。

地域行事で活躍する生徒たち

11日の土曜日、冬晴れの下、本校で「地域スポーツ交流会」が行われた。野球部、サッカー部、バレーボール部の生徒や教員、保護者も参加・協力。いつも腕白《わんぱく》な生徒が実は子供好きで幼児に優しかったり、地域の方々には素直だったりと、なかなか微笑《ほほえ》ましい。こういう交流から、街で挨拶したり声を掛けていただいたりするつながりができればと思う。終了後は皆で牛丼とカレー。これがまた美味しい。

12日は品川区小中ＰＴＡ連合会によるウインターフェスティバル。本校の生徒もヒップホップダンスのメンバーとして出演。動きが速く、力強く、綺

麗で、見ているこちらまで鼓動が速くなる。盆踊りしか踊ったことのない私には、人間技でないようにさえ見える。

13日の生徒会朝会には永井逸朗品川消防署長が制服姿でお越しくださり、地域総合防災訓練で3年連続してミニポンプ隊として頑張った9年生の生徒に「感謝状」を贈ってくださった。

午後は雨。休み時間に図書室を覗くと、生徒たちが思い思いに本を読んでいる。私も本は好きだし、図書室が生徒たちの居場所になればと願っている。

夜は、私も平成16年秋から1年間参加させていただいた異業種勉強会の現役メンバーと懇談。各業界を代表する企業がバックアップしている会で、ほぼ毎週のように深夜まで議論し合った民間企業の仲間との親交は、今も大きな財産になっている。

14日、文科省の徳久治彦大臣官房審議官がお一人で来訪。7年生の「市民科」での「福祉について」の授業などをご覧いただいた後、給食を取りつつ意見交換。その後、徳久審議官はさらに別の学校へと向かわれた。僅かな時間を縫ってできるだけ学校現場を見て回ろうとしておられることがよく分かる。

次年度に向けアイデアを練る

15日夕、品川区立三木《みつぎ》小の校区外部評価委員会。本区の外部評価はこれまで8月～翌年7月のサイクルだったが、来春から学校の年度と同じ4月～翌年3月になる。私はそうすべきだと言ってきたので、「改善」だと受け止めている。

この外部評価も含め、来年度に向けてどうしていくか、考えねばならないことは多い。小中一貫教育で連携する各小学校の校長と相談したり、メディアで紹介された他県、他校の取り組みについて問い合わせ、資料をいただいたりもしている。

16日には若月秀夫品川区教育長に時間を取っていただき、本校の今後のことで話をさせていただいた。校長になった後、一対一でお目にかかったのは初めてである。校長が教育長に会ってもおかしくはなかろうが、私自身、敢えて自制している。

この日の午前中は授業を見た後、ある学級の「自学ノート」に一人ずつコメントを書いた。時間はかかるが、生徒や保護者への大事なメッセージであり、手を抜く訳にはいかない。

同日、「全国体力・運動能力、運動習慣等調査（全国体力テスト）」の結果が公表された。福井県がトップで、東京は小学校より中学校で大きく順位が下がる。家族と運動をしたりスポーツの話をしたりする子ほど、運動時間が長く、運動能力も高い。学力との相関も高そうに見える。

夜は、経済界、文化人、官僚などをメンバーとするある勉強会で、ゲストに某報道機関の元トップを迎えての放談会。隣の席が某プロスポーツチームのオーナーで、いろいろな話をさせていただいた。

17日の午後は品川区の中学校長会。秋にオープンした区教育センターの施設も見学させていただいた。プラネタリウム、スタジオ、音楽ホールもある立派な施設だ。夜は年末ならではの会合を2件ハシゴ。

翌週も職員会議、保護者会、終業式などがあり、冬休みも正月も気は抜けないが、今回のレポートはとりあえずここまで。

去年《こぞ》今年貫く棒の如きもの――虚子

No.32

増え続ける教職員の精神疾患　文科省は出現率の差等の詳細な分析を

キーワード：
民生委員，保護者，冬休み，メンタルヘルス

年末の職員会議と服務研修

師走の最終週は文字通り駆けるように過ぎて行く。

昨年12月20日、民生・児童委員協議会の新旧会長が来校された。本校でも民生委員、主任児童委員の皆さんには大変お世話になっている。基本的に無給であり、全国的にも引き受け手の不足が問題になっている。学校に来てつくづく感じるのは、地域はこういう方々の善意に支えられているということだ。私事だが、父も生前、島で民生委員をしていた。親不孝者の私はそのことを父の没後に初めて知った。

同日、本校教員による研究授業があり、品川区教委の大関浩仁指導主事に指導、講評をいただいた。授業の見方がきめ細かく、一緒に聞いていて私自身もとても勉強になった。

21日には年内最後の職員会議。都教委の資料を基に服務事故防止についての研修も行った。併せて、年末年始の綱紀の維持、いじめ・自殺予防・交通事故防止などの指導、生徒の人権への配慮などについても話をした。来年度に向けての私の方針についても一言。

夕方、1月22日に品川区立小中一貫校荏原《えばら》平塚学園で開催される日本教育新聞社主催の「教育フォーラムｉｎ品川」について、新井陽子品川区立戸越《とごし》小学校長とともに担当の方との顔合わせ。テーマは「小中一貫教育を通して目指す、真の学力向上とは」で、新井校長と私もパネリストを務めさせていただく。「このテーマでなぜ私？」という気もしないでもないが、難しさや課題なども含め率直に話させていただくことになろうか。

保護者の目による学校評価

12月22日は保護者会。大勢の方がご出席くださった。全体会では私から、学校の状況、各学年の様子、特に学力の現状、また2学期の特筆すべき事例として地域の活動に積極的に参加・協力する生徒が増えたことなどを説明。家庭への期待についても、ＰＩＳＡ調査や全国体力テストの結果なども引きつつ考えを述べた。

2学期末にお願いした「保護者による学校評価」にも多くの保護者から回答をいただいた。今回から回答用紙は封筒に入れ中身が見えない形で提出いただき、副校長と私だけが見て整理することにした。より本音に近い評価をいただけたものと思う。

この日、日本人の海外留学生が２００８年は前年より11％の大幅減とのデータが公表された。これだけで良い悪いは論じられないが、寂しい気はする。私は35歳で初めて外国暮らしを経験したが、出るなら若いうちの方がいい。優秀な高校生、大学生を国が計画的に海外へ派遣してもいいくらいだ。

23日は天皇誕生日。記者会見では、絶滅種とされていた淡水魚クニマスが山梨県の西湖で確認されたことにも言及された。それにしても東京海洋大学客員准教授の「さかなクン」さんは、いつもあんな感じで仕事や生活をしておられるのだろうか。

成果を残せる冬休みに

24日が終業式。ただしその前に授業も行うし、給食もある。

今回、生徒の冬休みは連続17日間。学習、生活の両面で気掛かりでもある。終業式では、第1に、心身ともに健康で安全に生活して欲しい、第2に、だらだらと過ごすのではなく何か成果を残してもらいたい、という話をした。年の替わりに目に見える区切りがある訳ではないが、新しいスタートの契機にすることもできる。

授業はこの日で終わりだが、教職員は28日まで勤務だし、部活動の練習などを組んでいる部も多い。保護者などからの電話も来る。とはいえ、普段休みの取りにくい教員が休める数少ないチャンスでもある。私自身は28日夕方まで仕事。

教職員のメンタルヘルス

24日に文科省が公表した調査結果によれば、鬱《うつ》病などの精神疾患で2009年度中に休職した全国の教員は5458人と過去最多を更新。精神疾患による休職者の出現率は全国平均0・60％に対し東京都は0・92％で3番目に高い。

この問題は今や決して「特別なこと」ではない。ただ、原因、背景はかなり多様で複雑だというのが私の印象だ。

その後、都教委は来年度から公立学校全教職員の定期健康診断の項目に「ストレス検査」を追加すると発表した。本人に心の病への自覚を促し、受診の手遅れを防ぐためである。問題がこれだけ深刻化している以上、打てる手は全て打とうということだろう。県によって出現率に4倍以上もの開きがあることについては、文科省でも突っ込んだ分析をすべきだと思う。

1年前の冬は、生徒の関係で非常に不安なケースがあったし、学校の壁に落書きされたりもした。この年末に電話で話した他県の友人の学校では、夜間の侵入者による器物損壊や生徒の逮捕などでてんてこ舞いだったとか。全国で多くの教職員がいろいろな心配を抱いたまま正月を迎えたことだろう。

暮れも押し迫った30日、小学生の息子が同級生のお母様のお通夜に参列して帰宅後、「死んだ後はいったいどうなるの」と聞いてきた。「いろいろな説があるけど、本当のことは誰も知らないんだよ」と答えたが、無論、私にも分からない。死にどう向き合うか。死を子供にどう教えるか。単なる「科学」の問題ではないと私は思う。

最後に、医師から厚労省の医系技官になられ数年間勤務された村重直子さんの著書『さらば厚労省 それでもあなたは役人に生命を預けますか？』（講談社）の話。著者は、医系技官の大半は医師免持を持っていても医療現場で責任を持って働いたことがない〝ペーパードライバー〟だと言い、そんな人たちが現場に指示を出すことの危うさを強調しておられる。文科省出身の私がどんなことを思いながらこの本を読んだかは、ご想像にお任せしたい。

平成23年は1月4日が仕事始めである。

No.33

兎年を迎えて　跳ぶよりも足元をよく見て一歩一歩進む年に

キーワード：
冬休み

「20年後」を視野に

年末年始の休みは6日間。遠出の予定もなく、ずっと都内にいた。生徒たちが長い冬休みを送っていることもあり、何か起きはしないかと気掛かりだったが、幸い学校の関係で携帯電話が鳴ることはなかった。年末は家で少し仕事をしたが、大晦日以降はほとんどできず、今になって焦っている。

２０１１年は国連が定めた「世界化学年」。キュリー夫人がノーベル化学賞を受賞して１００年目だとか。大人も含めた日本人の「理科離れ」にブレーキをかけられるといいのだが。

大学の研究者である知人からの年賀状に「初等中等教育への貢献を考えています」と書かれていた。若手を中心に、こういう意識はかなり広まってきている。大学の先端知と初等中等教育の現場を上手くつなげることも大きな課題だ。

大崎中学校に来て間もなく2年。新しい年の初めに、これからのこと、特に来年度のことをいろいろ考える。どの学校も同じだろうが、課題はいくらでもある。その中で特に何に力を入れて取り組むか。重点を五つくらいに絞るつもりだ。

校長としては、どうしても眼前の個々の課題が大きく見えてしまうが、それだけではまずいと思っている。生徒たちが社会で主役になるのは20年後、30年後。その頃、日本はどうなっているだろうか。どういう力が必要だろうか。それを常に視野に入れておきたい。

1月7日に世界経済フォーラム（本部＝ジュネーブ）がまとめた報告書では、各国が経済成長を持続するには企業が求める能力と現実との格差を埋める必要があるが、そういう専門知識を持つ高学歴の人材は「(高齢化が顕著な) 日本、ドイツ、カナダ、スペインで２０２０年にも深刻な不足に見舞われる」と警告する。

このような見方が全てとは思わないが、教育や福祉を充実するにも財源が必要で、そのためには経済を強くし雇用を増やさねば国は持たない。

もちろん、大事なのは高度な力だけではない。人と良い関係を築き助け合って生きていく上では、人間性、社会性こそより大事だとも言える。

新聞の正月特集に思う

年末に読んだ河合隼雄氏の『いじめと不登校』（新潮文庫）にこんなことが書かれていた。著者は高校教員の経験もある。

「教師というものになると、評価がどうしても近視眼的になるんです。極端にいうと、三年間教えたら三年間のうちによい子にしたいと思ってしまう」「自分が教えていると、数学の出来る子はよい生徒、出来ない生徒は悪い子みたいに言うんですよ、やっぱり。（略）しっかりしなきゃだめじゃないかとか言ってしまうんだけれども、なに、べつに数学が出来ないだけの話でしょう。ほかのところではぼくよりもっとしっかりしているかもしれない」

もしかすると自分も既に「近視眼的」になりかけていないかと自省する。卒業までに、将来社会の中できちんとした居場所を見つけられる力をつけて送り出したい気持ちはある。だから勉強、読書、姿勢、挨拶などについて繰り返し話をする。

ただし、勉強ができるできないで生徒を良い悪いと区別するような見方はしないし、これからもそうならぬよう自戒しよう。後生畏《おそ》るべし。生徒にも敬意をもって接していきたい。

元旦からいくつかの新聞が教育、子供をテーマにした連載を組んでいる。少子高齢化が進む中、国全体の施策や予算のウエイトがどうしても人数の多い方に向きがちだが、全ての子供の学ぶ機会、成長のチャンスを保障せねばという意識が国民の間で共有されることを願いたい。フェアな社会をつくる上で基本中の基本だと思うからだ。

ただ、記事によっては10代で親になることを美化するような書き方も散見されたのが気になった。年齢だけの問題ではないが、もしも親としての責任を果たせないなら親になるべきでない、というのが私の考えだからだ。

始業式を迎える準備

1月4日の仕事始めから3日連続で午前中は外での用務。4日は新年の挨拶などのため品川区役所へ。5日は区内の全中学校長による「成績一覧表審査」。6日は校長連絡会。

若月秀夫品川区教育長からは、小中学校の教育を小中学校関係者だけで考えていては駄目で、オールジャパンで将来を見通して考えなければいけないということや、校長も「ゼネラリスト」としてだけでなく「スペシャリスト」としての能力を備えるべしというお話など。これからの管理職には、どの分野でもそういう人材が求められよう。

始業式は連休明けの11日だが、その前でも部活動などで生徒が学校に来るようになると、こちらの気持ちも高まってくる。生徒の元気な声を聞くのは嬉しいが、時には元気の度が過ぎることもあるので気が抜けない。

そういう時でも、実際に生徒と向き合って話を聞くと、彼らなりの不安や葛藤を抱えていることに気づく。子供でも全てを曝《さら》け出しはしないし、他者がどうしても入り込めない部分を持っている。だからこそ教育は、指導に当たる側の人間としての深さや広さが問われる、難しくて根気の要る営みだと思うのだ。

始業式を翌勤務日に控えた7日には全教職員が揃い、この日から本校は本格始動。朝から打ち合わせ、主幹会、職員会議、分掌部会、学年会などが続く。

職員会議では、来年度の教育課程に関し、平成24年度からの新学習指導要領、新品川区小中一貫教育要領の実施に向けた授業時数の確保、読書活動、行事の見直しなどについて、私の基本的な考えを話した。

兎年でピョンピョン跳びたいところだが、「巧詐は拙誠に如かず」（『韓非子』）。足元をよく見て一歩一歩進めていきたい。

No.34

教論が保護者を提訴との報道　「穏便に」では済まない現実

キーワード：
和楽器，市民科

和楽器授業で「箏」を習う

1月11日から3学期がスタート。生徒たちのエネルギーが満ちていてこそ学校だ。始業式で生徒の前に立ち、身の引き締まる思いがした。生徒の様子を確認した上で、午後、改めて情報共有のための職員会議。その後、区の子ども未来事業部子育て支援課の方と話し合い。

12日から3日間、7年生で和楽器（箏《そう》）の授業があった。品川区は平成18年度から国の学習指導要領に内容、時数とも上乗せした「品川区小中一貫教育要領」に基づき教育を行っている。和楽器も全区立小中学校の5・7年で学習する。今回、3日間のうち2日間講師としてご指導くださった作曲家の眼龍《がんりゅう》義治先生によれば、和楽器の指導が日本で最も進んだ自治体だそうだ。恵まれた環境の中、生徒たちは熱心に「夏の思い出」を弾いていた。

午後は本校で品川区教育会の国語・図書館部会が開かれ、本校の教員が「伊勢物語」の「東下り」を題材に研究授業。電子黒板も効果的に使っていた。授業の中で、平成24年春の東京スカイツリー開業に合わせ、地元にある私鉄の「業平《なりひら》橋駅」が「とうきょうスカイツリー駅」に改称されることを知った。何と味気ない、もったいないことをするのかと思ってしまう。

13日午後、ある件で区教委へ。戻ってから9年生の生徒に高校等の入試に向けての「面接練習」。自ら希望して2度目に臨んだ生徒たちもいる。皆、1回目の注意点を意識して直せており、ずっと良くなった。その調子で気を緩めず頑張って欲しい。その後、前日に起きた件で生徒指導。夕方は区の小中学校PTA連合会教育懇談会に出席。小中が一緒に開くのは初めてだそうだが、良い試みだと思う。

市民科、習熟度別などの課題

14日午前、近隣の品川区立三木《みつぎ》小学校に林誠校長を訪ね相談事。午後は本校の校区外部評価委員会を開催。各学年の「市民科」授業もご覧いただいた。ある方から「あの内容であれば社会科や音楽科の中でやればよい。市民科の特性を活かせていない」とのご指摘も頂戴した。謙虚に受け止め、今後の糧としたい。

15日の土曜日は品川区立鈴ヶ森中学校の市民科授業地区公開講座を参観。講師としてお越しの田中日出男認定NPO法人マナーキッズプロジェクト理事長らとも意見交換をさせていただいた。「挨拶は目下から先に」とのお話もあったが、生徒の現状からすれば、順序はさておき、まず挨拶の「習慣」をつけるのが先決だというのが私の意見。

16日は品川消防署第三分団の新年会に出席。本校は今年度も秋の地域総合防災訓練や生徒によるミニポンプ隊の訓練でお世話になっている。永井逸朗署長とも防災教育の話などをした。

　17日朝は生徒会朝会。生徒会役員はしっかりしているし、各委員長も壇上での話に少しずつ慣れてきたように思う。

　午後は品川区議会文教委員会（武内忍委員長）の皆様が本校をご視察。普段通りの授業の様子をご覧いただいた後、懇談。同行された若月秀夫教育長からは後刻、「習熟度別なのにどのグループでも同じ教え方をしている」と厳しいご指摘を受けた。生徒の実態に応じてより効果の上がる方法を追求する必要があるということだ。しかと受け止めたい。夕刻、ある件で区教委へ。その後、会合に出席。

教員が保護者を訴える

　18日は都内私立高校推薦入試の願書受付日。高校入試はこれからが正念場だ。午後、本校で区の中学校生活指導主任会。文科省の郷治知道生徒指導室長にもご出席いただいた。せっかくの機会なので、会の後も現場の話などをさせていただいた。

　夜は駐日中国大使館教育処の新年交歓会。孫建明公使参事官は１９８９年に初めて北京に出張した時以来の「老朋友《ラオポンヨウ》」だ。私が北京の日本大使館に赴任した時は中国教育部のアジア・アフリカ課長で、留学生関係などで随分一緒に仕事をした。

　この日の朝刊に「『保護者の苦情で不眠症』教諭提訴」という記事が大きく出た。争い事のない社会が理想だとは思うけれども、現実には「穏便に」では解決しない問題もたくさんある。今後もこういうようなケースは出てくるかもしれない。

立て続けの生徒指導

　19日、近くの品川区立芳水《ほうすい》小学校に本校卒業生のアナウンサーの方が来ておられると聞き駆け付ける。各界で活躍する卒業生の存在は、生徒たちにも良い励みになるはずだ。そのうち本校にもお招きしたい。午後は職員会議。

　この日は生徒指導関係も忙しく、昼に2人の生徒を個別指導。夕方、別件で本人指導に加え保護者にも来校願って話をし、夜も別件で保護者にお越しいただいた。

　20日は避難訓練などの後、夕方から区教育会の部局役員・協議員会と理事会・協議員会に出席。夜、某出版社の教育文化賞表彰式で受賞者や関係者と懇談しているところに生徒の関係で携帯電話に連絡が入り、急いで学校に引き返し、関係方面と連絡を取りつつ遅くまで対応。

　同日、２０１０年の中国のＧＤＰ（国内総生産）が発表され、同国が日本を抜いて世界第2位になることが確実となった。日本は１９６８年以来保ってきた「世界2位の経済大国」の看板を下ろすことになる。様々な問題を抱えつつも、巨大な人口と市場、豊かな資源を擁する中国はまだまだ発展を続けるだろう。

　大きく変動する世界の中で、日本はどうやって生活の豊かさを確保していくことができるのか。言い古されたことだが、我が国の最大の資源は「人」である。経済が苦しくなればなるほど、教育への期待も重くなる。

No.35

いよいよ高校入試がスタート　合格の生徒に仲間の応援求める

キーワード：
研究発表会，小中一貫教育，高校入試，大学との連携

教育フォーラムin品川

早いもので学校での勤務が間もなく2年になる。自分なりに少しは「慣れ」てきたと感じることもあるが、それが「狎《な》れ」にならぬよう気を付けたい。

1月21日午前、ある件で来校した生徒、保護者とそれぞれ話をする。学校にいると、親と子の心の懸隔を目の当たりにし、考えさせられることも多い。

午後は品川区教委研究学校の発表会で、私は「小中一貫教育理科カリキュラム」に関するテーマに取り組んでいる城南第二小学校へ。今回の研究発表自体は大変興味深く、参加した甲斐があった。ただ、そもそも世の中で山ほど行われている「研究発表会」というものの在り方については若干意見を持っている。それはまた別の機会に述べることにしたい。

22日土曜日、今年度開校したばかりの品川区立小中一貫校荏原《えばら》平塚学園で開催された「教育フォーラムin品川」（日本教育新聞社主催）にシンポジストとして出席。テーマは「小中一貫教育を通して目指す、真の学力向上とは」。これから小中一貫教育に取り組もうとしておられる学校や自治体からの参加者にヒントになりそうな材料を少しでも提供できれば、という気持ちで話をした。同一敷地内の小中が、授業交流のために45分授業で合わせているという姫路市の例についても興味深く拝聴した。家庭学習の習慣化に腐心しておられるのは、いずこも同じのようだ。午後は小中一貫教育カリキュラム実践発表の分科会に参加。

大学と小中学校との連携を

週末が都内の私立高校推薦入試日だったため、週明けの24日以降、9年生が校長室に「合格」の報告に来てくれる。生徒の喜ぶ顔を見るとほっとする。一人一人に「おめでとう」を言い、卒業まで気を抜かずに中学校生活を送ることと、これから入試に臨む同級生を仲間として応援してあげて欲しいという話をしている。

午後も仕事に追われ、夕方は市民科カリキュラム部会の分科会のため品川区立小中一貫校日野学園へ。現在は新しい教科書に係る「指導の手引き」を作成中。

この日、高校時代の同級生から「インターネットで見たが、もしかしてお前？」という手紙をもらった。今は某新聞社の大阪本社写真部長。高校時代から写真好きで、カメラマンになりたいと言っていた。それを実現できているのは本当に幸せな生き方だなと思う。

25日朝、大学の研究者の方がお二人来校。うち一人は高等教育についての勉強会仲間で旧知の仲。今回は、子供たちの科学技術への興味・関心を喚起・

向上するための、研究者によるアウトリーチ活動についての意見交換など。スーパーサイエンスハイスクールなどで高校へのアプローチは増えているが、小中学生の段階でより広い層の子供たちに科学の「面白さ」を伝えることにも、大学の力を活用したい。そのためには学校の現状も正しく知ってもらわねばならない。初中教育と高等教育の距離を近づけたい。

午後、7年生が体育館でチーム対抗の「百人一首」大会。普段から学習しているので、速い子はとにかく速い。もし私が参加していたら惨敗かもしれないな、などと思いつつ見て回った。

夜は、元・現教員を中心とする勉強会で話をした。熱心に質問や意見もいただいた。

直接体験の機会を増やしたい

26日朝、小中一貫教育で連携グループを組む品川区立三木《みつぎ》小学校の6年生が本校体育館で柔道の授業。帯を締めると皆、なぜか姿勢が良くなり、凛々《りり》しく見える。用具、指導者、場所などの条件整備は必要だが、義務教育で武道を体験させるのは有意義なことだ。

また、過日の校区外部評価委員会を欠席された委員の方が来校され、授業や休み時間の様子をご覧になった。本校も課題は山積しているが、「我々の頃に比べれば（ずっと良い）」と言ってくださる。それに甘えてはいけないのだが。

昼過ぎ、大崎に東京支社を置く企業の方が来訪。同社で作っておられる環境リポートについて中学生の意見を聞きたいという相談。「中学生にも読んで理解してもらえるものを」という発想は正しいと思う。

午後、職員会議。来年度の年間行事計画などについて。夜はある件で生徒と両親が来校。

27日は都立高校推薦受験日。推薦は倍率も高く難しいが、挑戦する以上、開き直ってぶつかることだ。9年生の健闘を願う。

私は午前が戸越《とごし》小学校の校区外部評価委員会、午後は小中一貫校伊藤学園で中学校長会、夜は青少年対策大崎第二地区委員会の懇談会で、一日中出たり入ったり。その間に生徒指導も1件。生徒指導については、何回指導を重ねても手応えの薄さに溜め息が出そうになることもある。しかし投げ出す訳にはいかない。粘って、粘って、粘って、少しでも良い方向に向けていきたい。

28日は8年生が校外学習。4月の長崎への修学旅行に向けた準備学習の一環で、班ごとに羽田空港プラス都内の平和関係施設1か所を訪問し学習する。

同日、佐賀市の中学校から視察のお客様もお迎えした。午後は台東区立上野中学校で行われた都教委主催の「法」に関する教育シンポジウムに参加。私の関心事は法曹関係者との連携の在り方など。

30日のNHKニュースで、都内の中学1年生の一部を対象とした東大研究グループによる調査結果から、インターネットに熱中し過ぎる「ネット依存」の生徒が3％余りおり、他の生徒と比べ親や学校生活への満足度が低いことが報じられていた。こういう社会だからこそ、直接的な体験の機会を意識的に作っていくこともますます必要になる。

No.36

施設分離型「小中一貫教育」の良さを「目に見える」形にしていきたい

キーワード：
小中一貫教育，特別支援教育，高校入試，中学受験

小中一貫教育の新たな方向性

2月1日の校長連絡会で、品川区小中一貫教育の今後の展開について、若月秀夫教育長から新たな方向性が示された。基本的には、過去5年間の成果と課題を踏まえ、これまでの施設分離型小中一貫教育連携グループによる取り組みは維持しつつ、グループ内で小中1校ずつのペアでの連携を強化するというものだ。

本校は、特に三木《みつぎ》小学校と、保護者や地域から「目に見える」具体的な連携を目指していくことになる。地域的なつながりや小学校卒業生の本校入学状況などから、自然な流れだと思う。

これまでの小学校3校と本校の計4校での取り組みも、互いの授業力向上や教員間の意識の壁を低くすることにおいて着実な成果を上げてきている。

一方で、1対3ではどうしても「広く浅く」になりがちだし、また授業力など教員中心の活動のため、保護者や地域から小中一貫教育のメリットが見えにくいという課題も感じていた。私は3小学校の校区外部評価委員でもあるが、どの学校の外部評価でも、この「見えにくさ」が指摘されていた。

無論、「見せる」ことが目的ではないが、区の大きな方針として行っている小中一貫教育について、保護者や地域の理解を得ながら進めた方が良いに決まっている。同時に、せっかくこれまで積み上げてきたグループ4校での蓄積も大事にしたい。

その意味で、今回の方向性は妥当な線だと思う。来年度はぜひ、三木小との間で新しい試みも始めたいと考えている。

2月2日は北京記念日？

同日午後は品川区の2年次教員研修会で、本校教員が研究授業を行った。研究協議会で挨拶の機会をいただき、若手教員たちに「学校という狭い世界で小さく固まらず、視野を広く持って大きく育って欲しい」と期待を込めて話をした。

翌2日の午前、三木小学校で茶道の授業を参観。やや元気過剰気味ではあったが、良い姿勢で正座し続けていられる児童も少なからずいた。感心、感心と思いつつ私も児童の横に正座したら、両足の指がつってしまった。何と情けない。

指導に当たられた裏千家の方のお一人が、北京の日本大使館時代の同僚の奥様だったので驚いた。

午後は品川区教育会の今年度最終回で、部会ごとに研究発表会を実施。私は特別支援教育部会で冒頭の挨拶など。1年を通じ、参画意識の高い部会だと感じた。

やや残念だったのは、通級学級や普通学級からの参加者が少なかったこと

だ。特別支援教育を「特別」なものにすべきでないというのが私の意見。来年度に向けての課題の一つである。

　部会後に会場を見回っている際、よく知っている他校の教員から、その人の叔父が私と同時期に北京日本人学校に派遣されていた方だと聞いて、またびっくり。私は日本人学校も担当していたので親しくさせていただき、帰国後に勤務校をお訪ねしたこともある。北京に縁のある1日だった。

私立中学受験の功罪

　2日は都立高校推薦入試の合格発表日でもあった。推薦は倍率も高く難しいが、首尾よく合格を得た生徒もいる。本人、家族はほっとしていることだろう。だが、多くの生徒はこれからが本番だ。全く気は抜けないし、むしろ心配で仕方がないというのが正直なところだ。全員が卒業後の居場所をきちんと確保できることを祈りたい。

　2月初旬は東京の私立中学入試の時期でもある。その終盤に当たる週末に電車に乗った際、向かいの席に座った母子が見るからに合格発表帰りで、2人ともずっと下を向いて押し黙り、男の子は爪をいじってばかりいて、痛々しくて見ていられなかった。

　私は中学入試に挑戦すること自体は悪いことだと思わない。文科省で私学部参事官を務めたこともあり、私学関係者の努力も苦労も知っている。国立大学に目が向きがちな文科省高等教育局の中で「私学の味方」を自任していたくらいだ。

　中学入試という目標を目指して努力することは貴いし、それが本人の成長につながるならよい。しかし現実には、成長のための挑戦が、逆に子供に「自分は駄目だ」と自己肯定感を失わせ、心に傷を負わせる結果になっている例も間違いなくある。

　本来、大人は常に最悪の結果を想定し、どんな結果であろうとも子供が前向きな気持ちになれるようにしてやらなくてはいけない。しかし、それだけの覚悟と力のない親も多そうだ。

　冷静に見れば「たかが中学入試」に過ぎない。もし受験に失敗して傷心で本校に入学する生徒がいたら、「今の悔しさを忘れるな。3年後にリベンジしよう」と言ってやりたい。

町会の会合に教員と参加

　2月初めのこんな時期になって、劇場から「卒業遠足に観劇はいかがですか」というようなチラシが送られて来たりする。「学校のことが分かってないなぁ」と思う。もちろん、その裏返しのようなこともあるに違いない。我々も学校外の社会のことをより詳しく、正確に知る努力を怠らないようにしよう。

　4日は地域の方、保護者、入学希望者と来客が続いた。夜は地元町会の集まりである西品川六町会の定例会に、PTA会長、教員3人とともに出席。町会役員の多くは本校卒業生だし、今春、お孫さんが本校に入学予定という方もいた。

　地域と学校の関係について、「地域が学校を支える」とよく言われるが、私の故郷の香川県豊島《てしま》などではむしろ学校が地域を支えている面もある。どちらか一方が他方を支えるという関係ではなく、双方が支え合う関係だと思う。

No.37

保護者対象の入学説明会で　家庭の果たすべき責任を強調

キーワード：
入学予定者保護者説明会，生徒指導，英語力，民間人校長

朝の日課と全校朝会

普段の朝は8時から校長室で副校長、主幹教諭との打ち合わせ、8時15分から職員室で教職員との打ち合わせを行い、その前後で時間があれば校門に立って登校する生徒に「おはようございます」と声を掛ける。表情や遅刻、欠席の状況、誰と一緒かといったことも注意して見る。学校の近くで不審者情報があればその辺りに立つこともある。

2月7日の月曜日は全校朝会もあった。部活動の表彰の他、各界で活躍する卒業生のことや、私の友人の例を紹介しながら「夢や目標は本気で実現を目指せ」ということ、そして「一緒に泣いてくれる人は多いが、心から一緒に喜んでくれる人は少ない」、そういう友こそ親友と呼ぶに値するという話をした。最後の「一緒に喜んでくれる人」の話は、キングスレイ・ウォード『ビジネスマンの父より息子への30通の手紙』（新潮文庫）より。受験期にある9年生へのメッセージも込めたつもり。

家庭の責任を明確に

午後は入学予定者の保護者を対象とする説明会を開催。私立中学校入試の結果もほぼ出ており、出席者数は来年度の入学者数を推し量る参考情報にもなる。

私からは、学校の方針と現状、校長としての考えなどを説明。また「教員は魔法使いではない。学校にもできること、できないことがある」として「家庭の責任でやっていただくべきこと」について話をした。部活動に関しても、あくまでも学業が優先であることや、「今ある部が来年度も必ず存続するという約束はできない」ことなどを話した。こういったことは特にはっきり伝えておく必要がある。

学校と家庭との関係については、現実にはドライに割り切れないところもある。しかし、「本来どうなのか」は明確な線を持っておくべきだ。

例えば、地域の方から、登下校中にマナーの悪い生徒がいるので教員が見張りに立てというお話をいただくことがある。無論、生徒には指導をし、保護者にも話はする。だが、基本的には、学校に来るまでと出た後の行動については、第一に生徒本人、第二に家庭の責任であろう。現実問題としても、とても通学路まで見張っていられない。

この会の前後に個別に相談に来られた保護者もいた。当然ながら、公立学校には毎年、様々な生徒が入学してくる。中には重い課題や事情を抱える生徒もいる。それも決して少ない数ではない。それが子供、家庭、そして公立学校の現実だ。公立学校が担うべき社会的責任は大きい。我々はそれを引き受けるだけの覚悟を持って職に当たら

ねばならない。

特別支援教育専門家の助言

7日夕は都立大崎高校定時制課程の学校運営連絡協議会。生徒、保護者による学校評価アンケートの結果や、給食中の生徒たちの様子などから、高校教育、定時制教育について考えさせられることも多かった。

8日の午後は小中学校生活指導主任会と、都立大崎高校の今度は全日制課程の学校運営連絡協議会に続けて出席。同校の学校改革への強い決意を感じる。高校は組織が大きい分、管理職の苦労も大きいと思うが、私は同校の改革の方向性を支持したい。

この週には特別支援教育の専門家による巡回相談もあった。気になる生徒の様子を見ていただいた後、生徒への接し方について有益な助言をたくさんいただいた。「低緊張」「固有感覚」についてのお話も大変参考になった。

9日午後は区教委のヒアリング。来年度の「小中一貫教育」の進め方に関するもの。

学校に戻った後、本校にて、今年度小中一貫教育連携グループ4校で取り組んできた「授業力」に関する合同研究会の第5回。私から4校の教員に、今年度の活動の振り返りとともに次年度以降の新たな方向性について話をした。

10日から都内の私立高校一般入試が始まった。この日の朝刊に、三井住友銀行が今年から総合職の全行員に英語力テスト「TOEIC」で800点以上を目指すよう求めるとの記事があった。近年は他にも、社内の公用語を英語化する企業、TOEIC730点以上を新卒採用の条件とする企業などが出てきている。

ちなみに私が大臣秘書官（事務取扱）としてお仕えした遠山敦子文科大臣が平成14年に出された「『英語が使える日本人』の育成のための戦略構想」では「英語教員のもつべき英語力の目標値」を「英検準1級、TOEFL550点、TOEIC730点程度」としている。生徒の方は「中学校卒業段階では挨拶、応対等の平易な会話等」だが、検定なども含め具体的な目標を持って頑張って欲しいと思う。

「民間人校長」も十人十色

この日は新潟市から「民間人校長」になられる予定のお2人が来校され、いろいろな話をさせていただいた。同市は計画的に「民間人校長」（と言っても、例年2人のうち1人は私と同様行政出身）の採用を進めており、昨年来られたお2人は既に現場で活躍されている。今回はお2人とも女性。大いに期待したい。

これまで何人かの「民間人校長」にお会いしたが、人によってタイプも手法も様々だ。面識はないが、岩手県立盛岡北高校の池田博男校長からは過日、昨年秋に続いて非常に熱いメッセージのこもったメールと資料を頂戴した。昨年11月、文科省の「今後の高校教育の在り方に関するヒアリング」で意見を述べられたとのこと。私とは手法がかなり違いそうだが、主張には共感するところも多々あった。

同日夕は区中学校長会の冬季研修会。その日から随分冷え込み、都心でも雪が舞った。11日、エジプトのムバラク大統領が辞任。中東情勢、世界情勢はどうなっていくのか。世界は以前よりもずっと狭くなっている。生徒たちにも世界に目を向けさせたい。

No.38

「現場の現実に合わせる」ことで　要求水準を下げてはいないか

キーワード：

生徒会，部活動，保健指導，文部科学省，暗唱

自分自身のハードルを上げる

　学校現場で仕事をするようになって間もなく2年になる。仕事が忙しいとどうしても目先のことで手一杯になりそうになるが、鳥瞰する視点も忘れないようにしたい。渦中に身を置くことで見えてくるものもあれば、逆に見えにくくなるものもある。

　今、見えている課題について、私なりに外に向かって発言していくべき時期に差し掛かっていると思うが、窮屈さもある。いかんせん学校での経験が短く狭いので、具体的なことに触れると誰のことかがすぐに特定されてしまう。また、今後の仕事に影響しそうなことはやはり書く訳にいかない。3年目に入る4月以降はもう一歩踏み込みたいと思っているが、どこまでできるかは分からない。

　これも抽象的な物言いになるが、最近、「現場の現実」に合わせようとすればするほど要求水準を下げる結果になってしまっているのではないか、とも感じている。あっという間に過ぎたこの2年目について反省することも多い。来年度以降にどうつなげていけるか。自分自身のハードルは上げなくてはならない。

「体づくり」も重視したい

　2月14日の週は生徒会朝会から始まった。生徒たちにリーダー的な役割を果たせる力を育てることも大きな課題だ。生徒会には大いに期待している。この日は、地域の方からメールで指摘をいただいた通学路でのマナーについても生徒指導主任から話をしてもらった。

　昼休み、私立高校に合格した9年生が校長室に報告に来てくれた。私から一人一人に話すのはこれまでと同様、卒業までしっかりやることと、まだ進路の決まっていない同級生が大勢いるのだから浮かれないで応援してあげて欲しいということだ。みんなで気持ちよく卒業の日を迎えられるように。

　いちいちは書かない、書けないことも多いが、この週も来客、生徒指導、保護者対応などが多く、余裕のない日程となった。

　14日の夜から東京は雪になり、15日朝には積雪もあった。早朝から何人かの教職員が、生徒たちが滑らないようにと校門近くの雪をかいてくれていた。そういう意識の高い教職員がいてくれることが嬉しい。

　同日、品川区文化スポーツ振興課の方が、先の「春高バレー」（第63回全日本バレーボール高等学校選手権大会）女子優勝チームで活躍した本校卒業生の活躍を称える横断幕を届けに来てくださった。早速校舎に掲出。生徒たちの励み、地域の方々の元気につながれ

ばいい。

16日は本校教員の研究授業、職員会議、来客対応など。

17日は校医、学校薬剤師、スクールカウンセラーや保護者代表にお集まりいただき「学校保健委員会」を開催。生徒の体格などのデータから改めて認識した課題もあった。その後、全校生徒に「健康講話」としてそれぞれ話をしていただいた。目も歯も内臓も一生使う大事なものだ。子供の時期の健康、体づくりはもっと重視されて然るべきだ。私自身は病弱だったが、福沢諭吉の「先ず獣身を成して後に人心を養え」という方針に共感している。

教員が文科省ヒアリング出席

この日の夕刻、文科省で「大学の教職課程に関する新人教員からのヒアリング」があり、本校教員も出席した。無論、私が決めたのではなく区教委の人選である。せっかくの機会だから遠慮せず本音をぶつけて来るべしと言って送り出した。文科省には、聞きっ放しにせず、具体的な施策につなげることを期待したい。

この日は朝からある生徒の件で保護者とも連絡を取りつつ対応。これも詳しくは書けないが、問題の根は深く簡単に解決できるものではない。夕方には複数の9年生が関わった問題について報告を受け、近々保護者に来校願うことにした。

生活指導については、本当なら中学生ともなれば大人扱いしたいが、場をわきまえた、けじめのある行動ができない幼い生徒も多い。もっと上を目指したいが、現実にはずっと次元の低いところで時間と労力を取られてしまう。

18日は午前中に品川区三木《みつぎ》小学校で「6年生を送る会」を参観。何度も来ているので、顔だけでなく名前を覚えた生徒もいる。午後は品川区立鈴ヶ森中学校で中学校長会。喧々諤々の議論もあった。その後、学校の近くまで戻り品川区立芳水《ほうすい》小学校の校区外部評価委員会に出席。外部評価についてのそもそも論や、教育の理想と学校の現実に関わる話題などで盛り上がった。

音読、暗唱の教育効果に注目

翌19日の土曜日も三木小学校の「暗唱発表会」へ。今年度から始められたものだが、良い試みだと思い注目している。私も「雨ニモ負ケズ」などの詩や「静夜思」などの漢詩、教育勅語などもそらんじているが、音読や暗唱はとても効果的な学習だと思う。家でも自作の教材で小学生の子に毎朝音読をさせている。

帰りに書店である本を購入し、通読。ここ数年、年間１８０冊前後の本を読んできたが、今年は「量より質」に徹する。1月に読んだのは『ビジネスマンの父より息子への30通の手紙』（キングスレイ・ウォード著、城山三郎訳、新潮文庫）、『散るぞ悲しき　硫黄島総指揮官・栗林忠道』（梯久美子著、新潮文庫）など6冊のみ。特に後者は心に残ったが、中学生に勧めるには少し難しいか。

17日、宇宙飛行士の若田光一さんが日本人として初めてＩＳＳ（国際宇宙ステーション）の船長を務めることになったとのニュースがあった。２０１３年末頃からＩＳＳに長期滞在予定とのこと。世界を舞台に活躍する日本人も増えている。生徒たちにも世界に目を向けさせたい。

No.39

「市民科」授業で実感した「考えさせる」授業の難しさ

キーワード：
企業との連携，市民科

生徒が企業に提言

2月21日の月曜日、小中一貫教育で連携する品川区立三木《みつぎ》小学校の児童朝会で話をした。2学期に続いて2度目となる。前週の暗唱発表会などの感想と、「体で覚える」ことの大切さについて。反応がとても可愛い。

昼休みに避難訓練。午後は通級学級で授業観察。放課後、生徒会役員の生徒たちとともにJR大崎駅近くの日本ハム株式会社東京支社を訪問。同社が毎年作成する「社会・環境レポート」について中学生の意見を聞きたいとのお話をいただいたことから実現。社内を見学し、竹添昇副社長ともお話しでき、生徒たちには刺激的な体験だったと思う。同レポートや同社の食品についても積極的にアイデアを出していた。得難い機会を頂戴したことに感謝したい。

夜、9年生数人と保護者に集まってもらい、先週末にあった生徒指導案件についての話。

22日は午前中に区教育委員会のヒアリング。午後、現7年生の修学旅行の件で会議。この日、かつて文科省に研修で来ておられた杉山清志・千葉市立こてはし台中学校長から電話をいただいた。ソニー教育財団の「ソニー子ども科学教育プログラム」で今年度の最優秀校に選ばれたとのこと。ご自身でも長年、奥様と一緒に科学教室をやっておられる。早速資料をお送りいただくようお願いした。

この日の夜も、ある件で保護者にも来校いただき生徒指導。

同日、ニュージーランドで大きな地震が発生。瓦解した建物の様子は阪神・淡路大震災を彷彿させる。留学中の本校卒業生からは翌日、無事とのメールが届いた。しかしいまだ多くの方の安否が不明だ。無事を祈りたい。

23日は都立高校入試の学力検査。都立一本で挑む生徒も少なくない。学校では品川区独自の学力定着度調査を実施。4年生と7年生全員を対象に、国語と算数・数学の基礎的な内容について行う。午前中に旧知の経済新聞記者が来校。近年の教育の動向などについて話をした。

午後、ある件で生徒を指導。その後、職員会議。

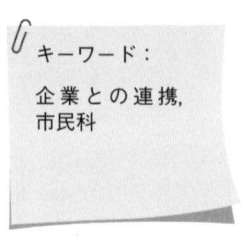

「市民科」で法教育の授業

24日は希望する地域の方に生徒と一緒に授業を受けていただく「公開授業講座」とした。少人数ながら地域の方や近隣小学校の保護者も来校くださった。

この日と翌日、9年生2学級の「市民科」で私が「法と秩序」について話をした。正確に言えば私は教員免許を持たないためゲストスピーカーである。ゲストのゲストとして、以前から「法教育」について一緒に取り組んでいる法務省大臣官房司法法制部の丸山嘉代さん（検事）にご協力いただいた。丸山検事とは、私が文科省高等教育局で法科大学院も所管する専門教育課長をしていた時からのお付き合い。話も非常に上手だし、「法律家の判断は人の運命を変える重いもの。悩みに悩んで判断するが、決めた以上は責任を引き受ける覚悟でやっている」という話など、私も引き込まれてしまった。

受け身でなく自分の頭で考えさせたいと思い、意識的に話し合いの場面を多く入れたのだが、今回実際に授業をやって実感したのは、講演と違い、生徒に考えさせたり話し合いをさせたりするのは時間の配分がとても難しいということだ。内容を欲張ったせいもあるが、特に1日目は時間が気になって仕方がなく、授業が終わると喉がカラカラだった。教員はあれを毎日何時間もやるのだから本当に大変だ。なお、初日は来校くださった地域の方にも話し合いに参加していただいた。

夕方は本校の校区外部評価委員会。2時間以上にわたり熱心に議論してくださった。

気になる精神的なひ弱さ

25日の昼は2人の生徒と一緒に校長室で給食。いろいろな話を聞けて楽しいひとときだった。

午後、7年生はJR品川駅近くに新本社を移転したばかりの日本マイクロソフト株式会社を訪問。昨年度、同社のシンポジウムに私が出させていただいたご縁から。樋口泰行社長、マイクロソフトインターナショナルのジャンフィリップ・クルトワ プレジデントからも生徒にお話をいただき、生徒も英語で質問した。私は「市民科」授業のため行けず副校長に同行してもらった。同社からは、社員の方々も中学生の訪問を喜んでくださったとお聞きした。生徒たちに社会、世界、情報技術に目を向ける貴重な機会をいただけたことに感謝したい。

夜は本校同窓会「かしわ会」の幹事会に副校長とともに出席。

26日の土曜日は、午前中に次男が通う他区の小学校の臨時保護者会。服務事故に関する説明のため急遽《きょ》開かれたもので、こういう場合の学校、校長の対応を学ぶつもりで出席した。無論、生かす機会が無いことを願いたい。

午後は日本音楽高校（品川区）の卒業公演会。バレエコースの発表では、毎度のことながら水準の高さに見入ってしまう。全校生徒による合唱の歌声もとても美しいものだった。

その後、大崎駅近くで立ち上げられた、全国の地域活性化への取り組みを支援する一般社団法人の関係者による会合に参加。チャレンジングな若者が大勢いて頼もしい。地方自治体のアンテナ・ショップにコスト意識がまるでないという話などは、納得しつつ、では公立学校はどうかと振り返る契機にもなった。

27日、京都大学などの入試の最中に試験問題の一部が携帯電話からインターネットの掲示板に投稿されていたというニュースがあった。また25日の深夜には就職活動中の国立大学の学生が夜行バスの運転手のハンドルを奪ってバスを横転させる事件もあった。20歳前後にもなってこの幼稚さ、ひ弱さは何なのか。最近、大人も子供も「打たれ弱い」人が多いと感じる。社会全体が過保護になり過ぎてしまっているのではないか。

No.40

社会は自分の思い通りにはならない　育てるべきは困難を乗り越える「勁さ」

キーワード：
読書, PTA, 高校

「傷つけない教育」でいいか

最近、大人でも「つまずきに弱い」「打たれ弱い」人が多いと感じる。調子の良い時はいいが、思い通りにならないことにぶつかると、すぐに「深く傷つき」、へにゃっとなったり、子供のように無分別な行動に走ったりする。これは私が感じているだけでなく、他業種の人からも同様の話を聞くので、恐らくあまねく見られる状況なのだろう。

社会、すなわち他者の集団の中で生きていくのは、自分の思い通りにならないことの連続だ。その時にどう自分をコントロールし、苦しいところを乗り越え、前向きな気持ちを持ち続けられるか。人生では、ペーパーテストの点数などよりそういう力の方がはるかに大事だ。

困難に遭った時に自分を強く保ち乗り越えていくことのできる「勁《つよ》い心」は、他者との関係の中で、つまずく、失敗する、苦しむ、耐える、あがく、試みる、相談する、解決する、といった経験を積み重ねて初めて得られるものではないだろうか。

しかるに今の学校や社会では、何か問題が起きると、子供たちが「傷つかないように」急いで真綿でくるみ危険な場所から引き離すような風潮がありはしないか。それではガーゼで守られた皮膚と同じで、それ以上傷つきはしないが強くもならない。

そうではなく、子供が問題にぶつかったときに「それで、君（たち）はどうする？」と投げ掛け、大人は離れたところから見守るという場面を増やす必要があるのではないか。そんなことを考えている。

2月28日、議会関係の仕事に関わる友人らが視察に来校。教育をめぐる議論が往々にして「空中戦」になってしまうのは、皆が何となく知っているつもりでいるが、本当に実態を広く知る人は少ないからだ。できるだけ多くの人に「生《なま》」の現場を見てもらいたい。外の目で「見られる」ことは、生徒や教職員にもプラスになる。午後は本校通級学級への入級を希望する他校生に係る判定会議。機械的に判断できるものではなく、毎回、悩みに悩む。

全員の進路が決まるまで

3月1日は都立高校入学者選抜の合格発表。9年生から続々と報告の電話。希望校に合格できた生徒もいれば、残念だった生徒もいる。全員の進路が決まるまで気を休めるわけにいかない。

午前中に、来年度の教育課程届に関し、区教育委員会事務局との事前相談。午後には某社の記者が来訪。その後、別の来客。夕方は品川区立三木《みつぎ》小学校の校区外部評価委員会に出席し、終了後も委員の皆さんと懇談。

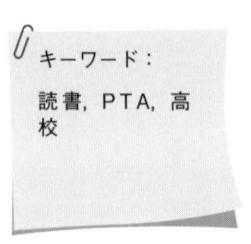

2日朝、卒業式に区長の代理でお越しいただく品川区幹部にご挨拶。午後は京都府城陽市の中学校から本校通級学級をご視察のお客様。ちょうど他校から通う9年生の最終授業に当たり、授業の終わりには生徒に教職員たちからの寄せ書きをプレゼントし、記念撮影をした。出会った全ての生徒の前途に幸多きことを祈りたい。この日、9年生のうち進路未定の生徒、欠席日数の多い生徒の保護者に来校いただき、生徒とともに校長面談を行った。

図書の貸出冊数が1・4倍に

「桃の節句」の3日から2日間、学年末の期末考査。大学入試で携帯電話とインターネットの掲示板を使い不正を行った浪人生が逮捕された。本人の浅はかさは弁護のしようもないが、本人が高3の時に父親が亡くなった後、子供のために懸命に努力していたであろう母親、心配し応援していたであろう祖父母の気持ちを思うと切なくなる。

午前中に「学校経営における外部評価の活用について」の校長研修会。学校評価については文科省のガイドラインも示されているが、私は、それも参考にしつつ、各自治体なりのやり方を探ればよいと考えている。

午後は品川区立戸越《とごし》小学校の授業参観で、4年生の「二分の一成人式」、6年生の授業の様子を見せてもらった。

4日は自転車で走り回る1日。朝、予想外の案件が生じ急ぎで対応。区教委主催の校長連絡会に遅れそうになり慌てて飛び出す。昼過ぎに一度学校に戻って仕事を片付け、次は戸越小学校の校区外部評価委員会へ。小中一貫教育などについて地域の方からも様々なご意見があった。会議が延びたため急いで戻り、来客との面談2件。夕方はさらに外で別の会議に出席。

この日、品川図書館から、学校図書室での生徒1人当たり貸出冊数のデータをいただいた。今年度（4～12月）、本校は対前年度比で約1・4倍に増え、昨年度に続いて区内の中学校で最多。私が期待するレベルには程遠いが、望ましい方向には来ている。来年度はさらに「読書」に力を入れ、知的活動の基盤強化につなげたい。

ＰＴＡ委員の協力に感謝

5日の土曜日は午前中にＰＴＡの実行委員会。役員、委員の皆さんに1年間のお礼を申し上げるとともに、9年生の進路状況、7、8年生の様子と期待、来年度に向けた主な方針や予定、冒頭にも書いた私の最近の問題意識などについてお話しした。今年度の役員、委員の方々には本当にお世話になり感謝している。来年度も保護者との連携を一層密にしていきたい。

終了後、かつて私も1年間参加した若手企業幹部中心の異業種勉強会に駆け付けOBとして助言。テーマはグローバル人材の育成など。「若者が内向きになったと言われるが、目標、志があれば他人から尻を叩かれずとも頑張るものだ。教員も親もずっと子供に付き添えるわけではない。自分で動けるようにすることが『人を育てる』ということだ」という話などをした。

夜は都立大崎高校定時制課程の卒業証書授与式に出席。精勤で表彰を受けた生徒や、年配の方もおられた。夜の時間帯に4年間通い卒業するのはたやすいことではない。困難な中で真面目に努力する人たちが報われる世の中にしなくてはならない。

No.41

パラリンピアンの河合純一さんに学ぶ　夢を持ち続けることの大切さ

キーワード：
東日本大震災，講演会，卒業遠足，9年生を送る会

「継続」は信頼につながる

　3月11日午後、マグニチュード9・0の「東北地方太平洋沖地震」（気象庁の命名）が発生。甚大な被害が出ており、本稿執筆の時点ではその規模は全く計り知れない。被災された方々に心からお見舞いを申し上げる。

　3月6日の日曜日も、副校長から生徒の他校生とのトラブルについて連絡を受けた。7日朝の全校朝会では、①社会に広く目を向けよう②先の大学入試での不正は家族や友人の期待と信頼を裏切るもの③「続ける」ことの重要性④読書の大切さと先日の品川図書館の調査結果⑤年度末、春休みに向けての注意について話をした。

　「続ける」ことについては、高校卒業後に就職し、文科省などで仕事をしながら放送大学で学習を続けていた友人が、24年がかりでついに今春卒業の見込みとなったことを紹介し、こういう努力を続けられる人は「いい加減な仕事をするはずがない」という信頼も得られるという話をした。

　午前中に、前日連絡のあった生徒のトラブルの件で報告を受け、対応を打ち合わせ。このところ、欠席日数の多い生徒と保護者に来ていただき進級に関する校長面談を行っており、この日も2件。また7日から9日までの3日間で教員との個別面談を実施。

夢、追いかけて

　8日午前も個別面談。午後は品川区教育会の今年度会計担当理事として、最終監査、新旧部局役員会、理事引継会に出席。帰校後、ある生徒の件で関係機関との相談状況について担任から報告を受ける。

　9日は都立高校分割後期募集等の学力検査日。

　教員の個別面談の後、施設分離型小中一貫教育についての関係校長による連絡会。学校、地域により状況や課題は様々だ。この場でも話したのだが、私はかねてから区教育委員会に対し、各校横並びで何かを義務付けるような縛りは極力少なくしてもらいたいと言っている。

　その後、JR大崎駅で「市民科講演会」の講師としてお招きした河合純一さんをお迎え。パラリンピックの水泳で金メダル5個を含む21個のメダルを獲得している全盲のアスリートで、昨年まで静岡県の公立中学校で社会科の教員、静岡県総合教育センター指導主事として活躍しておられた。私は大臣秘書官（事務取扱）をしていた時から親しくさせていただいている。大変な努力家だし、明るくてとても気持ちのよい人だ。8年（中学2年）の英語教科書にも登場する。

　「夢、追いかけて」と題し、ご自身の

体験を交え、夢や目標を持つことの大切さ、夢をかなえる秘訣、授業に集中することの大切さなどを熱く語ってくださった。質問にも丁寧にお答えいただき、その後も生徒たちと親しくお話しいただいた。熱心に聞き入る生徒の様子は、きっと河合さんにも伝わったはずだ。今回は小中一貫教育で連携している品川区立三木《みつぎ》小学校の5、6年生も一緒に参加。9年生の堂々とした質問や謝辞などを直接見てもらえたのもよかったと思う。

近づく卒業の日

10日は朝から9年生の卒業遠足。天気がよくて一安心。生徒とも話ができ、穏やかな気持ちで過ごせた。同じ訪問先に都内の他区からも数校の中学校が来ていたが、教員用控室にいた他校の教員たちの、あまりにも元気のないどろんとした雰囲気や会話はちょっと異様に感じてしまった。

戻って仕事の後、夜は「老朋友《ラオポンヨウ》」である中国大使館の孫建明教育処公使参事官、張愛平文化処公使参事官たちと旧交を温めた。

11日朝、臨時校長会に出席。帰校後、生徒たちによる「9年生を送る会」。9年生の歌声を聞くといろいろな思いが去来する。午後、ほぼ一年間にわたり図書室ボランティアとしてご協力くださった方にお礼の挨拶。貸出冊数が増えたのはこの方々のお蔭も大きい。感謝している。その後、人事に関する用務など。いろいろあるが、詳細は略。

大震災への初期対応

午後2時46分、「東北地方太平洋沖地震」。品川区で震度5強。強い揺れが長く、何度も続いた。

生徒をグラウンドに避難させ、施設の状況を確認。テレビのニュースなどで情報を集め、区教委と連絡を取りつつ対応。その後、安全を確認した上で下校開始。交通機関を使用する生徒については個別に保護者に連絡し引き取りに来ていただくなどした。その合間に欠席日数の多い生徒の保護者が来校され、面談。生徒全員が下校できたのは午後9時近く。帰宅を確認できたのは深夜。

避難所としての対応準備や公共交通機関が止まったこともあり、管理職以外にも半数以上の教員が学校に宿泊することになった。国では朝まで職場で仕事をすることもそう珍しくはなかったが、学校では初めて。この日以降、店舗からカップ麺、米、懐中電灯などが消え、かつてのオイルショックを想起した。

震災対応は当然だが、この時期は他にも重い課題が複数あり、とにかく時間が足りない。

12日土曜日、夜明けとともに学校周辺、校舎施設の状況を確認し、気になる点を区教委に報告。施設開放は全て中止。午後、区教委の施設担当者が確認のため来校くださった。私は午後6時過ぎに退勤したが、副校長はさらに遅くまで仕事。いつも申し訳なく思っている。それにしても、副校長に仕事が集中する学校の体制は、例えば事務職員を増やして現在副校長が行っている事務を分担させるなど、何らかの改善が急務だと思う。

13日夕、東京電力が14日朝から管内で「計画停電」を実施すると発表。この状況下では、皆ができるだけの協力をするのは当然だ。行方不明となっている方々の無事を祈りたい。

No.42

震災対応を重ねながらの卒業式「子供は希望」とあらためて実感

キーワード：
東日本大震災，卒業式

いつも希望は子供にある

大震災後の危機的状況の中、東京消防庁や自衛隊の皆さんが、東京電力福島第一原発冷却のため文字通り身命を賭して放水作業等に当たってくださっている。ご本人、ご家族の不安はいかばかりか。感謝の気持ちで一杯だ。各地の避難所では、中学生、高校生もトイレ掃除、小さい子の世話、いろいろな手伝いや奉仕活動などで貢献している。この経験は必ずこの子たちの成長につながる。いつの世でも未来の希望は子供たちにある。我々はその子供たちを育てる仕事をしている。責任の重さを噛みしめて職務に当たろう。

阪神・淡路大震災の際、三重県教委指導課長だった私は1週間後に現地に入り、兵庫県と調整の上、県内の教職員をボランティアとして交代で現地に派遣した。現地のニーズを第一に、皆で協力していくべきだ。

教員採用や育成の見直しも急務

3月13日の日曜日、政府が電力需給緊急対策本部を立ち上げ、国民に最大限の節電を呼びかけた。私の前の職場である内閣官房副長官補室は泊まり込みだろう。東京電力が翌日からの「計画停電」実施を決定。交通機関にも影響が出る。気象庁は数日以内に大きな余震が起こる可能性が高いと発表。学校としてやるべきこと、先手を打たねばならないことが山ほどある。

週明けの14日から通常より早く出勤。この日、午後に品川区で「計画停電」の可能性があったため朝のうちに時程を変更。教職員にも「我々はいざという時は公務員として災害対応に当たる。泊まり込みの可能性もある。そのつもりで準備を」と話をする。こんな当たり前のことまで言いたくはないが、言わざるを得ないのが現状だ。

生徒、保護者にも余震等に備えての注意や節電についての連絡。本校が緊急避難場所となっている地元町会長に来校いただき備蓄倉庫などを確認。

震災対応に専念したいところだが、時節柄、人事関係の仕事もある。そちらでも管理職が膨大な労力を割かざるを得ない件があった。教員人事については、地域、学校によってもやり方や感覚が随分違う。しかし一言で言えば、全体的に「組織」や「公務」についての理解が薄い。

教員の定数増も必要だが、採用、育成、人事等の見直しも急務だ。

震災対応、人事、卒業式準備

15日朝の打ち合わせでは、節電の徹底、当面の部活動等の中止、給食について話をした。この日から牛乳が入らず、スープやジュースで代用し、生徒には水筒を持参させることとした。予定されていた行事も次々と中止になり、生徒にも不自由をかけるが、被災地のことを考えればその程度の受忍は当然だ。生徒たちにも貴重な学習になるはずだ。

その他、人事の関係で区教委へ行ったり、欠席の多い生徒、保護者との校長面談を2組行ったり。進級、クラス替えが転機になることもある。また、他校に転出した生徒の状況について、同校校長から話をうかがった。

16日朝もある件で区教委へ。戻って卒業式の予行練習、生徒の表彰、PTAからの記念品贈呈、同窓会長から生徒へのお話。午後の職員会議では、来年度教育課程の案を配布し、①学力②生活指導に加え、③市民科④不登校⑤小中一貫教育の5点に重点を置く方針を説明。来年度の新入生は3学級確保の見通し。3年連続で1学級ずつ増え、全学年が3学級で揃うことになる。

この日から、来年度本校に転任予定の教員との面談も開始。福島第一原発のトラブルから家族で西日本に避難する生徒も出始めた。専門家は安全だと言うが、止めることはできない。

17日、職員に募金の呼び掛け。卒業式の前日準備を行い、私も動線、マイク位置、音量を確認。厳粛な式にしたい。大きな地震がないことを願う。この日も人事関係の面談など。

区教委から、震災に伴い東北等から避難した生徒が転入を希望すれば受け入れを、との連絡。当然のことだ。

厳戒態勢下、83人の卒業式

卒業式の18日も早く出勤。モーニングは持っていないので今回も和装。開会前、来賓の皆様に避難体制について説明し協力をお願いした。私も自席の下に運動靴とヘルメットを用意し、羽織の袖には携帯電話。

晴天に恵まれ、午前10時から「第62回卒業証書授与式」を挙行。9年生一人一人に証書を授与。式辞では「社会の中で正しく生きていくために最も大事なものは、思い通りにならないことがあっても、その状況に耐え、自分を失わず、それを乗り越えて前向きに進んでいくことのできる『心の勁《つよ》さ』だ」という話など。その後、来賓祝辞、在校生代表の送る言葉、在校生合唱、卒業生代表の別れの言葉、卒業生合唱と続く。男女とも大勢の生徒が涙にくれる様子を見ていると、いろいろあったことが全て帳消しになるどころか、逆に宝石のように思えてくる。やはり子供は「希望」だ。この仕事に就き、この子たちと出会えて幸せだと思う。83人の卒業生全員の前途に幸多きことを切に祈る。

運動場で在校生たちと卒業生を見送った後、式に出られなかった生徒に校長室で卒業証書を授与。また、何人かの保護者がお礼の挨拶に来てくださった。

19日土曜日は、来年度から他校と統合し豊葉《ほうよう》の杜《もり》中学校として新たに出発する品川区立荏原《えばら》第三中学校の閉校式に出席。

数日前、9年生からもらったメッセージカードの中に「校長先生も長生きして頑張ってください」とあった。生徒から見れば老人なのだ。だが老人は老人なりに、若い世代に伝えておきたいことがある。残された時間をできるだけそういうことに使いたいものじゃ。

No.43

避難所での子供たちの活動伝え　生徒に「自分はどうすべきか」を問う

キーワード：
保護者，修了式，
東日本大震災

震災対応と部活動

年度末が近づき、様々な思いが去来する。人事、次年度のこと、震災対応などで心の中は非常に重いが、口に出せることは少ない。疲れがたまっていると自分でも感じる。

3月20日の日曜日は知人のお祝い事の会が計画されていたが、現下の状況に鑑み延期。21日の春分の日に予定されていた第2回中学生「東京駅伝」も中止。本校の生徒も品川区チームの一員で練習を重ねてきただけに残念ではあるが、仕方がない。

昨年まで通勤中はもっぱら本を読んでいたが、今年は別のことに充てているため、なかなか読書の時間が取れない、20、21の両日は久々に『国家の命運』（薮中三十二著、新潮文庫）、『ゴーン道場』（カルロス・ゴーン著、朝日新書）など5冊をまとめ読み。

23日午前、区教委から転入生の情報が入る。本校はなぜか転入生が多く、他にも数人ある見込み。午後、特別教室の工事のため、業者、区教委の担当者と共に近隣に挨拶。その後、着任予定の教員4人と順次面談。23日朝、春季休業期間中までの部活動の実施方針を決め教員に周知。活動場所・時間を限定し、節電、安全指導、保護者への周知を条件とする。緊急時の「引き取り者」に関する調査票が未提出の生徒は参加させせない。午前中に講師予定者と面談。

教員と「社会人としての常識」

午後は今年度最後のＰＴＡ総会と7・8年生保護者会。どちらも出席率は物足りない。仕事などの事情で来られない方も多いのは承知しているが、概して言えば、学校に足を運んでくださる保護者は家での教育もしっかりしている場合が多い。どうやって保護者の参加率を上げていくかも悩ましい課題だ。

保護者会で私から話をしたのは①震災の影響と対応②卒業生の進路状況③来年度の予定と重点課題④部活動が「年度ごとに見直す」ものであることの念押し⑤保護者による学校評価アンケートの結果と対応の5点。

私自身も保護者だから、保護者が担任に「本音」を言いにくいことはよく分かる。だから匿名・厳封で回収し管理職が開く方式としている。一部の教員の「乱暴な言葉遣い」や「挨拶をしない」ことについての指摘もあった。社会人としての常識に類することで指摘を受けるのは恥ずかしいことだ。指導を徹底したい。

連日、余震が頻繁に起き、その度にヘルメットをかぶって身構える。中途半端に慣れてしまうのが一番怖い。

夕方、翌24日の給食について区教委から指示があり大急ぎで対応していたところ、30分もしないうちに変更の連絡が来たため保護者への連絡等が混乱する事態となった。区教委も忙しいのは分かるが、こういうことは駄目だ。特に保護者など外の人に影響が及ぶ可能性のある場合は、いくら急ぎでも誰かが慎重にチェックする必要がある。

24日は品川区立戸越《とごし》小学校の卒業式に出席。朝方大きめの地震があり緊張が走ったが、式は滞りなく行われ一安心。午後、来年度の校内体制（主任、担当学年、学級担任、校務分掌）を各教員に個別に伝達。

「1年間の振り返り」求める

25日、現学年で最後の登校日。修了式で7・8年の代表に修了証を手渡した。4月から学年が上がり、校内での責任も重くなる。「立場」や「自覚」は子供を大きく成長させる。彼らがどんな変化を遂げるか、来しみだ。

修了式で話したのは①1年間の振り返り②進路に目を向ける③春休みの過ごし方④震災対応に関する注意の4項目。

②については、先日パラリンピアンの河合純一氏が講演で語ってくださった、夢を実現するには今の自分を振り返って「スタートライン」を決め、そこから「ゴール」を目指すために、いつまでに何をしなければいけないかを決めることが大事だ、という話など。

被災地の避難所では中学生たちがトイレ掃除やいろいろな手伝い、小さい子の世話、お年寄りを元気づける活動などで頑張っている。修了式でも「自分だったらどうするか、どうすべきかを考えてもらいたい」と投げかけた。私は、本校の生徒たちは、いざという時は人のため、地域のために一所懸命働き、貢献してくれると信じる。そういう心の優しさ、正しさを持っていると思う。

年に1度の異動の季節

その後、品川区立荏原《えばら》第四中学校の閉校式に出席。新年度から荏原第三中学校と統合し「豊葉《ほうよう》の杜《もり》中学校」に生まれ変わる。生徒数は少ないのに合唱の歌声や返事の声がとても大きく、お辞儀も綺麗で感心した。両校の良さが新しい学校に受け継がれることを期待したい。

この日、2月下旬に実施された品川区学力定着度調査（国語、数学）の結果が到着。両科目とも課題は大きい。よく分析して、何とか「結果」につなげたい。

生徒の下校後、職員打ち合わせ。私から来年度の校内体制及び異動者の一覧を配布。転出・退職する教職員から一人ずつ挨拶。今回は副校長と4割の教員が入れ替わる大異動になる。個人的にはいろいろな思いもあるが、人事については結論以外のことは口にしないと決めている。

その後、本校同窓会の舘野《たての》哲夫会長と懇談。また欠席日数の多い生徒の保護者に来校いただき面談。本人は来られず、残念。

夕方、文科省の後輩から、こういうポジションに就くことになったという電話をもらった。私は、若い時の苦労は買ってでもすべきだと考えている。必ず人間の幅を広げ能力を高めることにつながるからだ。学校は小さい組織であるだけに、一つ間違うと若手を勘違いさせてしまうことになる。私は若手を「大きく育てる」ように指導したい。無論、それに耐えられるだけの力が本人にあれば、の話だが。

No.44

校長3年目となる新年度スタート「組織としての動き」など方針示す（平成23年度）

キーワード：

春休み，教員人事，副校長，新年度

人事異動と学校の組織づくり

強い緊張感を持って校長3年目を迎えている。「一日世に在れば、一日為すあり」（吉田松陰）の心境。疲れが抜けないが、そうは言っていられない。

3月28日の昼過ぎ、外出先に副校長から連絡。学校のフェンスに取り付けられていたゴミ収集についてのプラスチックの掲示板が燃やされたという。関係機関に連絡し対応してもらったが、誰がやったのかは分からない。前には倉庫の壁などにスプレーで落書きされたこともある。やる方は軽い気持ちかも知れないが、公共物の修繕には税金を使うことになるし、まして火は危険極まる。そういう人間がいること自体腹立たしいし、無力感も覚える。

29日、その件で品川区清掃事務所の方が来校。また転入予定の生徒、保護者と面談。親の転勤による転校は子供にはつらいことだろう。受け入れ側としては、来てよかったと思えるようにしてやりたい。

午後は臨時の中学校長会。震災対応に関する様々な情報交換など。危機管理は想定通りの対応では済まないのが普通だ。校長が責任者として難しい判断を迫られる場面も十分あり得る。考えると胃が痛くなるが、それも校長の仕事だ。

30、31日はもっぱら、月末までに処理せねばならない仕事に充てた。校長室の隣の職員室からは、移動に向けた準備や片付けの気配も漂ってくる。最後の最後まで熱心に部活動の指導に当たってくれる教員もいる。生徒への思いの強さの表れだ。

本校は今回、常勤教員の4割が入れ替わる大異動となった。私の考えによるものもあれば、そうでないもの、都のルールによるもの、自己都合もある。

もともと校長の権限も限定的だが、学校では人事異動のチャンスは年に1回しかない。ここで考えを通さなければ組織づくりはできない。

私の経験の狭さからくる誤解かもしれないが、教員の世界には、教員の人事は本人の希望通りにするべきものだという考えが根強く残っているのではないか。

はっきりそう言う校長に会ったこともある。校長としてはその方が楽だ。だが、世の中の常識とはかけ離れている。校長が目指すべきは「より大きな力を発揮できる組織」であって、「職員にとって居心地の良い組織」ではない。

「まあまあじゃありません！」

今春の異動では、2年前に私と同時に本校に着任し、以来、訳の分からない校長を支え続けてくれた金児《かねこ》京子副校長も区内の他校に移ることになった。

副校長には着任前から迷惑の掛け通

しだった。そもそも当初、私とペアを組む副校長予定者は別の人（他区の副校長をしていた方）だった。ところが、聞いた話によると、その人は校長が文科省から来る云々という話を聞いて3月末に急に「病気」になり、急遽《きょ》、品川区内の他校で主幹教諭であった彼女に白羽の矢が立った。本人もさぞや慌てたことだろう。

私のような者が校長になると決まっている学校に、そんなやわな人を副校長に持って来ようとしていた都教委もどうかと思うが、結果的には金児副校長で本当に良かった。

以来、献身的に支えてくれた。ややこしい校長で、仕事の多くを副校長に頼り切っていたせいもあり、業務量でも、教職員との関係でも、普通の副校長以上に大きな負担を掛けてしまった。弱音を吐く人ではないが、精神的にもきつかったに違いない。私としては「自分のせいで」という思いが強くある。

部下にも厳しいことを言え、その意味でも安心して任せることができた。厳しいのは下に対してだけでなく、ある時、こんなこともあった。若手教員を2人で指導している際、私が「まあまあ」となだめようとすると、「まあまあじゃありません！」と副校長からピシャリと言われ、思わず「すみません…」。私には「戦友」のような存在だった。心から感謝している。

校長としての3年目の方針

4月1日、平成23年度の初日。気に掛かることがいろいろあり、やたらと早く目が覚めた。

出勤すると、既に岩崎紀美子新副校長が仕事中。これからお世話になる、と言うより、迷惑を掛けると言うべきか。朝、副校長を含め他校から転任の7人を教職員に紹介。この他、新規採用の2人は辞令交付後に学校に来てから順次紹介。

新年度に当たり私から教職員に話したのは次の5点。①「力のある学校」「教育力の高い学校」を目指す。個々人が能力を高め力を発揮するだけでなく、組織、チームとして協力して動くことを心がけてもらいたい②各主任等を中心に、言われてから動くのではなく、自分から進んで動くこと③社会人としての常識をわきまえた行動を求める。服務、個人情報の保護等だけでなく、言葉遣い、挨拶等も含めて④学力、生活指導に加え、品川区独自の教育である「市民科」、不登校傾向のある生徒への対応、小中一貫教育の推進に力を入れる⑤仕事にはプロの厳しさを求めるが、同時に全員が前向きに仕事に取り組める職場にしたい。

その後、運営委員会で当面の主要行事などについて確認。異動者が多いこともあり、私の考えややり方を知っている各主任等に学校の柱としての活躍を期待している。夕方、品川区立三木《みつぎ》小学校の林誠校長と情報交換。

2日の朝日新聞で、株式会社経営共創基盤代表取締役CEOの冨山和彦氏が「東日本大震災」後の政治家、官僚、企業の「エリート層の資質」を批判し、「決断とは一部に犠牲を強いることです。できない人にリーダーの資格はありません。有事に判断を先送りする人間が、平時に決断できるわけがない」と書いておられた。その通りだ。その「決断」ができるか否かを自分に問い続けねばならない。

No.45

校長として3回目の入学式　学級数増え、新入生も全員出席

キーワード：
小中一貫教育，女性校長，校長会，始業式，着任式，入学式，対面式，高校

「小中一貫」次の一歩

新年度が本格的に始まった。4月は毎週のように大きな行事が続く。大変だが一つ一つ気持ちを込めてやっていきたい。

実質新年度2日目の4月4日月曜日、朝の職員打ち合わせの後、早速、品川区立三木《みつぎ》小学校と本校の教員同士の顔合わせ。今年度、両校は「小中一貫教育」でより緊密に協力していく。校長同士の意思疎通は十分だが、肝心なのは教員同士だ。小中の連携は概して中学校側の腰が引ける傾向があると言われる。そうならないようにしたい。

午前中に品川区の中学校長会。少なくともここ2年間は女性校長がいなかったが、今回1人加わった。都内の公立中学校に勤務する女性教員は42%。それが校長では7%、副校長で9%しかいないのはいびつだ。本人の希望もあろうが、2、3割は女性校長でおかしくない。

午後は区教育委員会主催の校長連絡会。品川区では幼小中合同である。終了後、小学校長会と中学校長会の組織の一体化に向けた準備会合。かつて他の自治体で、ある「民間人校長」が校長会に入らないと宣言して物議を醸したことがあった。私はそういうやり方はしないが、校長会の存在意義は何か、常に問い直す必要はあるだろう。行政の下請けではいけないが、学校の現状に無責任であってよいはずがない。今回の動きも、主体性を持って責任を果たしていくための新たな挑戦、ということになろうか。

新年度、新体制、新しい学級

5日朝、副校長、2人の主幹教諭と打ち合わせ。今年度の私の懐刀、右腕、左腕である。その後、職員会議で当面の主な行事の準備、進行、役割分担等を確認。毎年4月初めは実質数日間で全ての準備をせねばならず、非常に慌ただしい。だが教職員はチームワークよく動いてくれている。午後、入学予定者の保護者から学校に相談の電話。

6日、始業式の朝。生徒たちの元気な声が学校に戻ってきた。学校はこうでなければ。新しいクラスの発表で歓声が上がるが、中には不満の声もある。クラス分けについては、昨年度、各学年に任せたところ、後になって他学年の教員から意見が出たりもした。今年度はそうならないよう、私が学年主任から説明を聞いて固めた。

初めに着任式で、岩崎紀美子副校長以下、新たに着任した9人を紹介。転任・退職者への感謝の気持ちを忘れぬようにと求めた。引き続き平成23年度の始業式。8、9年の各担任等を紹介した後、転入生のこと、春休みの振り返り、震災への対応や節電などについて話をした。昨年度もいろいろあったが、

生徒たちは大きく成長した。これからの1年でもっと大きく成長させよう。将来の進路を考え、できるだけ具体的な目標を持って一日一日を有意義に過ごしてもらいたい。

その後、品川区立芳水《ほうすい》小学校の入学式に出席。大数《おおすみ》見仁校長のお話に、一つ一つ「はい」と元気に答える1年生が微笑《ほほえ》ましい。

午後、卒業したばかりの生徒から高校に提出する書類を失くしたというSOSの電話。学校に呼んで事情を聞き厳重に注意の上、高校に相談。保護者にも連絡。

生かされている命に感謝

7日、爛漫の桜花の下、第64回入学式を挙行。私は儀式では毎回羽織袴だが、今回も地震に備え避難体制をとり、式場の椅子の下に運動靴とヘルメットを準備して臨んだ。

入学者は88人。3年連続で3学級を確保し、ようやく全学年が3学級で揃った。嬉しかったのは、新入生に1人の欠席者もいなかったことだ。式辞では「中学校は大人になるための学校だ」ということや、「強い気持ちを持ち続けること、努力し続けることが成果につながる」という話をした。

また「震災で亡くなられた方々と今ここで生きている私たち。生死は本当に紙一重の偶然に過ぎない。生かされている命に感謝し、命を大切にし、どう生きるべきかを真剣に考えよう」「被災地では学校の立て直しが急がれている。それは、学校が生み出す子供たちの笑顔や明るい声が、深く傷ついた人々の心の癒やしにつながり、周りのみんなの生きる力になるからだ。希望は子供たちにある。皆さんが希望だ」という話など。

今回の大きな苦難を日本の将来にどう生かすか。我々の世代がすべきことは、30年後を担う若い世代のために力を捧げることだ。

この日、都立高校の入学式を終えた卒業生が大勢、真新しい制服姿で母校に来てくれた。これもまた嬉しい。

午後、品川区企画部施設整備課の方が工事の件で来校。また、前日の件で卒業生の保護者にお越し願い、書類をお渡しした。

先は長い、焦らず進もう

翌8日、在校生が学校生活や部活動を新入生に紹介する「対面式」。7年生の一部が少しだらけていたので「ここは小学校じゃない」と言うと、急いで姿勢を直し私語をやめた。それでいい。少しずつ背伸びをしよう。それが力を伸ばすことにつながる。

新9年生の一部が相変わらず落ち着かず、7年生より幼く見える。簡単に周りに流されてしまう幼さを何とかしたい。新年度はまだ始まったばかり。先は長い。9年生に限らず問題はたくさん出て来よう。最後に「良い学級、学年だった」と皆が思えるようにしたい。

新しく着任した教員も部活動などで活発に動き始めてくれている。

夕方、都立大崎高校定時制課程の入学式に出席。本校卒業生、保護者にも会うことができた。生徒の様子を見ていつも感じるのは、定時制課程で1学級30人は無理があるということだ。せめて20人以下にできないものか。

No.46

家庭との連携強化のため　保護者に「教育についての考え」提出求める

キーワード：
小中一貫教育，小中合同研修，学校公開，保護者

小中連携で新入生にテスト

4月中旬。随分たくさん仕事をしていると思うが、やりたいことはまだまだある。大崎中学校の良いところ、良くなってきたところを定着、発展させ、足りないところを補い、正し、もっと良い学校にしたい。自分がますます欲張りになっていると感じる。

4月11日の全校朝会で、特に新入生を意識して次の話をした。①姿勢を正しくすれば成績は上がる。やらないのはもったいない②受験も団体競技。お互いを高め合える良い集団を作ろう③場をわきまえ、けじめをつけられる力を身に付けよう。

校長が生徒に直接話をする機会はそう多くない。一回一回を大事にしたい。語っておきたいことはたくさんある。

この日、日本経済新聞の教育欄に拙文が掲載され、何人かの方から電話やメールをいただいた。そこにも書いたが、教育以外の外の世界への発信を増やしたい。

午後、給食の業者との契約。その後、品川区教育委員会主催のカリキュラム研修会に出席。講師は千葉大学の天笠茂教授。終了後、教育委員会事務局内で話をしていたところ地震があり、学校に連絡を取り状況を確認。夕方、施設分離型小中一貫教育の推進について何人かの校長等と意見交換。

この他、新入生を対象に小学校で習った内容の「確認テスト」（国語、数学）を実施。問題を品川区立三木《みつぎ》小学校の教員に作成してもらい、今回初めて行った。詳しい分析はこれからだが、結果のポイントの一部は週内に小中一貫教育連携グループの3小学校（三木小、芳水《ほうすい》小、戸越《とごし》小）校長にお伝えした。

小中一貫教育を前進させたい

12日、新規採用教員の初めての授業を参観。これから必死で勉強して、プロとしての力量を高めてもらわねばならない。

文部科学省の板倉寛特別支援教育課課長補佐が視察に来校。内閣官房勤務時の部下でもある。通級学級を担当する教員たちの話に熱心に聞き入っていた。こちらには提供できるものは一杯ある。彼に限らずもっともっと現場に出てもらいたい。

午後、小中学校生活指導主任会に出席。各警察署のスクールサポーターと情報交換。

同日、2月に7年生（現8年生）が受けた品川区学力定着度調査（国語、数学）の結果の一部が届く。ざっと見たところ、国語では小学校で習う分を中心に漢字の書きが大きな課題。これも連携3小学校の校長にお伝えした。

13日、震災の影響で6月に予定して

いた7年生の移動教室が区内全校で中止（来年度、8年生で実施）と決まったことを教職員に説明し、保護者宛のお知らせも配布した。集団づくりの上で大切な行事だが、やむを得ない。本校では代わりに遠足を計画することとした。

なお、何の件かは書かないが、このところ、区教育委員会からの話について「私が行政ならこうはしない」と思うことが時々ある。その都度、意見は伝えさせてもらっているが。

午前中に三木小の林誠校長と、今年度2校合同で行う教員研修の進め方、両校で取り組む他の活動について相談。学校に戻り副校長、主幹教諭、研究主任に話をした上で、午後の職員会議で私から説明。やる以上は成果につなげたいし、教職員がやって良かったと感じられるものにしたい。林校長とのタッグでできるだけ前に進めたい。

職員会議では、新しい教員が多いこともあり、各学級の生徒の状況についてかなり詳しく情報交換を行った。夕方、本校に「副籍」を置く生徒の件で、今年度新設された東京都立品川特別支援学校の北山博通校長に電話。

校長の考えを保護者に話す

14日朝、生徒の登校時間に通学路に立ち、通る人全員に挨拶。もちろん大人や小学生にも。実は昨年度、不審者が出たことがあり、それを防ぐ見張りの意味もある。あらためて私から全教員に情報を周知した。

時間のあるときには教室を回り、生徒、教員、両方の様子を見る。また、今年度から始めた「朝読書」のための本のことで品川図書館に協力をお願いした。夕方、ある特別教室がガス臭いという話があり、用務主事に応急措置をしてもらった上で、工事をしている業者を呼んで確認。

15日朝、生徒指導の関係で保護者が来校。この日から2日間は学校公開。午前中に近隣の3児童センターの館長、副館長が異動等のご挨拶。7年生同士の喧嘩があり双方を指導。

16日の朝、7年生を体育館に集め学年集会。学年主任の指導の後、私からも①中学生になったのだから切り替えよう②全員で良い学級、良い学年にしよう。この2点だけ話をした。これからもいろいろあるだろうが、何としても生徒たちの力をできるだけ伸ばし、自信をつけさせてやりたい。

この日の学校公開には大勢の方がお越しくださった。本校に授業を見られるのを嫌がる教員はいない。それも私の誇りの一つだ。ただし、この日は「これでは駄目だ」という授業もあったので、終わってすぐに副校長とともに指導した。若手を育てることも大事な仕事。今年はこれにも力を入れる。

保護者会で話した内容は大きく次の7点。①卒業生の進路②今年度の学級数、教職員の体制③部活動④今年度の重点課題⑤当面の予定⑥震災対応⑦保護者に記入・提出していただく書類について。今年度の新入生から、保護者に「子供の教育についてのお考え」を書いて出していただくことにした。学校と家庭との連携を深めるために私の考えで始めたものだ。

その後、前日の喧嘩の件で、副校長と関係の教員が生徒の保護者と話。こういうことへの対応は早いほど良い。生徒、学校を良くするためにやれることはどんどんやっていきたい。

No.47

人事は学校づくりの重要な手段　プロ集団に同好会的感覚はそぐわない

キーワード：
読書，教育会，離任式，教員人事，企業との連携

朝読書を定着させたい

「科学技術週間」でもあった4月18日からの1週間だが、前週に比べるとやや不完全燃焼。

前夜、子供の具合が悪くてほとんど寝られず、月曜朝から寝不足。

この週は毎朝学校近くの通学路に立ち、生徒や通る人たちに挨拶。とても良い気持ちになる。一生続けたいくらいだ。

生徒会朝会では4月23日が「子ども読書の日」であることを紹介し、今年度から始めた朝読書の時間に込めた私の思いを話した。「読書は集中力、言語力、想像力などいろいろな力を伸ばす。読書の習慣は一生の財産。私は君たちの力をできるだけ伸ばしたい」ということ。定着までもっと時間がかかると覚悟していたが、既にどの教室でも静かに本を読んでいる。各担任をはじめ教員の指導のお蔭だ。

午前中、品川区教育委員会の指導主事に授業の様子などを見ていただいた。前週末に私からお願いした。今年度はとにかく早目に手を打っていく。これもその一つ。

午後、今年度から小中が一緒になった品川区立学校長会。小中一貫教育部の各委員会から当面の活動方針を報告。私も「分離型一貫校の充実」に関する委員会の長として説明した。学校によってこれまでの蓄積や地域との関係などが随分違い、一律には論じられない。やる以上、できるだけ各校の実状を踏まえた「使える」提言にしたい。その後、各中学校の生活指導や防災対応などの情報交換。

学校の現実を見て欲しい

19日は「全国学力・学習状況等調査」が予定されていたが、東日本大震災の影響で延期。午前中に新しく転任してきた教員の授業観察など。

午後、私もかつて参加させていただいた経済界若手管理職中心の異業種勉強会で、教育をテーマに勉強しているメンバー5人が来校。授業の様子などを見てもらった後、議論。例えば英語など、自分たちが受けた授業とは随分違うと感じてもらえたようだ。学校も変わっている。昔のイメージではなく、今の現実を踏まえた上で論じてもらいたい。視察はいつでも大歓迎だ。教員だって、良い授業をしていれば、人に見られるのは嬉しいことだろうと私は勝手に思っている。

20日午前、近隣にお住まいで様々な製品を開発しておられる方が持参された自家製の「手回し発電機」について説明をお聞きした。途中から理科の担当教員にも一緒に聞いてもらった。何らかの形で活用させていただければと思う。

午後、品川区の教職員が参加する研究組織「品川区教育会」の総会と第1

回研究部会。教員としての専門を持たない私は、1年目は国語・図書館部、昨年度は特別支援教育部、今年度は学校事務部と、毎年度違う部会を担当。元々の仕事柄、学校事務には大いに関心がある。少しでもお役に立ちたい。

夕刻、本校同窓会役員等の方々が有志で金児《かねこ》京子前副校長の送別会を開いてくださった。

特別支援委員会を月2回に

21日から本校の通級学級「かしわ」で今年度の通級開始。

朝、今年度1回目の特別支援教育委員会。従来は月1回だったが、昨年度、欠席日数の多い生徒が増えたことの反省に立ち、これからは不登校対策も含め月2回開催することにした。

昼前には近隣の警察署のスクールサポーターが来校。5月に本校で行うセーフティ教室や警視庁の施策についての話など。

昼過ぎから図書館スタッフとともに品川図書館へ。朝読書のため各教室に置く本を増やしたいので不要な本をいただきたいとお願いしていたもの。図書館の方から「校長が来たのは初めて」と珍しがられ、そんなものかと意外な気がした。

午後、避難訓練。「備えよ常に」だが、特に今、絶対におろそかにできない。今年度の訓練も、一回一回どうやれば効果が上がるかを考えて実施する。

同日夕、下校後の生徒数人が近隣の方から迷惑行為を注意され、学校にも連絡が入る。校外のことではあるが、翌日話を聴き取り、指導と家庭連絡。

社長と生徒たちの座談会

22日午後、離任式。3月末をもって本校から転任、退職された10人の教職員のうち9人がご出席くださった。私から全員を紹介した後、お一人ずつに生徒からお札の言葉と花束贈呈。涙声の生徒もいた。卒業生も何人も校門の前に来てくれた。生徒に慕われていたことの表れだ。中には今回の人事に不満な教員もいる。それは私も分かっているし、率直に言って私としても決して居心地の良いものではない。教員の世界には「本人の希望通りにならないなんて、誰それさんがかわいそう」というような、プロの専門的職業人集団としては甚だ珍しい同好会的な感覚が残っているとも感じる。情を優先した方が短期的には楽だ。しかし、私は校長としての判断をしなければならない。人事はそういうものだ。

離任式の後、区教育委員会主催の研修会に出席。その後、ある件について区教育委員会事務局から関係校の校長に説明。「忌憚《きたん》のない意見を」とのことだったので、遠慮なく厳しいことを言わせてもらった。

23日の土曜日は朝から雨。晴耕雨読で「子ども読書の日」にはちょうど良いのかもしれないが、私は生徒会役員の生徒3人とともに日本ハム株式会社のご招待で川崎市にある日本物流センター株式会社東京事業所へ。そこで食肉インテグレーションシステムや、注文の翌日には届けるというDI配送システムなどの説明を聞き、冷蔵・冷凍倉庫などを見学した後、日本ハムの小林浩社長等と生徒たちとの座談会。貴重な機会をいただけたことに感謝したい。

私も社長と教育の話をさせていただき、大変勉強になった。社長もおっしゃる通り、生徒には多くの経験、人とのつながりを持たせてやりたい。

No.48

生徒たちは「やればできる」 それに気づかせ、力を伸ばしたい

キーワード：
修学旅行

「まごの店」の指導者

5月7日から、三重県立相可《おうか》高校食物調理科の調理クラブが運営するレストラン「まごの店」をモデルにしたテレビドラマ「高校生レストラン」が始まった。同校の食物調理科は私が同県教委の指導課長をしていた時に新設したものだ。当時、影響を心配する専門学校関係者の理解を得るため、田川敏夫指導課副参事（後に教育長）と一緒に関係者と何度も話し合いを重ねたことを思い出す。

6日の東京新聞に、創設以来同科の中心的存在である村林新吾教諭のインタビューが掲載されていた。いわく「授業だけでは時間が足らんのさ」「料理は慣れ。慣れるには包丁持ってなんぼ。授業の調理実習は1週間に6限しかないけどクラブでは1日3時間は練習しとるよ」「たった1回の気の緩みでも、店はひっくり返る」「プロとして失敗は絶対許されん」等々。本物の指導者に鍛えられる生徒たちは幸せだ。

三重県教委で仕事をしたのは2年9か月だが、他にも特別な思い入れのある事業がいくつもある。

「きみがバラのために費やした時間の分だけ、バラはきみにとって大事なんだ」（サン＝テグジュペリ著、池澤夏樹訳『星の王子さま』集英社）。何かのために一所懸命打ち込むことが、自分にとってかけがえのない「大切なもの」を生むことになる。私は今も生涯の宝物を増やし続けていると思っている。

長崎での平和学習とペーロン

4月25日、今年度本校を担当いただく品川区教育委員会の山本修史指導主事が来校。我儘な校長なので迷惑を掛けると思うが。

午後、区教委主催の第3回カリキュラム研修会。夕方、翌日からの修学旅行について業者と最終打ち合わせ。私は出張の準備はいつも一夜漬けだ。

26日から2泊3日の修学旅行で長崎へ。朝早く羽田空港に集合だったが、呆れるほど早く全員が到着した。可愛いものだ。いつもこうだといいのだが。飛行機は初めて、九州は初めてという生徒もかなりいて、離陸の時は大はしゃぎだった。

この日は長崎平和公園の平和祈念像の前で慰霊式を行い、千羽鶴を捧げた。また原爆資料館を見学し、実際に原爆を体験された方のお話もうかがった。本校の伝統である平和学習の一環だが、中学生でこういう経験ができるのは恵まれていると思う。

2日目の午前中は雲仙災害記念館や旧大野木場《こば》小学校の見学。午後はおそらく生徒たちが一番楽しみにしていた、長崎の伝統行事にもなっている手漕ぎ船ペーロンの体験。残念ながら雨が降り出してしまったが、彼らはお構いな

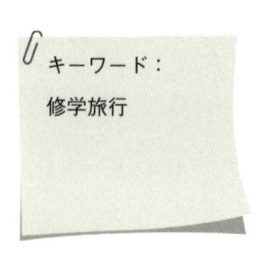

しだ。クラスの結束は一気に強まった。

３日目は班別行動。期間中、私が言い続けたのは「怪我をしない、時間を守る、迷惑を掛けない」の「けじめ」３点セット。この日も全ての班が集合時刻前にちゃんと戻ってきた。やればできる。

被災地への教員派遣

今年のＧＷも東京から一歩も出ず。この間に生徒の間でチェーンメールが出回っているとの情報があったので、全生徒に連絡網で「回さないように」と注意。中学生の息子のところにも何通か来たから、かなり広く回っているのだろう。５月１日の日曜日は本校の開校記念日だが、行事等は特に無し。

２日は１週間分たまった仕事の処理に追われ、ほとんど１日校長室にいた。この日から教育実習生を受け入れ。２年間学校にいて、つくづく養成と採用が大事だと感じる。やる以上は真剣に学んでもらいたいし、「プロとして失敗は絶対許されん」という厳しさも教えたい。

この日、東京都庁で、都が宮城県教委の要請を受けて同県に派遣する現職教員68人の結団式が行なわれたとのこと。品川区の教員も含まれている。当人にも在籍校にも大変な負担だが、被災地の子供たちのために頑張って欲しい。

私も含め、できるなら自分も行って手伝いたいと思っている教員は大勢いるはずだ。しかし現実には、教員を一人でも抜かれるのは学校にとって非常に痛い。継続的な支援のためには、優秀で心身ともお元気な退職教員の力を活用すべきだと思う。

私の好きな「リーダー」像

６日の午前中は校長連絡会、特別支援学級設置校長会、区立学校長会の小中一貫教育部委員長会と続き、全て終わったのは午後１時過ぎ。重い宿題を抱えて学校に戻る。午後は生徒総会。本校は人前で話すことに慣れていない生徒が多いが、実はやればできる。せっかく持っている自分の力に気づかせ、いろんな力を引き出してやりたい。そう思っている。

以下、蛇足。４月24日の新聞で久しぶりに朱鎔基《しゅようき》前中国首相のニュースを見た。母校清華大学の記念行事に出席した際、教育部長（大臣）の前で、上海モーターショーで数億円の高級車が売れていることに「いまだに貧困地区も多く、学校に行けない子供もいるのに」と苦言を呈したという。直截な物言いはこの人らしい。

私が北京の日本大使館に勤務していた１９９７〜２０００年は現職の首相だった。幼時に両親を亡くし貧困の中で苦学し、文化大革命で下放されながら卓抜な実務能力が認められて復権し、首相にまでなった。清廉潔白な人柄で知られ、当時、日本人駐在員の間でも「政府要人の中で朱鎔基首相のところだけは、部下も含め絶対に贈り物を受け取らない」と噂されていた。そういう人物だからこそ国民から畏敬の念を持たれていたのだと思う。私が好きなリーダーの一人である。

No.49

綺麗事で真意は伝わらない　リスクを覚悟で発信していく

キーワード：
大学との連携，東日本大震災，スクールカウンセラー

オウンリスクで発言する

先日、ある勉強会で某大学の元理事長から、4月11日の日本経済新聞に掲載された拙文について「公立学校の生徒を悪く書いてけしからん」との叱責をいただいた。またGW明けだったか、私が学校だよりの4月号に書いた文について、学校に匿名で「生徒の進路についていくつかの校名だけ挙げているのは問題だ」という電話があった。

匿名での批判などはそもそもその卑怯さ、精神の低さが嫌いだし、役に立った例《ためし》がないので基本的には取り合わないことにしているが、それはさておき、少し自分の考えを述べておきたい。

実のところ、これら2文は、そういった批判が出る可能性もあると承知の上で、それでも前者は経済界、後者は地域に向けて伝えたいことを発信するため、文言もできる限り誤解を避けるべく慎重に考え、自分の名前を出して「オウンリスク」で書いたものだ。

当たり障りなく綺麗事だけ書いて教職員の努力を世の中の人たちに理解してもらえるか。学校の現状を保護者でない地域の方々に知ってもらえるか。何のための発信か。常にそういうことを考え書いている。批判は対話の始まりでありいつでも歓迎する。ただし正々堂々と実名で。

挨拶を地域にも広げたい

GW明けは行事が多く慌ただしい。なのに5月9日からの週は風邪気味で不調。

9日朝の全校集会では節電について「皆で我慢しよう」という話と、GW中にあったチェーンメールの注意。

午後、品川区教育委員会で小中一貫教育についての会議。夜は東京大学生産技術研究所の「次世代育成オフィス・キックオフ会議」に出席。中心となっている大島まり教授の依頼によるもの。大学の先端知や人材を、子供たちに科学の楽しさや魅力を教えるために積極的に活用するという姿勢には大いに賛同する。そのために東大が何をすべきかは、「東大ならでは」の強みを生かせる分野で考えるべきだろう。

10日、校長会の生活指導担当校長の一人として品川児童相談所を訪問。午後は小中合同生活指導主任会。

夜は経済界、官界の関係者をメンバーとする勉強会。各企業、省庁が先の震災の後どう対応し、どういう点で苦悩しているかという生々しい話も聞くことができた。テルモ株式会社の和地孝会長（現名誉会長）からは、人工透析を必要としておられる患者さんの命を救うために社員の方々がほとんど命懸けとも言える働きをされたことをお聞きした。また、経済界の多くの方が「無計画な計画停電」について「現

場を知らない」と憤っておられた。

　11日からの全国交通安全運動実施期間に合わせ、ＰＴＡとおやじの会の会長が登校時間に校門前で教員と一緒に挨拶の声掛けをしてくださっている。子供たちの元気な挨拶は人の心を明るくする。ぜひもっと地域に広げたいが、企業等にお勤めの人は時間的に難しいだろう。地域の高齢者の方などにも声をお掛けしてみようかと考えている。

「いじめ」を考える授業

　朝、宮城県沿岸部のある中学校長から電話をいただいた。同校のある町は津波で壊滅的な被害を受けた。生徒の８割が家を流され、生徒、教職員のご家族にも亡くなられた方や行方不明の方がおられる。同校には現在も他の小中学校２校が同居している。厳しい状況の中、４月12日から授業が行われている。同じ教育に携わる者として頭の下がる思いだ。実は７月に学力向上フォーラムのシンポジストとしてお招きいただいていたが、もちろん中止。何か他の形でお手伝いできることがあればと思っている。

　その後、授業観察と教員への指導、区教育会の学校事務部会、品川区立三木《みつぎ》小学校の林誠校長と両校の連携施策について相談。

　12日朝は１校時に特別支援教育委員会。２校時以降、７年の各学級でスクールカウンセラーによる「いじめについて考えよう」の特別授業。人の痛みを理解あるいは想像でき、自分の行動をコントロールできる人間に育って欲しい。

　昼前に主任児童委員、児童センター館長の方々が来校。午後はまず品川区の適応指導教室「マイスクール八潮」の入室判断会。次に品川区学校保健会の総会。今年度は私も常任理事。その後、品川区中学校ＰＴＡ連合会総会。今年度は本校のＰＴＡ会長が区の中Ｐ連の会長である。

　13日朝、職員と個別面談。その後、日本語の話せない外国人児童生徒のための日本語指導などを行っているＮＰＯ法人ＩＷＣ国際市民の会の伊藤美里理事長、品川警察署のスクールサポーターの方が相次いで来訪。午後は運動会の打ち合わせの後、同日から学校公開の品川区立芳水《ほうすい》小学校で授業を参観。

　夜は某企業に勤務する20代の若者を中心とする少人数の勉強会で学校教育について話をした。日本経済新聞に掲載された拙文を読んで手紙をくれたことから。私もあと半年で知命。若い人たちのために奉仕する年齢だ。

　14日の土曜日は５校目の小中一貫校として誕生した品川区立品川学園の落成記念式典。式典から祝賀会までの空き時間に芳水小学校へ行き授業を参観。午後は国立大学財務・経営センターの国立大学法人制度に関するシンポジウムに顔を出した。大臣秘書官（事務取扱）として臨んだ関係法案の国会審議を思い出す。

　15日は東京都中学校サッカー春季大会２回戦に挑むサッカー部の応援で稲城市へ。結果はベスト16。課題を次につなげよう。

　16日は朝から運動会の全体練習。生徒会朝会で節電の話など。国立教育政策研究所の千々布《ちぢぶ》敏弥総括調査官が来校され、授業や学校の様子もご覧いただいた。午後、教育実習生に話。夕方、生徒の保護者が来校。

No.50

教育論議は自分の正しさの主張でなく　問題への対処に役立つ内容で

キーワード：
生徒の姿，安全指導，校長会，運動会

「絶対安全」はあり得ない

教育に関する議論は、得てして「理想」対「現実」のような空中戦になりがちで、なかなか実りのあるものにならない。自分の正しさを主張するための論ではなく、本当に問題への対処に役立つ思索や議論をしたい。「安心して暮らせる生活などというものを、人生を知っている大の大人が言うものではない。」「これほど多くの人が『安心して暮らせる生活』なるものが現世にあるはずだ、と思い始めているとしたら、それは日本人全体の精神の異常事態だ」（平成23年5月27日産経新聞）。作家の曽野綾子氏がこう書かれているが、私もそう思う。「安心」に限らず、心地よさそうな言葉に寄りかかって思考停止してしまっている例は他にもありそうだ。

別件だが、最近、堀江貴文氏（ライブドア元代表取締役CEO）の著書『君がオヤジになる前に』（徳間書店）を読んで考えさせられた。「仲間のために身を捧げる人生を、僕は本気で疑っている」「様々な成功を重ねて、自分がレベルアップしていくとき、古い仲間は切り捨てていいものだと考えている」というような著者の言葉はもちろん「教育的」とは言えない。だが、好き嫌いは抜きにして、現実には個人の生き方、心の持ち方としてこういうスタイルもあり得る。現に彼は自分の才覚でやりたいことをやって稼ぎ、多くの人の共感を得、幸せな生き方をしているように見える。

「許せない」と一刀両断にして済ませるのではなく、もっと深く考えなければいけないことだと思う。

「私、期末考査頑張る！」

5月17日、山極隆玉川大学名誉教授に本校と三木《みつぎ》小学校の様子をご覧いただいた。今年度、同校と校区外部評価委員会を一本化するに当たり委員長をお願いした。古いお付き合いだが、現場をよく知り厳しい目をお持ちの方だ。

この日、ある生徒が校長室に「私、期末考査頑張る」と言いに来てくれた。9年生になり自分なりの思いがあるのだろう。頑張れ。期待しています。

18日、本校の通級学級「かしわ」で栽培を指導していただいている方と校長室でしばし農業談義。私も農家の長男で田植え、稲刈り、養鶏などを手伝っていた。しかし、東京の子供たちに「土」の魅力を実感させるのはなかなか難しそうだ。

午後、職員会議。夕方、6月に行う乳幼児との「ふれあい学習」について平塚児童センターの方と打ち合わせ。夜は西品川六町会の定期会合。

19日は1校時に特別支援教育委員会。その後、区教委で人事考課評価者訓練。都内の小中学校の管理職はこれを毎年受ける。これについては個人的には意見があるが、書くのはやめておこう。午後は運動会の全体練習。夜は本校ＰＴＡの主催による教職員の歓送迎会。地域、同窓会の役員の方もご出席くださった。ＰＴＡ役員の方々をはじめ皆さんに感謝。

「他者の痛み」への想像力

20日、全校生徒を対象に「セーフティ教室」を開催。今回は警視庁品川警察署にご協力いただき、ＤＶＤを使った「命の大切さを学ぶ教室」の内容も組み入れて行った。私から生徒に話したのは、「犯罪や交通事故の被害に遭った人やその家族など身近な人の気持ちを理解し、あるいは少なくとも『人は自分が思う以上に苦しんでいるかもしれない』という想像力を持って人に接するように」ということ。

午後には避難訓練も実施。この日、来校された地域の方と話す中で、その方が防災に詳しく実践的なノウハウもお持ちだと分かった。生徒にお話しいただく機会を作りたいものだ。夜は大学や教育産業の関係者を中心とする勉強会。

22日の日曜日は地元町会の会館竣工式。「地域の力」は生きている。また都のバレーボール春季大会の試合が本校体育館でも行われた。

23日朝、一部の生徒が通学路で早朝に起こった交通事故の直後に現場近くを通り事故の様子を見てしまったため、それらの生徒への初期対応についてスクールカウンセラー、区教育相談センター心理相談員のアドバイスをまとめて教員に周知。この日も運動会の全体練習。昼過ぎ、ある件で苦情をいただいた近隣の方宅に副校長とともに出向く。

落書き消しに30人以上が参加

夕方、先日校舎の壁で見つかった鉛筆による落書きを消す有志を募ったところ、女子生徒を中心に30人以上が進んで参加してくれた。嬉しくて、終わってから皆にお礼を言う時に言葉に詰まりそうになってしまった。

24日、企業等にコーチング・プログラムの提供を行っている株式会社コーチ・エィの方々が来訪され、話をうかがった。これも日本経済新聞に掲載された拙文を読んで手紙をくださったことから。中のお一人が本校の卒業生というご縁もあった。

午後は区立学校長会。説明内容に対し意見や質問を述べたのは私の２回だけ。私の理解力が乏しいのか、皆さん大人なのか。その後、中学校長同士で情報交換。また小中一貫教育について何人かの校長で意見交換。

25日は運動会の予行練習。本番が近づき熱が入る。

26日は特別支援教育委員会の後、校長連絡会。午後は新規採用教員の授業観察。その後、区教委で学校の情報化に関する打ち合わせ。ＩＣＴの教育利用は時代の要請でもある。校内研修にも入れるつもりだ。

27日午前、都立品川特別支援学校の開校記念式と施設見学。同校には本校に「副籍」を置く生徒がいる。戻って教育実習生の授業を見、午後は区教委での小中一貫教育についての会議。

28日、土曜日。天気予報が外れることを期待したが、予報通り夜中から雨が降り出し、午前６時半に運動会の延期を決定。残念だが仕方がない。気持ちを切り替えよう。

No.51

一人で進んでいける力を育てたい「出る杭」を育てる日本にしよう

キーワード：
運動会

「流されない」強さ

私から見ても本校の生徒たちは素直で明るく、気持ちの良い子供たちだ。「フォア・ザ・チーム」（チームのために）の気持ちも持っている。学校全体としても「落ち着いている」と評価していただけることが多い。

その一方で、学力や学習習慣をはじめ課題もある。特に「物足りない」と感じているのは次のようなことだ。

前回に続いて曽野綾子氏の言葉をお借りする。「教育」と「学習」の違いについての文章より。

「教育は、共通に合意できる、同じ価値観を植えつけることを目的とする。つまり犬は犬であり、猫とは違うものだ、ということを教えるのである。（中略）一方、学習は、一人で、個別の価値観を発見することである。人が『あ、そうだ』と言っても軽々には『そうだ』とは思わないようになることが、学習の真の目的である」（曽野綾子著『悪の認識と死の教え』青萠堂）。

ここでいう「学習」の方、つまり、情報を鵜《う》呑《の》みにせず、自分自身の責任で判断し行動することのできる、いわば「一人で進んでいくことのできる強さ」である。より具体的に言えば、自分自身で論理的な根拠を示して判断できる知力、周りに流されず我が道を貫くことのできる自立心などだ。

生徒たちの持つ美点を維持しつつ、そういった力をどうやって伸ばしていくか。大きな課題だと思っている。

「赤・青・黄」3色の運動会

5月29日の日曜日は珍しく仕事の予定がない日だったが、急遽《きょ》ある件で対応。

30日の月曜日、生徒は振替休業日だが私は朝から平常勤務。午前中に玉川大学教職大学院の方が教育実習の件で来校。前週後半から続いていた雨は昼前に上がり一安心。午後は都のスクールカウンセラー配置校連絡会。夕方、小中一貫教育連携グループを組む品川区立芳水《ほうすい》小学校の校区外部評価委員会に出席。

31日は念のため始発前にタクシーで出勤したが、心配することもなく、グラウンドのコンディションも良好で、無事、延期になっていた運動会を挙行することができた。気候も暑過ぎず寒過ぎず。

平日開催になったため、参観者は少ないかと思っていたが、実際には用意した椅子が足りなくなりそうなほど大勢の来賓、保護者、地域の方がお出でくださった。ありがたいことだ。生徒たちが一所懸命に各競技や係の仕事に取り組む様子を見ていただけたことが一番嬉しい。

中には「保護者ではないが、子供たちの元気な姿を見たくてね」と言って来てくださったお年寄りも。地域に「元気」も発信できているといいが。

昨年度まで「赤」「青」2組対抗だったが、学級数が増えて全学年が3学級で揃ったので、今回から「黄」を加え3組の対抗戦とした。応援旗や鉢巻きも色鮮やかだ。来年度以降もこうできることを目指している。

節電目標は25％減

翌日はもう6月。早いものだ。品川区では6月1日から9月末まで「夏期の電力節減対策」取り組み期間。学校も対前年度比25％の節電を目指す。生徒の健康や学習に悪影響を及ぼすことは避けねばならないが、それ以外のところではできる限り無駄をなくす努力は当然だ。もちろん校長室も率先してやる。

同日朝には、地元町会の役員でもある本校の前同窓会長が、生徒の登校時間帯に教員と一緒に「おはよう」の声掛けに加わってくださった。できれば地域にも挨拶の輪を広げたい。午後は品川区教育会の学校事務部会。2日は朝に校内の特別支援教育委員会。その後、区庁舎での校長連絡会に出席。午後、ある町会の新会長らがご挨拶にお見えになり、しばし歓談。午後は中学校生活指導主任会。ここでの情報共有はとても重要。

3日、今夏に行われる予定の校舎トイレ排水管耐震化工事について業者から説明を受ける。これで夏は3年連続の工事になる。部活動をはじめ学校での部活動にも制約が生じるが、やむを得ない。今回は避難所としての機能強化のためであり、近隣住民の方々にもぜひご理解いただきたいところだ。

昼前に学研教育総合研究所の吉田哲平室長らが来校。本校で今年度から始めた「朝読書」や道徳教育等について意見交換。

午後はある件で江東区立砂町中学校を訪問させていただいた。いったん学校に戻った後、夜は品川区中学校PTA連合会の専門部研修会に出席。

個性派揃いのジュニア科学者

4日の土曜日は授業日。今年度は概ね月に一度設けている。学校の様子を見に来てくださった保護者もいた。この日から地元のある神社の祭礼。今年は大震災の復興祈願祭も併せて行われた。ニュースも使い捨てのように忘れ去られる時代だが、「忘れない」ことが一番大事だ。

午後は駒場の東京大学生産技術研究所で開催された「最先端研究を採り入れたジュニア科学者育成プログラム研究発表会」で9組の高校生の発表を聞かせてもらった。非常にエキサイティングな時間だった。日本にはこういう高度な研究に挑戦している、個性的で魅力的な若者たちもいることを、世の中の多くの人に知ってもらいたい。ぜひ皆で応援したいものだ。

同プログラムの代表である大島まり教授にも申し上げたのだが、東大も例えばこういう高校生や、国際科学オリンピックの金メダリストなど「とんがった」才能を持った若者をAO入試等で積極的に受け入れ、大きく育てるべきではないか。全教科を万遍なくできる幅の広さも大事だが、皆がそうである必要などない。ブレイクスルーを生み出す「出る杭」を育てることが今の日本には必要だと思う。

No.52

運動会で優勝し校庭の砂を持ち帰る　その純粋な気持ちを大事にしたい

キーワード：
運動会，小中一貫教育，6年生の中学校体験，保護者

「人を撮ったか傷を撮ったか」

　先日の運動会について7年生の保護者から学年通信に寄せられた言葉より。「優勝がとてもうれしかったらしく、校庭の砂をこっそりしのばせ持って帰り、小さな瓶に入れて記念に飾っていました（甲子園球児のように⁉）」。頑張って成し遂げた達成感の表れだろう。そういう気持ちを大事にしたい。

　6月12日の朝日新聞「天声人語」欄で紹介されていた長崎で被爆された方の言葉が印象に残る。顔の右半分に残るケロイド。大勢のカメラマンが彼女を撮りに来た。その中で東松照明《とうまつしょうめい》さん一人だけが他の人と違った。「東松先生だけは、傷のない左側からも撮ってくれた」。筆者は続ける。「人を撮ったか傷を撮ったか」。心に染みる、刃《やいば》のような言葉だ。生徒に対する際に、個々の事象だけに目を取られ、「人」を見ていないことはないか。自戒したい。

中学校生活を先取り体験

　昔「虫歯予防デー」だった6月4日から「歯の衛生週間」。同日と翌日の土日は地元神社の祭礼で、教職員も夜、PTAの皆さんと一緒に手分けしてパトロール。私は5日夜に参加。甚平姿の生徒たちもいた。

　6日の月曜日、1校時に7年生の遠足の事前指導。私からはいつもの「怪我をしない、時間を守る、迷惑を掛けない」の3点。2校時から5校時まで教員との個別面談。その間に副校長、主幹教諭と企画委員会。

　この日から3日間、小中一貫教育連携グループの3小学校の6年生が本校で授業や部活動を体験する「小6体験授業」を実施。初日は三木《みつぎ》小学校。こうして早い時期に中学校の雰囲気を経験し、構えをつくっていくのは良いことだ。夕方、夏休みに今年度初めて三木小と一緒に行う「体験クラブ」について、両校担当教員と打ち合わせ。

　夜は、3月末に新国立劇場運営財団理事長を任期満了で退任された遠山敦子元文部科学大臣と久しぶりにお目にかかった。大臣秘書官（事務取扱）としてお仕えした2年5か月間、多くのことを学ばせていただいた。自分なりには全力でやったが、後から思えば力不足で十分お支えし切れず申し訳なかったという苦さも残る。これまでずっとそんなことの繰り返しだったような気もする。

　7日は7年生の遠足で「さがみ湖リゾート・プレジャーフォレスト」へ行き、飯盒炊爨《はんごうすいさん》など。例年なら7年生は2泊3日で福島県の裏磐梯へ移動教室に行くが、今年は震災の影響で中止せざるを得なかったため、代わりに企画したもの。集団づくりや団体で協力しての行動を学ぶステップにし、これからの

学校生活に生かしたい。

この日、学校では戸越《とごし》小学校の6年生が「小6体験授業」。8年生は区の音楽鑑賞教室に参加し、代表生徒が指揮者の体験をした。それらを直接この目で見られなかったのはとても残念だ。

学校に戻ると、前日に「明日校長はいない」と伝えていたにもかかわらず、留守中に某大学の方がアポイントなくある件を「校長に説明したい」と来校し、資料を置いて帰ったと聞いた。これで説明が終わったつもりになられてはかなわない。「学者に常識を求めるのは八百屋で魚を求めるようなものだ」と言った人がいるが、私はそんなことは許さない。その件に関係している区教委の担当者に連絡し、改めて出直していただくことにした。

「健康、信頼、友情」の花

8日の朝日新聞朝刊「私の視点」欄に「被災地の教育支援・全国の退職教員結集して」と題する拙文が掲載された。実は都が現職教員の派遣を決めた直後の5月1日に寄稿したものだ。その後、新聞社から連絡があったのは忘れた頃の5月26日。若干のやり取りを経て掲載が6月8日。案外のんびりしたものだ。

午前中に区教委で校長ヒアリング。戸越小に直行し同校の校区外部評価委員会に出席。午後は芳水《ほうすい》小学校の児童による「小6体験授業」。夕方、前日来られた某大学教授と話。

9日午前は区教委の八重樫憲一学校経営監による学校訪問。これは主に校長の学校経営についてご指導いただくためのものだ。前芳水小校長で本校の事情にお詳しいので、何がどこまで進んでいるか、課題は何かなど、率直に話をさせていただいた。

その後、品川警察署スクールサポーターが来校。用件は先方から1件、私から1件。午後は品川区学校保健会役員会。戻って区青少年育成課の方と話。また校舎トイレ排水管耐震化工事について業者と2度目の打ち合わせ。

10日朝、三木小の全校朝会で話をした。昨年度2回行い、今回が3回目。大崎中の運動会や部活動のことなど。その後、午前中はずっと教員の個別面談。午後は保護者向けの進路指導説明会。9年生の保護者だけでなく8年生の保護者もかなりご出席くださった。そういう関心の高さは必ず子供の助けになる。私からは、進路指導は生き方を考えるものだという話や、生徒の意識、保護者へのお願いなど。「○○高校は良くない、などと昔の感覚で言わない」「子供が勉強しようとしているときはテレビを消す」といったことも。

11日土曜日は朝から雨の中、JR大崎駅近くで行われた「お花いっぱい大崎運動」へ。本校の女子バレーボール部とサッカー部の生徒たちも参加し、皆で歩道の花壇に黄色やオレンジ色のマリーゴールドを植えた。「健康、信頼、友情」の花言葉のように育って欲しい。

続いて三木小の学校公開。前日に朝会で話したばかりのせいか、大勢の児童が気づいて挨拶してくれた。学校で少し仕事をし、午後は戸越小の市民科授業地区公開講座。終了後、新井陽子校長、区教委指導主事と品川区独自の「市民科」や道徳教育について意見交換。

No.53

赤ちゃんとの「ふれあい授業」 広げたい地域と一体となった取り組み

キーワード：
外部評価，不登校，乳幼児とのふれあい学習，給食

「正しい姿勢」と「早起き」

紫陽花《あじさい》に目を引かれることが多くなった。「水無月」の「無」は「の」の意味で、旧暦の6月は梅雨明けの頃だから、田圃《たんぼ》に水を引く「水の月」というのが元々の意味らしい。

本校で中学校生活を一日体験した三木《みつぎ》小学校の6年生が書いてくれた感想文を読んだ。「授業は難しそう」「先生は厳しそうだけれど、分かりやすく教えてくれた」「上級生が優しかった」といった内容が多かった。楽しみと緊張感の両方を持って中学校に進んでくれればと思う。

6月12日の日曜日、「電力節減対策」として校内の蛍光灯などを間引きする作業を行った。校長室の蛍光灯も3分の2に減らしてもらった。

13日の全校朝会では私から、①運動会も含め、最近学校に来られた方から生徒の様子や態度を褒めていただくことが多い②一方、授業中の姿勢が悪い生徒が去年より増えたとの指摘もあった③教育実習生の調査によると、本校の生徒は朝起きる時間が遅い―という話をし、あらためて「正しい姿勢」と「早起き」を呼び掛けた。

午前中に区教育委員会の教育心理相談員による巡回相談。生徒の様子を見ていただき、助言を仰ぐとともに意見交換。対応の難しい事例もあるが、手を拱《こまね》いている訳にはいかない。

昼、ある件で保護者に急遽《きょ》来校願い、保護者同席の下で生徒指導。午後、区教育委員会で小中一貫教育に関する会議。夕方戻り、期末考査に向けて教室に残り勉強している生徒たちの様子を見に行き、アドバイスもした。大学時代に家庭教師で中学生を教えていた時のことを思い出す。彼はどんな大人になっているだろう。

学校全体で取り組む意識を

その後、校内での学力向上委員会。学校は小さい組織なのに、案外、学年や教科の枠を超えた情報共有がなされていないことがある。取り組みの質を上げ効果を高める上でももったいない。この委員会を中核に、できるだけ「学校全体での取り組み」を進めていきたい。

夜は北京の日本大使館勤務時にお世話になった中国人スタッフで現在日本で働いている2人を囲んでの会。

14日午前は教員との個別面談。この日に限らず、普段なかなか聞けない一人一人のいろいろな思いを突っ込んで聞くことのできる貴重な時間だ。午後、避難訓練。

夕方、今年度から三木小と本校とで共同設置とした「校区外部評価委員会」の第1回会議。10人の委員の皆さんには2校の評価という重い負担をお願いすることになり、申し訳ない。この日

の会では区教委が定めた新しい「評価表」の様式について意見が続出。私自身も既に区教委に意見を伝えてある。実際に評価をする地域の方々に分かりやすいものにすべきと思う。

会の後、昨年度から委員をお願いしている山崎茂都立小山台高校校長と、近年の都立高校改革についての話など。

15日は少し早めに出勤。外出はないが忙しい日になった。午後は職員会議。7月の行事の確認など。夕方、来客2件。

笠大臣政務官によるご視察

区内で子供の交通事故が増えていることを踏まえ、16日、各学級で再度安全指導を行うよう指示。1校時に特別支援教育委員会。欠席日数の多い生徒について。「不登校」対策は今年度の最重点課題五つのうちの一つ。数の上では昨年度より大きく減っているが、問題の深刻さが解消されているわけではない。

3校時に赤ちゃんとの「ふれあい授業」を実施。年間2回計画しているうちの1回目で、8年生が1歳児母子と交流する。品川区平塚児童センターのご協力で、30組以上の赤ちゃんとお母様方に参加していただけた。地域の主任児童委員、民生委員の方々も大勢お手伝いくださる。今回は笠《りゅう》浩史文部科学大臣政務官、高口努文部科学省男女共同参画学習課長がこの活動の様子をご視察くださった。笠大臣政務官は、授業の後、お母様方や民生委員等の皆さんとも親しくお話しいただいた。「ふれあい授業」では毎回、子供たちはもちろんのこと、お母様方もとても良い表情を見せてくださる。自画自賛だがとても良い取り組みだと思っている。こういう活動がもっと広がるといい。

給食も進化している

午後、地域のスポーツ関係の方と区議会議員の先生が来校。夜は「法教育」つながりで関係者と意見交換をしつつ食事。

17日の午前も教員との個別面談。その後、佐賀県鳥栖市からのお客様。学校の様子を見ていただき、給食もご一緒した。主なご関心は学校と企業、社会との連携だが、「品川区の教育改革」についても熱心に質問された。

このように来校者に給食を体験していただくことも多いが、毎回「おいしい」と喜ばれる。本校の松本静夫栄養士からも説明してもらい、メニュー、栄養、食の安全、衛生などにどれほど気を遣っているかをPRする。ほとんどの人が昔の給食とのあまりの違いに驚く。日本は確実に豊かになっている。それに慣れて有り難みを忘れてしまってはいないだろうか。

昼前に区内で発生した強盗事件の犯人が捕まっていなかったため、念のため複数で下校するよう指導。夜は7年生担当の教員と懇親会。

某国立大学の准教授をしている大学時代の同級生から、彼が企画・編集を担当した「高大接続」に関する新刊書が送られてきた。私は、大学の入学者選抜が高校以下の教育の在り方に大きな影響を及ぼしていると考えている。中学校も大学の入学者選抜に無関心ではいられない。楽しみに読ませてもらおうと思っている。

No.54

「難しい問題から逃げない」自分への戒めを校長室の壁に

キーワード：
生徒指導，校内研修

前例ない仕事への挑戦

校長室の壁に「難しい問題から逃げない」と大書した紙を張った。自分への戒めとしてだ。

日本の公立義務教育諸学校について、最近こんなことを考えている。第一に、「万遍なくできる」ことを良しとし、「とんがった」才能を評価してこなかったのではないか。第二に、難しい問題に腰を据えて取り組むより、入試で高い点数を取るためのテクニックのように、易しい問題を素早く処理する力を優先してきたのではないか。

特に後者は、私自身も受験勉強ではそういうことをしてきたと認めねばならない。仕事に追われる中で、まずいと思いつつ、難しいものを後回しにすることがよくある。

元々前例踏襲は嫌いだし、文部科学省の私学部参事官時代には国所管の学校法人に対する初めての解散命令を出すなど、誰もやらなかった仕事に挑戦してきたつもりだ。だが、所詮は小さい話か。

私が最も力を注ぐべきは、やはり難しい問題に挑むことだと思う。この紙を見て、弱い自分に発破をかけよう。

このところ、いろいろな方と会って教育や社会問題を論じる機会が多い。その度に目が開かれ、思索が深まると感じる。人と会うことの大切さと楽しさを実感している。

期末試験の日数増の効果は

6月20日の生徒会朝会では、①部活動の表彰②歩行中や自転車での安全に関する注意③目前の期末考査や将来の進路に向け、1人で勝負できる力を身に付けなくてはいけないという話をした。

9年生は明らかに様子が変わってきた。

この日までに本校を含め区内10校のプールで放射性物質の測定。全校とも「プールの水から放射性物質は検出されず」との結果が出た。同日、区教委指導主事が来校。放課後、8年生が残って勉強する教室を見て回り助言など。生活指導で来ていただいた保護者とも話をした。

21日、区教委の冠木《かぶき》健指導課長が来校。かつて本校で理科を教えておられた。校長室には当時の立派な研修リポートが残っている。午後、夏の校舎トイレ排水管耐震化工事について業者と3度目の打ち合わせ。当方の要望を受け入れて計画を大幅に見直してくださった。夜は大崎地区の区立学校PTA会長、校長、副校長による「3K会」。「3K」は「会長、校長、教頭」の頭文字で、「きつい、汚い、危険」ではない（と思う）。

22日から3日間、1学期の期末考査。昨年度まで中間考査は1日、期末考査は2日間だったが、しっかり準備をして臨ませたいので今年度からそれぞれ2日間、3日間とした。「朝読書」の新設とともに授業時数確保の面では苦しいが、生徒のためにそうしたほうがよいという判断だ。この日、教員３人と個別面談し、これで一巡。昼前に本校の前校長である大瀧吉夫日本音楽高校・学園長補佐が来られ、卒業生の様子も聞かせていただいた。

本来は幼稚園修了までに

午後は墨田区立両国中学校（小川崇校長）の校内研修会で話をさせていただいた。いろんな学校のことを知りたいので、こういう機会は本当にありがたい。準備も自分の勉強になる。

今回、新学習指導要領の「生きる力」についても読み返したが、幼稚園教育要領で既に「自分でできることは自分でする」「社会生活における望ましい習慣や態度を身に付ける」「よいことや悪いことがあることに気付き、考えながら行動する」など大事なことは書かれている。だが、できていない中学生や大人がいかに多いか。

23日朝、特別支援教育委員会。給食の食材の件で業者を呼び確認。芳水《ほうすい》小学校の６年生が本校での中学校生活一日体験の感想文に「大崎中学校のおいしいと評判の給食を食べたかった」と書いてくれていたので、早速、栄養士に伝えた。

夕方、生徒の保護者から、下校後に近隣の飲食店で生徒らが他の客とトラブルになり、保護者も行ったが収まらないので教員に来て欲しいとの電話。本来は学校が関わる話ではないが、やむを得ず教員に行ってもらった。この手のことについてははっきり線引きをしているつもりだが、現実にはこういうことも起きてしまう。

夜は異業種勉強会の仲間の１人がムンバイ（インド）から一時帰国したのに合わせ、久々に集まった。

ＩＣＴの校内研修

24日、夏に品川区が広島に派遣する「中学生平和使節」に参加する8年生に、私が文化庁で世界遺産推薦に関わった「原爆ドーム」の資料を渡し、当時の関係者の思いや私の考えを話した。有意義な体験にして欲しい。

午後、本校にも入っている学習支援コンテンツについて講師を招き校内研修。教員には、生徒の力を高めるために使えるものは貪欲に利用してもらいたい。

夜は国立教育政策研究所で行われたある勉強会に出席。２年３か月ぶりに文科省の建物に入った。今回の講師は財政学が専門の東京大学名誉教授。事前に著書を読んで臨んだので話の内容、論理はよく理解できた。ただ、教育に関わる提言については理想の姿の提示にとどまっており、どうやればそれを実現できるかは文科省をはじめ教育関係者の側の課題だ。

25日の土曜日は、午前中に品川区ゆたか児童センターで「ゆたかっこネット」という地域懇談会。午後は京都の立命館大学へ。昨年に続き、加藤敏明教授（キャリア教育センター長）による「キャリア形成論」の授業で学生に話をさせていただいた。公務員や教育の仕事の話もしたが、一番伝えたかったのはそもそも「仕事」とはどういうもので、どういう能力や覚悟が必要かということだ。熱心な質問が相次ぎ頼もしいなと感じた。質問に答える中で、私自身が「初心」を振り返る瞬間もあった。終了後、別の大学で活躍される加藤教授の奥様も交えて懇談し、最終の新幹線で帰京。翌日、やっと散髪に行けた。

No.55

学校のありのままの姿を見せよう　良い面だけの視察など時間の無駄

キーワード：
乳幼児とのふれあい学習，学校の文化，学校を開く，企業との連携，小中合同研修，小中一貫教育

「お母さんは大変だな…」

先日の乳幼児との「ふれあい授業」についての8年生の感想文より。「1年でこんなに成長するんだなあと思いました」「赤ちゃんは走ったり泣いたりの繰り返しで、私はとてもあせったし疲れました。お母さんは大変だなあと思いました」「自分の母もこんなふうに苦労してたのかな～」「小さい子を見て、今までよりもっと幼稚園の先生になりたいなと思いました」。

一方、参加してくださったお母様方の感想。「都会の中学生にネガティブな印象を持っていましたが、実際に大崎中の生徒さんとふれあって吹き飛びました。みんな挨拶ができ、素直で優しい良い子たちで感動しました」「慣れない小さい子を相手に一生懸命にあやそうとしてくれていて、優しい子が多いのに感心しました」。

実際、生徒たちはこのコメント通りの様子だった。準備は大変だが、生徒にも、お母様方や協力してくださる地域の方にとっても良い取り組みだと実感している。

教育目標の「構造図」必要か

2年3か月校長をやっているが、いまだに全く慣れない「学校の文化」がある。

例えば、多くの学校で作っている、詳しい教育目標や研究の構造を図にしたもの。老眼の私は、あんなに小さな字でびっしり書いたものを誰が読むのかと思ってしまう。図にしたからといって分かりやすいとも感じない（そういえば、文科省の概算要求の資料にもそういうものが多いような気もするが）。

私は、人に見せる資料は読んでもらえなければ意味がないと考えるので、学校経営方針を人に説明する時にはA4判1枚に大きめの字で数項目にまとめたものを使う。それでも全部読んでもらえる保証はない。あんなに凝った図は私には作れそうもない。

もう一つ。視察者への対応について。本校は来客が多い。文科省や他の自治体、大学や研究機関等の関係者、また産業界にいながら教育のことを真面目に勉強している方もお見えになる。

その際、私は良いところを見せようと取り繕いはしない。ありのままを見てもらう。悪いところや苦労しているところも積極的にお見せする。

理由は単純だ。私自身が学校を視察する際、良いところだけ見せてもらうのは時間の浪費でくだらないと感じるからだ。校長になる前も、個人的な伝《つて》を頼り、いわゆる「荒れた学校」も含め生《なま》の姿を見るようにしていた。わざわざ来てくださる客人の時間を無駄にしたくない。

教育に理解の深い人ほど本当のこと

を知りたがっている。そういう人には積極的に学校の姿や思いを開示することが、学校の理解者、応援団を増やすことにつながる。もっとも、中にはややこしい人もいないわけではないので、多少の注意は必要だが。

「言語活動」で合同研修

6月27日は1校時に7年生で基礎的な漢字・語句に関する定着度の調査。午前中に東京品川納税貯蓄組合連合会会長と東京都品川都税事務所、品川区税務課の方が「税についての作文」の件で来校。税金とその使われ方について学ぶのは主権者教育としても大事だ。また、日本ハム株式会社の方が出来たての「社会・環境レポート２０１１」をお届けくださった。小林浩社長と本校生徒たちとの対談も掲載されている。

午後、ある9年生が校長室に、期末考査の成績が良かった、頑張ってよかったと報告に来てくれた。努力は裏切らない。自分の力を信じよう。

26日朝、昭和37年から使っていた事務室の金庫の鍵が開かなくなり、専門の業者に来てもらった。がたが来るのも頷ける。私と同い年の金庫だもの。

午後、区立学校長会。首を傾げるような話もあったが、今年度から小中を一緒にした分、進行も大変そうなので茶々を入れるのはやめておいた。その後、中学校の校長による情報交換、数人の校長と小中一貫教育についての意見交換など。夜は品川区の濱野健区長、若月秀夫教育長をお迎えし、区立の学校長・園長会の歓送迎会。

29日朝、転入希望者と保護者が来校。午後は品川区立三木《みつぎ》小学校を会場に、同校と本校で年間4回予定している授業力向上のための合同研修会の第1回目。今年度のテーマは「言語活動を効果的に取り入れた授業の工夫」。講師にお願いした宮崎活志文部科学省初等中等教育局視学官と八重樫憲一区教育委員会学校経営監から、「生きる力」を支える言語に関する能力の育成、小中一貫教育の視点等について指導、講評をいただき、内容の濃い研修会になった。

へそ曲がりの独り言

30日は午前中に事務職員の個別面談と区教委指導課担当者の来校。6校時に8年生の「市民科」で「積極的なボランティア・地域活動」についての学習の様子を参観。どの学級も生徒が活発に発言し、見ていて楽しい授業だった。ぜひ行動につなげよう。

7月1日の金曜日、午前中に校長連絡会。学校に戻って新規採用教員の指導。午後また区教委で小中一貫教育に関する会議。「小中一貫教育」に限らず、品川区が進めている一連の教育改革「プラン21」は、私の理解では、現状に安住して思考停止することを許さず、より良い教育を目指して不断に悩み考え続けることを迫るための「躓《つまず》きの石」だ。

私はへそ曲がりなので、わざわざ人にそんなものを置いてもらわなくても自分で考えればいいじゃないかと言いたくなるが、賛同してくれる人は見当たらない。もっとも、賛同者が増えれば私は逆のことを言い出すような気もするが。

2日の土曜日はＰＴＡの実行委員会。学校のために時間を割いてくださる役員の皆さんに、引き受けてよかった、関わってよかったと感じていただけるような活動にしたい。

No.56

三木小卒業生の本校入学率が上昇　小中一貫教育の地道な取組の成果

キーワード：

高校，小中一貫教育，事務職員，東日本大震災

首相だけの日よけは要らない

現韓国大統領が平成7（1995）年に書かれた『李明博《イミョンバク》自伝』（新潮文庫）に次の場面がある。氏は大阪に生まれ、戦後韓国に引き揚げた後、貧しい少年時代を送った。現代建設に入社し、二世でもないのに28歳で理事、35歳で社長とスピード昇進した。

昭和57（1982）年、社長として率いる同社がマレーシアのペナン大橋工事を落札し、壮大な起工式を準備した。マハティール首相夫妻の席には大きな椅子を用意し、日よけもめぐらせた。起工式前日に会場を視察した首相秘書室長がそれを見て「5000人が座る場所にも日よけをつけるか、首相のところの日よけをなくすか、どちらかにしてください。首相だけが日陰にいる訳にはいきません」と注文を付けたことに、李氏は「国民をこのように案じる官僚もいるのだ。世界中を走り回ってきたが、私はまだ国際化されていなかったのだ」と衝撃を受ける。

式の当日、開会1時間前に到着した秘書室長は、わずか一晩で大きな日よけが完成していたことに驚嘆しつつ、さらに首相夫妻の椅子を他の人と同じサイズのものに替えるよう求めた。

「明確な歴史観や世界観、国家に対するビジョンを備えている指導者の下で、その政府の官僚たちも徹底的に国際化されていた」「指導者が変わってこそ公職社会は変わる。公職社会がクリーンになるとその国全体が変化する」。著者はそう記している。リーダー、またリーダーを支える者の取るべき姿勢について考えさせられることの多い話だと思う。

7月4日月曜日、朝からある件で打ち合わせ。全校朝会では①熱中症の予防②歩行中、自転車乗車中の交通安全と交通マナー③夏には戦争と平和について考えてもらいたいということを話した。

午前中に文科省の中井一浩国際教育課長、渡邉倫子外国語教育推進室長が来校。英語の授業の様子を熱心に視察された。品川区が国に先駆けて取り組んできた小学校からの英語教育や学校現場の課題などについても私から話をした。

ついでに、前から思っていたことだが、初等中等教育局の各課は、教育委員会が仕事を始める時間には少なくとも誰か出勤し、電話等に対応できる態勢を取るべきではないかということなども話させていただいた。

午後も打ち合わせの後、都立大崎高校全日制学校運営協議会。茶髪の禁止、遅刻の大幅減など生活指導面での改善は着実に進んでいる。そのことをどうやって外に発信し理解してもらうかが難しいところで、本校も同様の課題を

抱えている。

学校事務の適正性を点検

5日、東京都の「児童・生徒の学力向上を図るための調査」（5教科）を8年生で実施。午後は小中合同生活指導主任会。

夕方、マルチメディアフォーラムという異業種勉強会で教育を研究しているメンバーが来校。現場を知ってもらうことが一番の手助けだと思い、いろいろな話をした。学校が外からどう見られているかをうかがい知ることのできる機会でもある。

6日朝の職員打ち合わせで転入生を紹介。その後、7月下旬から品川区立三木《みつぎ》小学校と本校とで協力して行う「体験クラブ」について関係者への連絡など。同小卒業生に占める本校入学者の割合は、従来の50%台から今春は80%に高まった。公立中学校進学者の中では92%だ。昨年度から私が同小の全校朝会で話をするなど度々足を運び、林誠校長と一緒に地道に「小中一貫教育」に取り組んできたことの成果だと思っている。

午後は品川区教育会で、本校で開催された音楽部会の分科会に出席した後、学校事務部会の会場へ。夜は区教委の和氣《わけ》正典学務課長と懇談。長く小中一貫教育担当課長として品川の教育改革に関わってこられた「熱い」人である。

7日は1校時に特別支援教育委員会。その後、某社の教育担当記者が来校。

午後、学校事務の適正性を確保するため区教委、副校長、事務主事等で自主的にやっている事務管理指導が本校で行われた。私は途中、区の就学相談委員会に出席するため中抜け。本校での事務については概ね適切との評価だったし、特に私費会計などは「模範例にしたいほど」だと言っていただいた。学校において事務の仕事は目立ちにくい「縁の下の力持ち」的なものだが、とても重要であることに変わりはない。本校職員の努力、取組が評価されたことが嬉しい。

9年生の千羽鶴と寄せ書き

8日朝、生徒会長ら9年生の生徒代表3人、学年主任と共に都内のホテルを訪ねた。修学旅行中の宮城県女川町立女川第一中学校（大内俊吾校長）3年生の皆さんに、本校9年生からの千羽鶴と寄せ書きの色紙をお届けするためだ。被災地の中学生に自分たちの気持ちを伝えたいという本校の生徒たちの願いをこういう形で叶えていただけた同校の皆様に感謝したい。一瞬の出会いではあったが、生徒たちの心に何かが残ってくれたらいいと思っている。

学校に戻り、ＰＴＡの「校長を囲んで」という家庭教育学級。毎年やっているが、参加者は毎年お母様方ばかりである。学校の現状や私の考えなどをお話しし、あとは懇談という形。少人数で話もしやすく、楽しく有意義な時間になった。

午後も打ち合わせなど。このところ非常に忙しく気も休まらない。夕方は何人かの校長と小中一貫教育についての相談。

No.57

「しながわ寺子屋」授業を実施　多様な講師の話に熱心な質問も

キーワード：
「寺子屋」授業，高校，教育実習

「子供の応援団」が大きな力に

猛暑が続く。陽を浴びて輝く木々の緑がまぶしい。急用がない限り毎朝8時から校門前で生徒たちを迎えることにしているが、日陰がなく非常に暑い。腕時計の部分だけ白く残して日焼けしてしまった。都内でも熱中症の事故が起きている。本校でも十分気をつけたい。

生徒に会わない通勤時だけネクタイを外すが、それ以外は着用している。生徒の前で緩めた姿を見せたくないのと、職場の空気を緩めたくないためだ。

学期末を控え、成績評価や通知表などの仕事もある。教員の授業ももっとたくさん見ないといけないのだが、私の能力不足で余裕がない。2学期は絶対に増やすつもりだ。生活指導面で落ち着かない生徒もいる。夏休み前に引き締めたい。

7月9日の土曜日は学校公開。保護者、校区外部評価委員など地域の方、近隣小学校長の他、民間企業、文部科学省、国立教育政策研究所などからもお出でくださった。

8年生は3・4校時に「しながわ寺子屋」授業を実施。2年前から東京青年会議所品川区委員会の協力を得て行っている。今回もコンビニエンスストア、銀行、PC関連製造業、劇団、葬祭業などの各会社の方と、獣医師の方を講師に招き、十数人前後のグループに分かれた生徒たちに、それぞれの仕事や「働く」ことなどについて語っていただいた。どの教室でも生徒が真剣に聞き入り、熱心に質問していて、とても中身の濃い時間になった。

講師の皆様には、手弁当なのに大変充実したお話をしていただき感謝している。「子供たちのため」という思いを感じて嬉しかった。こういう「学校の応援団」を世の中に増やすことが、生徒にとっても学校にとっても大きな力になる。

午後には保護者会も開催し、私と教務主任、生活指導主任から、夏休みに向けての注意も含めて話をした。4月に7年生の保護者に書いていただいた「子供の教育についての考え方」を私が取りまとめた資料を、各家庭の参考にしていただくためにお配りした。

夕方は品川区立中学校PTA連合会の幹部研修会に合流。この日、関東甲信が梅雨明け。

高校長から進路の話

週明け11日は生徒会朝会から。本校は全校朝会、生徒会朝会とも体育館で行う。冷房がなく夏は暑い。本当は一言でも話したいが、汗だくの生徒の様子を見て今回はやめておいた。体育館は、音について近隣から苦情をいただくこともあり、扉もなかなか開けにくい。国を挙げて節電に努力している中で難しいのは分かっているが、避難所になった場合のことを考えても、冷房を付けてもらいたいのが校長としての本音だ。

午後、校区外部評価委員でもある山崎茂都立小山台高校長をお招きし、9年生で「高校の先生のお話を聞く会」を開催。都立高校改革のことだけでなく、私立、専門学校、就職等も含めた様々な進路、そのために今努力すべきことなどについて、広い視野からのお話をいただいた。ほとんどの生徒は真剣に聞いていた。彼らの思い、迷い、不安を想像できる大人でありたい。

夕方は都立大崎高校定時制課程の学校運営協議会。3年連続で委員をさせていただいているが、年々、目に見えて生徒の様子が落ち着き、授業に臨む姿勢が前向きになっている。今春本校を卒業した生徒にも会うことができて一安心。

12日は珍しく外出のない日。朝、若手教員の授業研究。その後、給食関係で業者から報告。調理室でATP拭き取り検査。また、他校にも関わる生徒指導案件で関係方面との連絡など。9日の学校公開で来校された方から授業について詳しい感想をお寄せいただいたので、参考として教員にも供覧した。

13日は午前中に玉川大学教職大学院主任の坂野慎二教授と、来年1月に本校で教育実習を行う予定の大学院生が来校。坂野教授は昨年度まで品川区立三木《みつぎ》小学校の校区外部評価委員長としてお世話になった。院生には、私は大学の教員養成を非常に厳しく見ているので、よく勉強して覚悟して来るようにという話など。

午後、区の施設整備課担当者、業者と共に夏のトイレ排水管耐震化工事のことで近隣にご挨拶。職員会議では私から服務事故防止の話。その後、7年担当の教員を中心に学習支援コンテンツの利用についての勉強会。生徒のために使えるものはどんどん使う。そういう意識を全教員に持ってもらいたい。夕方、主任児童委員の方と最近の生徒の様子などについて情報交換。

市民科の発表を見ていただく

14日朝、特別支援教育委員会。今回は主に不登校傾向の生徒について。今年度はこの会議を頻繁に開くことで情報共有と対応が迅速になった。

午後、私は区立学校長会など。この間に、8年生は「市民科」で「積極的なボランティア・地域活動」について学んできた成果の発表会を実施。自分が見られなかったのは残念だが、いい機会なので校区外部評価委員の方々にご案内し、4人が来校くださった。感想も書いていただき、後で教員にフィードバックしたが、生徒の様子、教員の指導とも概ね良い評価をいただけた。本当に頑張っているのだから、どんどん見てもらい、知ってもらいたい。

15日は朝から生徒指導案件への対応。午前中に区教育委員会学務課の担当者が来校し学級編成に関する調査。午後、全校で避難訓練。大崎に本社がある某社の方が三木小に来校され、私も一緒に話をさせていただいた。企業、社会との連携は生徒、学校にとってプラスになる。これまでも積極的に取り組んでいるが、さらに広げていきたい。

夕方、品川区が補正予算で中学生全員に購入してくださったヘルメットが到着した。

No.58

知人の依頼でメルマガに寄稿　学校の実情を正しく知って欲しい

キーワード：
日本語指導，東日本大震災，夏休み，安全指導，小中合同研修，言語活動，小中連携「体験クラブ」

未来からの大使たち

知人の依頼で、「共育の会」という民間有志の方々が教育について考えている会のメールマガジンに寄稿した。「学校現場からも一言」と題し、主に企業の方を読者に想定して書いた。小見出しは「上から目線はやめませんか」「『話が上手い』くらいで良い教師にはなれません」「この子たちに金をかけるのは無駄ですか」など。内容はご推察いただけようか。

今回は意図的に教員や学校現場を弁護する内容にしたのだが、読まれた教員の方から「教員を弁護し過ぎだ」という反響があったのも健全なことだと思う。これからもいろいろな機会に少しずつでも発信をしていきたい。

日頃の運動不足を埋めようと7月16、17日の土日に1時間ずつ走ったら、翌日腰が、数日後に背中が痛くなった。「年寄りの冷や水」という言葉が頭をよぎる。

18日の海の日、サッカー女子ワールドカップで日本代表（なでしこジャパン）が米国相手に2度追い付いた末にPK戦で勝ち世界一に。勢いもあるが、基本をきっちり押さえた、ミスの少ない良いチームだと感じた。

午後、大田区内で開催された「日本語を母語としない親子のための高校進学ガイダンス」で話をした。本校にも日本語を母語としない生徒は複数いる。彼らがそのハンディキャップを補うために他の生徒以上に努力していることも知っている。日本政府は外国人留学生を「未来からの大使」と呼ぶが、彼らも同じだ。日本で多くの友人をつくり、世界を広げ活躍して欲しいという期待を込めてエールを送った。

19日は7、8年生がそれぞれ学年でレクリエーション。4校時に若手教員の研究授業。

この日、宮城県女川町立女川第一中学校の大内俊吾校長から、先日、本校の9年生がお届けした千羽鶴などについてのお礼状をいただいた。「生徒、職員ともに折り鶴を見ては奮い立つ気持ちで明日を生きようと誓いを新たにしているところです」とあったが、そのお心遣いにむしろ申し訳ない気持ちもした。本校の生徒たちは何を感じてくれるだろうか。

少し寂しい終業式

20日に本校は終業式。学年ごとに1学期間の良かった点を挙げるとともに、成果を残せる夏にしようという話など。子供を長期の合宿に送り出す心境で、寂しい気もする。しかしその後も生徒指導を要する案件が発生。長い休みに不安も残る。

午後の打ち合わせで私から1学期間の仕事について教職員に礼を述べた。皆よくやってくれたと感謝している。

その後、特別支援教育委員会を開き、あるケースについて相談。

21日朝、全教員に「２学期に向けての課題」と題したメッセージを送信。組織として見た場合の改善を要する点について、振り返りと取り組みを求める内容。

ＰＩＳＡの学力と言語活動

職員打ち合わせの後、ＮＰＯ法人ＡＥＤ普及協会のインストラクターによる「ＡＥＤ講習」。実際の例を挙げて分かりやすく説明してくださった。認識を新たにした点も多く、大変有益だった。

続いて授業力向上のための校内研修会の第２回。三木《みつぎ》小学校との合同研修のテーマでもある「言語活動の充実を通して図る授業改善」について、田中洋一東京女子体育大学教授からお話しいただいた。林誠校長をはじめ三木小の教員も参加してくださった。ＰＩＳＡ調査による学力の捉え直しから活用型・探求型学習を支える言語活動へという道筋について理解を深めることができ、私自身、頭を整理する上でも非常に勉強になった。両校の授業に活かされることを期待している。

昼過ぎに２警察署のスクールサポーターが来校し情報交換。午後、品川区立学校長会小中一貫教育部会の各委員長で若月秀夫教育長をお訪ねし、活動状況の報告と意見交換。

どんな組織も、止まれば淀む。学校も同じだ。「完成形」は存在しない。組織の活性化には、常に上を目指して足を動かし続けることが必要で、小中一貫教育もそのための一つの手段だと私は考えている。

小学生とプラネタリウムへ

22日は午前中に区立中学校長による成績一覧表予備調査。

午後は今夏から三木小と共同実施とした「体験クラブ」の「プラネタリウムへ行こう」。この講座は私が企画した。同校の名本裕副校長らと共に55人の小中学生を連れて、昨年秋にオープンしたばかりの五反田文化センター・プラネタリウムへ。最新式の機器と設備で、クイズも交えながら星や月の動き、夏の星座などを分かりやすく投影、解説していただいた。せっかく地元に素晴らしいものがあるのだから、積極的に活用しなくてはもったいない。

夕方は品川区の若手職員を中心とする政策研究会で、講師として「公務員の仕事とは」と題し話をさせていただいた。大学のゼミのようでなかなか楽しかった。普段口には出さないが、私は、公務員の仕事にささやかな誇りを持っている。どのポジションでも手を抜かずにやってきたつもりだ。

「自案と云ふもの無しに、先ず例格より入るは、当今役人之通病《つうへい》なり」。江戸時代の佐藤一斎が『重職心得箇条』で書いている。前例踏襲は公務員の通弊らしい。そうではなく、自分で考え、血の通った、かつ筋の通った行政判断ができる公務員でありたい。

24日は本校を会場に大崎第二地区の「品川区民まつり」が開催され、濱野健品川区長もお越しくださった。本校の生徒、教職員も大勢ボランティアとして参加し活躍してくれた。また本校の音楽部と三木小の金管クラブによる合同演奏や、本校の生徒たちが中心メンバーのヒップホップダンスなどもあった。子供たちが頑張っている姿を見ると、こちらももっと頑張ろうという気持ちになる。

No.59

女子バレー部が都大会初優勝　優勝旗は生徒たちの汗の結晶

キーワード：
小中連携「体験クラブ」，いじめ，地域との関係，小中一貫教育，部活動，文部科学省

嬉しい卒業生の活躍

地域の会合の際にある方から、今春本校を卒業したお孫さんの近況をお聞きした。それほど勉強が得意ではなかったのに、高校で1学期の中間考査、期末考査とも学年2位という好成績で、本人も俄然《が》やる気になっているという嬉しい話だった。そういう環境の方が伸びるというのが私自身の体験でもある。この先が楽しみだ。

夏休みに入っても予定が目白押しで、気忙《ぜわ》しい日が続く。

7月25日からの週は全学年で学力補充教室を実施した。1学期の基礎的な内容が定着していない生徒が対象だ。各学級で三者面談も行っており、毎日担任から何かしらの報告がある。気になる生徒については事前に対応を相談する。

午前中に、ある生徒の件で主任児童委員が来校され打ち合わせ。午後は品川区教育委員会で、小中一貫教育についての会議。本音の意見が交わされた。そうでなくては意味がない。教員が自分の教科や学級・学年だけでなく、学校全体に視野を広げるためにカリキュラム・マネジメントが重要であるという話については、私も同感。

終了後、来年度の中学校移動教室に向けて、候補地の選定等に関する打ち合わせ。従来の受け入れ先の状況から今年度は中止せざるを得なくなり、来年度2学年で実施する場所を探す必要がある。私も担当校長として、8月に実地踏査に行くことになった。

地域にも言うべきことは言う

26日は、三木《みつぎ》小学校との共同事業「体験クラブ」のメニューの一つ「恐竜博へ行こう」の日で、26人の子供たちが参加。私は上野の国立科学博物館へ先乗り。事故で電車が止まり一時はどうなるかと思ったが、他の路線を使い何とか間に合った。混んでいると聞き心配していたが、この日は事故の影響もあってか、ゆったり見ることができた。地球館などの常設展示も充実しており、もっと長くいたいという児童もいた。

学校に戻ると副校長や教員から報告が数件。三者面談から生徒間のいじめが疑われる問題が判明。本件はこの後、関係の生徒から話を聞き取った上で指導をした。当然、いじめは断じて許さないという姿勢だ。

また、先日本校で行われた「区民まつり」片付けの際、砂場で水槽を解体され、砂場が使えなくなってしまった件について、副校長から主催者である区の地域センターに抗議したところ無責任な対応であったと聞き、直ちに所長に連絡し、原状回復がなされなければ以後学校は貸せないと伝えた。

想像するに、この手のことで学校が負担を押し付けられているケースは結

構あるのではないか。筋の通らない話におとなしく引き下がってはいけない。元行政にいた者としても、区の職員にも公務員として責任感を持った仕事をしてもらいたい。

効果大きい小学校教員の補習

夕方は芳水《ほうすい》小学校の校区外部評価委員会に出席。委員である地域の方から、「区民まつり」で本校の職員室に入った際、教員が誰も挨拶しなかった、芳水小と大違いだ、と厳しいご指摘があった。挨拶は昨年度よりはできていると思うが、まだ本物ではないということだ。その後、法教育に関する打ち合わせの会合。

27日の朝、学力補充教室で、前日から本校7年生数人を三木《みつぎ》小の先生方が指導してくださっている教室に行き、お礼を述べた。期間中、三木小の林誠校長と私も指導を手伝った。小学校で習った内容をほぼマンツーマンに近い形でじっくりと見ていただけたのは、生徒たちのためにとてもありがたかった。今後も「小中一貫教育」を子供たちのプラスになるように活かしていきたい。続いて、NPO法人IWC国際市民の会の伊藤美里理事長が来校。

午後は三木小との「体験クラブ」で、私が企画した「杉山清志先生の楽しいサイエンスショー」を同小の理科室で開催した。杉山先生はかつて文部省に研修で来ておられた時期があり、その時以来の知己である。本年3月まで校長を務められた千葉市立こてはし台中学校は、昨年度「ソニー子ども科学教育プログラム最優秀校」を受賞している。ご夫妻で各地で実験教室を開かれ、テレビの科学番組の監修などでも活躍しておられる。この日もご夫妻で楽しいマジックや科学実験の指導をしてくださり、子供たちの歓声が絶えなかった。本校の生徒もアシスタントとして活躍してくれた。

学校の仕事量全体を見よ

28日朝、砂場の件について地域センターの所長と区役所の地域活動課の方が来校。あらためて私の考えをお伝えした。午後、本校で通級判定会議。保護者の意向も大事だが、それに押されて学校や教員が自ら考えることを放棄しては駄目だ。

この日、女子バレーボール部が都大会で私立の強豪校を連破し、何と初優勝。連絡を受けて早速、校門前にお知らせを掲示した。顧問が持ち帰ってくれた伝統ある優勝旗を校長室に飾ってあるが、生徒たちの汗の結晶だと思うと何とも言えない重みを感じる。

夜は経済界、官界のメンバーによる勉強会で、今回のテーマである教育について話題提供のために話をした。

29日午前、現在は外国在住で、来年度から毎年夏（現地校の休業期間中）に本校での学習を希望する生徒（現在小学校6年相当）と保護者が相談に来校。昼過ぎに砂場の専門業者と地域活動課の方が現場を見に来られた。

ある教育関係の情報誌から近況を聞かれ、文科省への注文として「『学校は忙しい』と分かったようなことを言いながらどんどん仕事を増やさないでもらいたい」などとコメントした。学校の仕事量全体を見る人間が文科省の中にいるべきだ、というのが私の意見だ。

No.60

女子バレーボール部が全国ベスト16「練習は嘘をつかない」と信じよう

キーワード：
小中連携「体験クラブ」，部活動

大阪府の条例案に思う

　橋本徹大阪府知事が率いる地域政党「大阪維新の会」が9月に府議会への提出を予定している「教育基本条例案」の骨子が報じられている。詳細を見ていないので何とも言えないが、かなりの議論を呼びそうだ。反発もあるだろう。ただ、これまで2年余り校長として仕事をしてきて、率直に言って、現時点での私の問題意識と重なる部分もあると感じる。教育関係者だけでなく一般の住民、国民がどう評価するのかに注目したい。

　この夏はルーティン以外にも「これをやりたい」と目論《もくろ》んでいたことがあったが、気がつくともう8月下旬。結局「獲らぬ狸」で終わりそうだ。疲れが抜けない。無理が利かない。夜もすぐ眠くなる。体力のある若い時にもっと頑張るべきだったとつくづく思う。

　8月1日、年に1度の人間ドック。数年前にポリープも取り、胃カメラもベテランになってしまった。今回も「アルコールを減らすように」との注意。分かっています。気をつけます。

　2日午前、東京都庁での会議に出席。午後は品川区教育委員会主催の特別支援教育に関する研修会。内容は悪くないが、受講対象者（今回は中学校）に合わせた講師の人選を望みたい。

　夕刻、有志で暑気払い。

東大院生による理科実験教室

　3日午後、三木《みつぎ》小学校と合同で実施する「体験クラブ」の一環で「東大大学院生による楽しい理科実験教室―人工イクラを作ってみよう―」を開催。東京大学生産技術研究所の大学院生4人が講師として小学生に指導してくださり、本校の生徒たちがそのアシスタントを務めた。実施に際しお世話になった同研究所の大島まり教授、川越至桜《しおう》特任研究員もお越しくださった。

　大学院生が小学生に教える機会は滅多にないそうだが、子供たちはとても熱中して取り組んでいた。私は生徒たちにできるだけ「本物」に接する機会をつくってやりたいと考えている。今回で言えば「本物の研究者」であり「本物の研究」だ。理科や科学の面白さに興味を持つ子供が少しでも増えればと願う。

　夕方、町会長会議で時間をいただき、女子バレーボール部の都大会優勝の報告と、町会掲示版への掲示について協力をお願いした。その後、区校長会の生活指導担当校長と警察関係者との情報交換会に遅参。

　4日も「体験クラブ」で三木小の林誠校長らと共に25人の児童を引率して日本科学未来館へ。ヒューマノイドロボットのＡＳＩＭＯ君が走ったりボールを蹴ったりする様子に子供たちの歓声が上がった。

これで今夏、私が担当、引率するものは全て終了。三木小の児童や教員と親しく接する機会が多く、小学校への認識を深める良い機会になった。初年度ということで本校では私がリードする形になったが、来年度は他の教員の参画を増やしたい。

この日、転入の相談も1件。

企業と学校の良い関係を

5日は佐賀県鳥栖市へ行き、鳥栖経営研究会で「企業の社会的責任と学校教育」について講演。企業関係者だけでなく学校関係者も大勢参加してくださった。市、学校とも前向きに伸びる力がありそうで、良い雰囲気、環境だなと感じた。

8日から神奈川県内で関東中学校バレーボール大会。9日は休みを取り、女子バレーボール部の応援のため藤沢市へ。この日の3連勝でベスト8以上が確定し、2年連続の全国大会出場が決定。先行されても簡単に折れない気持ちの強さがある。どこまで上に行けるか、悔いのない挑戦をしてもらいたい。(同大会の結果はベスト4だった。)

12日午前はバレーボール部の関係で、あるところへ出向き協力のお願い。午後は区教育委員会で小中一貫教育に関する会議。

14日の日曜日から3日間、来年度の移動教室の候補地検討のため担当校長、区教育委員会担当者で実地調査。学校を空けることが増え、岩崎紀美子副校長に負担を掛けて申し訳なく思う。

17日は来客が2件。夕刻、ある方の紹介で、経済的な理由などから教育機会に恵まれない子供たちへの学習支援に取り組むNPOの方と会い意見交換。当面は信頼を得るための実績づくりが必要だろう。趣旨には大いに賛成だし、応援したい。

夢を夢のままにしない

同日、大阪で第41回全日本中学校バレーボール選手権大会が開幕。18日は予選グループ戦だったが、勝利を信じて学校で仕事。夕方、予選突破の連絡。

翌19日、予定通り休暇を取り応援のため大阪へ。決勝トーナメントの1回戦はストレート勝ち。2回戦は大接戦の末に惜しくも敗れ、全国ベスト16という結果で幕を閉じた。

全国大会という大舞台で、生徒たちはプレーに応援に若い力を燃やして一所懸命頑張っていた。試合が終わった時、何だか涙が出そうになった。

「練習は嘘をつかない」。夏の甲子園で優勝した日大三高の主将が語った監督のモットーだが、その通りだと思う。

先日、息子と一緒に久しぶりに「となりのトトロ」(宮崎駿原作・脚本・監督、スタジオジブリ制作)のビデオを見た。あらためて感じたのはメッセージ性の強さと細部の見事さだ。ススワタリもトトロもネコバスも大人には見えない。子供にしか見えないものがある。そういう感性を大切にしたい。

「夢だけど、夢じゃなかった」というサツキとメイの言葉も印象に残る。到底不可能に思える夢でも、諦めずに追い続ければ、少しずつ、ただの夢でなくしていくことができる。きっとそうなのだろう。そう信じたい。私の夢は何だろうか。

「わが友よ、我々がこの世を去る時には、我々が生まれた時よりも、世の中を少しなりとも良くしていこうではないか」(ウィリアム・ハーシェル)

残り時間で何ができるか。だらだらしている訳にはいかない。

No.61

昨年より3日早く授業を再開　1日1日、自分を高める2学期に

キーワード：
2学期

里親がSOSを出せるように

8月20日、東京都杉並区で里子の女児が死亡し、里親の女性が逮捕される事件があった。事の真相は不明だが、きっと根は優しい人であろうこの母親と、親の愛に憧れていたであろう女児を救うことはできなかったのかとつらくなる。

里親は美談として括《くく》られがちなだけに、現実の苦しい悩みを人に相談したりSOSを出したりしにくいのではないかとも思う。この仕組みのお蔭で救われる子供は大勢いる。受け入れにブレーキをかけないためにも、里親に対する支援や社会の正しい理解を促進すべきだ。

このところ気持ちが荒れていて、いろんなことでイライラする。最近1週間で3回も声を荒げてしまった。相手も不快だろうし、自分も嫌になる。

仙厓《せんがい》和尚の「老人六歌仙」に「くどくなる、気短かになる、愚痴になる…」という一節がある。老化現象か。役所から学校に来てせっかく（たぶん）温厚になったのに、これでは駄目だ。心を整えたい。

間もなく50歳。世の中には「男は20代に何をなすべきか」などという元気の出そうな本はたくさんあるが、50代になると途端に「老後難民50代」とか「50代から備える健康」など、年寄りくさい本ばかりになる。やはりそういう年齢なのか。

先日、空港の売店で『50代からの選択』（大前研一著、集英社文庫）というちょっと良さそうな本を見つけ、機内で読んだ。「50歳になる少し前から、僕は何をするときでも、『残りの人生であと何回』と数えるようにしている」という感覚は私も前から持っている。目黒川の桜を見る度、あと何回見られるかと考える。『とりあえず』の時間をつくってはいけない」ともある。そう思うが、現実は毎日「とりあえず」片付けねばならないことばかりだ…とまた愚痴になる。

大学生による学習支援を視察

8月21日の日曜日は終日、東京都教育委員会の関係の仕事。

22日からは夏季休業期間最後の週になる。早いものだ。同日は消防署によるポンプの点検、業者による換気扇の工事等。転入生の件で関係機関と調整。

23日は転入生親子との面談の後、東京都北区立王子桜中学校へ。同区教委がNPOと連携して行っている学習支援事業の様子を視察するためだ。この日は30人弱の中学生に10人余りの大学生が、ほぼ個別指導に近い形で小学校段階の算数や基礎的な英語を教えていた。

良い取り組みだと思う。もちろん学生たちはプロではないから、粗《あら》を探すのは簡単だ。だが、真面目に一所懸命やっていることは見ていて伝わってく

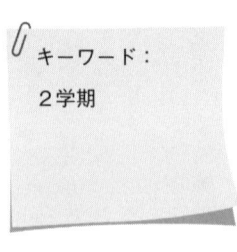

る。

不登校の生徒や日本語を母語としない生徒への支援もそうだが、学校の集団授業では十分手が届きにくい部分については、ＮＰＯ等との連携も積極的に考えてよいと思う。彼らを応援する意味で、ＮＰＯの代表者に若干の意見を伝えておいた。

小学校との様々な関わり

24日は午前中に戸越《とごし》小学校の校区外部評価委員会に出席。今回は委員と全教員が3グループに分かれ、意見交換をするという新しい形で行った。午後、ある生徒への指導について、急遽《きょ》関係する教員で集まり対応を相談。夕方、珍しく時間が空いたので、バレーボール部と野球部の練習を見せてもらった。

25日早朝、部活動の合宿に出発する次男を駅まで送り、一度家に戻ってから出勤。9月の地域総合防災訓練に向け、ミニポンプ隊として参加する生徒たちの練習場所へ行き様子を見るとともに、今年もお忙しい中ご指導くださっている消防団の方々にお礼の挨拶。

午後、品川区の就学相談の会議に出席。その後、別件で区教委の担当者と協議。その間に、硬式テニス部の男子ペアが新人戦で都大会出場を決めたという嬉しい連絡が入った。

26日、ある件で区教委の方が来校。同日、学校のホームページに、2月に行われた品川区学力定着度調査結果を踏まえた学校としての「第二次態度表明」をアップ。夕方は学校栄養士、用務主事と会合。その間にも何件か仕事の電話やメール。

27日の土曜日は芳水《ほうすい》小学校で行われた全国特別活動研究会の夏季研究会へ。同校の大数見《おおすみ》仁校長が同研究会の会長を務めておられる。テーマは「強い心を築く特別活動」。実践提案も、各地からの参加者が熱心に発言された研究協議も、ともに大変興味深いものだった。

後ろ髪を引かれる思いで中座し、地域の町会の納涼まつりへ。そこで三木《みつぎ》小学校の林誠校長らと合流し、さらに別の町会の納涼まつりへと梯子《はしご》。生徒やその家族もおり、自然と明るい気持ちになる。今の私には子供たちが一番の精神安定剤かもしれない。

28日、10日ほど前に家の扇風機が壊れたため、そろそろ在庫処分で安くなるだろうと見当をつけ量販店へ。一番安いのを購入。９８０円也。

大きくなった生徒たち

翌29日の月曜日。本校は今年はこの日から授業開始。ちょっと見ないうちにはっきり分かるほど背が伸びた生徒もいて、本当に「伸び盛り」だと驚嘆する。全校集会では、夏休み中の生徒たちの活躍や地域からの支援などを紹介し、新たな気持ちで一日一日を自分を高めるために過ごそうという話などをした。部活動の表彰も行った。

その後、日帰りで福岡市へ飛び、同市教育センター主催の教頭研修講座で「組織の活性化と教頭の役割」について講演。重要だが本当に大変なポジションだ。期待を込めて話をした。自治体によって人事等のやり方も違い、こういう機会はこちらが学ぶことも多く、ありがたい。

講演の直前に民主党の代表選挙で野田佳彦財務大臣が新代表に決定。首相の交代が毎年の恒例行事になってしまったかの観もあるが、さて来年はどうだろう。

No.62

「今」の課題と生徒の「将来」 長い目で見て良い所を伸ばしたい

キーワード：
部活動，授業観察，「副籍」（特別支援教育）

地域とつながるために

学校に元気な生徒たちが戻り、瞬く間に1週間が過ぎた。

休み明けのこの時期、生徒にも様々な動きが出る。アンテナを特に敏感にしておかなくてはならない。中には「宿題が済んでいないから学校に行きたくない」という生徒もいる。笑い話に聞こえるかもしれないが、対応は慎重にする必要がある。

保護者からも担任にいろいろな相談がある。1件ごとに、生徒や家族が抱えるものの重さが垣間見える。

授業を開始した8月29日から、毎朝、校門の前か通学路で登校する生徒たちを迎えている。そこを通る小学生や大人にも全員に声を掛ける。皆が反応してくれる訳ではないが、元々何かを期待してするものではない。どこの誰だか知らなくても、毎日挨拶を交わすだけで、少し気持ちがつながるような気がする。挨拶は、人を和やかな気持ちにすることのできる、人間の知恵だと思う。

8月30日と31日とで、女子バレーボール部の保護者代表の方と一緒に、全国大会出場に際しご支援くださった各町会の会長さん方に結果のご報告とお礼のご挨拶に伺った。多くの方から温かい言葉をいただいた。

JR大崎駅西口には昨年に続いて「大崎周辺まちづくり協議会・大崎駅西口商店会・JR大崎駅」の連名で「祝・全国大会出場」の横断幕を出してくださっている。

「これらはバレー部だけでなく大崎中全体への期待の表れだ。期待や信頼を裏切らないように皆で頑張っていこう」。29日の全校集会でそう話した。

大人が子供たちを温かく見守る社会は良い社会だ。言うは易く、実現は難しい。せめて自分の手の届くところで、そういう地域づくりに寄与できればと思っている。

全生徒にヘルメットを配布

今学期は授業を見る回数と時間を増やしたい。生徒の様子も見たいし、来年度からの新学習指導要領全面実施に向け、「授業を変える」ことへの教員の意識と実践も求めたい。プロなのだから、外から迫られて動くのではなく、自己変革していくことのできる個人（教職員）、組織（学校）でありたい。

30日は午前中に挨拶回り。帰校後、転入生のいる学級の授業を参観。私は知り合いが一人もいない高校へ行き、なかなか友達ができなかった。そのつらさは分かるつもりだ。本校の生徒たちは転入生にとても優しい。心の温かい子たちだと思う。そういう美点を大切にしたい。午後、祭礼の関係で地域の方が来訪。

31日も1、2校時に授業を見、3校時

に教員と話をした。午後は挨拶回り。放課後、下校中にふざけて近隣にご迷惑をお掛けした生徒がおり、副校長がお詫びに出向く。良い点もたくさんあるが、幼さがなかなか抜けない生徒もいる。

夕方、昨年度から本校に「副籍」を置いている東京都立品川特別支援学校の生徒、保護者、教員が来校し、今後の具体的な交流活動について相談。配慮しなければいけないこともあるが、基本的には前向きに、その子にも他の生徒たちにもプラスになるように考えたい。

9月1日、防災の日。品川区が今年度から生徒全員に支給してくださることになった防災用ヘルメットを配布し、午後には集団下校の避難訓練も実施。この日も2、3校時に授業観察。またスクールカウンセラーと生徒の状況などについて細かく情報交換を行った。午後、今年初めて職場体験の受け入れをお願いした企業の担当者と打ち合わせ。

子供たちの今と将来

9月1日を挟み、子供の自殺に関するニュースが相次いだ。誰か一人でもつなぎ止めることのできる人はいなかったのだろうか。やりきれない思いがする。

平成22年度中に自殺した小・中・高校生は287人。私も子供の頃は「生きにくさ」を強く感じていた方だと思うが、せめて子供の自殺と児童虐待だけでもこの世から無くせないものか。

2日の2校時も授業観察。

私は学校に来てから、前より長い時間軸で子供たちを見るようになった。今、課題のある生徒は大勢いる。だが、教育は今よりむしろ将来のためにするものだ。将来、地域や社会の中で居場所を得てやっていけるように必要な力をつけてやりたい。

また、願わくばこの子たちが理不尽な目に遭わずに済むように、社会の側の制度や仕組みも変えていってやりたいと思う。

この日、異業種勉強会でお世話になっている方から、バレー部のお祝いにと西瓜《すいか》が届いた。

公務員としての覚悟

3日の土曜日、9年生が市民科で「ファイナンスパーク」という生活設計型体験学習に行く予定だったが、台風のため延期。午前中に家で子供の勉強を見、午後、散髪に行った。野田新首相の「1回千円」よりは高いが、総理は月1回、私は2か月に1回くらいしか行かないので、年間の総費用は同じくらいか。

今回の台風12号による豪雨のため、和歌山県那智勝浦町の町長のご家族が亡くなられた。当時、町長は役場で災害対策の陣頭指揮に当たっておられた。町民を守るという責任あるお立場であるが故に自身のご家族を守れなかった無念さは、察するに余りある。他人事ではない。私は公務員になって以来、大災害の時は何をおいても出勤しなければいけない立場だと家族に話をしているし、実際そうする。

本当は教職員にも公務員として同様の意識と行動を求めたいし、求めるべきなのだろうと思う。しかし…。きっとそれは現実的ではないだろう。公務員としての職責を果たすことと、部下やその家族を守ることとを、どうバランスを取りつつ両立することができるのか。そういうことも頭の中では描いておかなければならない。

昼間は蝉の声が喧しいが、夜には秋の虫の音色も聞こえるようになってきた。

No.63

外部評価委で様々な課題の指摘　早速教職員に伝え改善促す

キーワード：
授業観察，生徒指導，外部評価，生徒の姿

「できるようにする」

9月5日からの週は、時間的な忙しさでも、考えることが多かったという意味でも、濃厚な1週間だった。

木曜日を除き、毎日少しは授業を見ることができた。気づいたことは教員に伝えるし、時には教科の教員全員に集まってもらうこともある。

例えば、①生徒が「分かった」と言っても、本当に理解できているか、実際に自分でやれる力が身に付いているかは分からない。そこまで確認して確実に学力を付けてやってもらいたい②教え方には個性があってよいが、教える内容のコアの部分は共通であるはずだ。教員間で共通理解を持ち、押さえるべきところを押さえなくては駄目だ、ということなどだ。

「教える」という教員が主語の視点で止まるのではなく、「できるようになる」という生徒を主語にした視点が必要だ。

9月5日、校長連絡会。小中一貫教育、節電、定期監査の話など。品川区は対前年比25％の節電目標を掲げている。7月の学校全体の実績はこれを上回る28％。少し無理をしている面もあるが、無駄を見直す契機になったのは確かだ。日本人は忘れやすい。痛みを忘れないためにも、節電の取り組みは続けたい。

学校に戻ると、昨年度までミニポンプ隊の生徒を熱心にご指導くださった消防団の前分団長から電話。また、まちづくりの活動を精力的にやっておられる方が来られ、秋の催しへの生徒の参加についての話。こういう方々と知り合えたのも学校に来たお蔭だ。午後、副校長、両主幹教諭と私とで企画会。

生活指導関係や生徒の家庭の状況で気になる情報もある。学期初めでいろいろな動きが出る時期だ。間を置かず、かつ、慎重に対応せねばならない。

じっくり話をしたかった

6日からは朝の挨拶運動の時に、生徒会役員選挙に立候補した生徒たちも立っている。道行く人が温かい目で見てくださる。

午前中に生活指導関係で比較的大きな出来事が2件。それぞれ私からも生徒に話をし、保護者にも来校願った。事の善悪のけじめをつけるのは当然だが、私としてはかねがねじっくり話したいと思っていた生徒でもあり、その意味ではちょうど良い機会にもなった。保護者の1人はある件で学校への不満を募らせていたようだが、これも私から話をして解消した。

午後の小中合同生活指導主任会では、夏休み前からの生徒の状況について情報交換。複数校にまたがったり、区外とつながったりしている問題もあり、横の連携が欠かせない。

そのまま退勤するつもりだったが、ある件で保護者対応が必要になり、急遽《きょ》学校に戻り関係方面に連絡して話を整えた上で保護者に伝え、一件落着。

7日、品川区が作ってくださった女子バレーボール部の都大会優勝、全国大会ベスト16を祝する横断幕が届き、早速校舎の屋上に掲げた。生徒の自信や誇り、地域の方々へのアピールになるとよい。

先日知人が「バレー部に」と送ってくださった西瓜《すいか》のことで、バレー部の生徒たちが次々とお礼を言いに来てくれた。私があげた訳ではないが、こういう礼儀正しさは清々しい。大崎中の撫子《なでしこ》たちに「わざわざありがとう」と答えておいた。

午後は教育会の学校事務部会に出席。話題は監査への対応など。夕刻、会合に向かう道で3月に卒業した生徒と偶然会った。明るく良い表情で安心した。

生徒の作文から見えるもの

8日朝、特別支援教育推進委員会。生徒一人一人について状況を確認。保護者の状況から手を打ちにくい難しいケースもある。終了後、私とスクールカウンセラーとでさらに打ち合わせ。また、区教委での会議に出席。

戻ると、品川区平塚児童センター、水道工事の業者、地元企業、警察署の方々が次々来校。午後は品川区学校保健会の幹事会。

夕方、三木《みつぎ》小学校・大崎中学校校区外部評価委員会の2回目の会議を三木小で開催。両校教務主任も出席し、各校の自己評価の結果などを報告の上、意見交換。様々な評価、ご意見、ご指摘をいただいた。本校に関しては、今回は若手教員に関わるものが比較的多かった。挨拶、礼儀、生徒への言葉遣い、「生徒と友達感覚になってしまっている」などだ。すぐに対応すべきものについては、私が整理した上で翌日全教員に周知し、振り返りと改善を求めた。

その後、引き続き委員の方々と懇談。委員は多士済々で、「83（ハチサン）運動」の発案者である前川純一元区立小PTA連合会会長（元三木小PTA会長）もおられる。わざわざ特別なことをするのではなく、「登下校時刻の8時と3時に大人はなるべく外での用事をしながら、子供を見守ることを生活の一部にしよう」というこの運動がもっと広がることを願っている。

この日、9年生が書いた「税の作文」を読ませてもらった。なるほどこの子らしいというものもあれば、この子がこんなしっかりした考え方をしているのかと感心したり、この子には身近にこういう人がいて幸せだなと思ったり。教科書の裏表紙に印刷されている「この教科書は、これからの日本を担う皆さんへの期待をこめ、国民の税金によって無償で支給されています。大切に使いましょう」という説明書きのことを書いた生徒もいた。こういう意識を持つこと自体が大事だが、我々教職員も忘れがちではないだろうか。

9日午前、ある教科の授業の件で教員と打ち合わせ。午後、品川区の「中学生広島平和使節団」派遣事業に本校から参加した生徒が作文を持って来てくれたので、話をした。借り物でない言葉で語ることができていて、体験をしっかり自分のものにしていると感じた。他の生徒たちに伝えてもらう機会もつくりたい。

先週から足指の炎症がひどくなり、歩くのも痛くてかなわない。仕方なく退勤後に皮膚科へ。

No.64

「部下を育てる」ことの難しさ　自分の常識を問い直す癖を持たせたい

キーワード：
生徒指導，安全指導

ボクがやるんですか？

空模様の不安定な日が続く。雨の朝、朝刊が届いているとほっとするが、配る人は気の毒だ。大学時代に新聞配達もしたが、雨、雪、台風の日は大変だった。自分で経験すればそういうことも自然と分かる。

お年寄りに優しくできない、障害のある人に偏見を持つ、友達が失敗した時に笑う。これらは経験の欠如だと思う。だからこそ、子供たちにはいろいろな直接体験をさせてやりたい。

先日、『えっ、ボクがやるんですか？　部下に教えたい、社会人のものの言い方100』（播摩早苗著、幻冬舎）という本を読んだ。笑い飛ばしたかったが、他人事ではないとも感じた。

「部下を育てる」のは本当に難しい。子供と違い、大人はなかなか変わらない。

20代の文部省係長の頃、周りから気の毒がられるほど厳しい上司がいて、毎日何時間も怒鳴られた。今なら間違いなく「パワハラ」になる激しさだったが、その人のお蔭で職業人として鍛えられたとも思っている。

こんな指導は今の時代には使えないだろう。だが、「自分が常識だと思ってきたことが間違っていたかもしれないと疑ってみる癖をもたせる」（同著）ことは必要だ。そのためにどういう指導の仕方が良いのか、私も模索中だ。

採用についての意見も一つ。ＪＡＸＡ（宇宙航空研究開発機構）の宇宙飛行士候補者の募集では、「協調性、適応性、情緒安定性、意志力等」を見るため、最終選抜に残った候補者全員を窓のない訓練設備の中で1週間過ごさせる「長時間滞在適性検査」を行うという。教員についても、せめて2、3日でも行動観察をするなどして適性を見極めて選考するくらいのことができないだろうか。

バレー部が品川区長を表敬

9月10日、11日の土・日に神社の祭礼があり、夜には教員、保護者でパトロールも行った。生徒、卒業生、保護者、地域の方にも大勢お会いした。

12日は午前中に授業を見、教員への指導など。午後、小中合同生活指導主任会に担当校長として出席。8月末から9月初旬にかけて区内外で起きた諸問題を踏まえ、9、10月を「生活指導強化月間」として一層きめ細かく見ていくことになった。

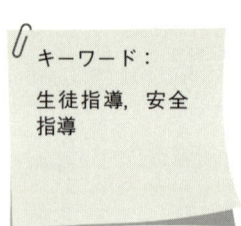

本校でもつい先日、気になる生徒の状況を確認し合ったばかりだ。やれることはやっているつもりだが「何が起こるか分からない」不安や恐怖は常にある。

13日も午前中に授業観察など。午後、女子バレーボール部の9年生全員が濱野健区長、若月秀夫教育長を表敬訪問。都大会初優勝、全国大会ベスト16の戦績にねぎらいの言葉をいただき、親しく懇談させていただいた。明るく礼儀正しい生徒たちに区長も目を細めておられた。

私からも区の支援への謝辞とともに、地域からも応援していただいていること、生徒も地域行事にボランティアとして参加していることなどを報告した。

夜は本校の同窓会長とお会いし、バレーボール部への支援にお礼を申し上げつつ懇談。

人間はすぐに忘れる

14日は全学年で校内学力テスト。学力を客観的に把握し、授業改善、学力向上につなげるためだ。午後には職員会議と情報セキュリティについての校内研修。夜は某マスコミの方と文科省ではない省庁の方との会合。

朝刊に前日公表されたＯＥＣＤの調査結果が出ていた。朝日新聞は「日本の先生、働き過ぎ」「授業より事務が負担」、東京新聞は「教育公費支出、日本また最下位」と切り口は異なるが、どちらも重い課題だ。

15日も朝は授業観察など。午後、本校ＰＴＡの主催による地域健全育成協議会。「災害に備えて」と題し、品川区防災課の方から話をしていただいた。テーマへの関心の高さか、地域の方々も多数ご出席くださった。

備えで被害を１００％防げる訳ではないが、やれることは全てやっておきたい。災害はいつ、どこにいる時に起こるか分からない。基本は「自分で自分の身を守る」ことだ。

田山花袋が関東大震災（１９２３年）後の東京周辺の様子を記録した『東京震災記』（河出文庫）で、安政の大地震（１８５５年）に触れてこう書いている。「これまでにも、そうした地震は何遍あったか知れないのであった。しかし人間はすぐそれを忘れた。喉元過ぎれば、暑さを忘れるという諺があるが、全くその通りで、半年か一年も経てば、そのまま何も彼《か》も忘れてしまうのであった」（漢字は原文のまま）。私たちは３・11を忘れずにいられるだろうか。

生徒会の新執行部が発足

その後、区立学校長会、中学校長による情報交換に続けて出席。帰校してスクールカウンセラーから報告を受け、ある生徒の件で関係の教員と対応を相談。それらが終わってから病院へ。

16日はある件で若手教員を指導。この日は生徒会の役員選挙が行われ、7・8年生による新執行部が誕生した。任期は1年。近年の日本の総理大臣並みである。

午後、区教委で小中一貫教育推進委員会に出席。高校との接続等について私からも意見を述べた。会議の後も学識経験者を含むメンバーで懇談。

17日の土曜日はまず芳水《ほうすい》小学校の「くすのき祭り」へ。水槽に1円玉を浮かべて見せ2年生に受けたところまではよかったが、4年生の出題するクイズで3問中1問しか正解できず撃沈。

続いて本校ＰＴＡの実行委員会。学校の近況を報告し、諸行事への協力にお礼を述べた。さらに、学校運営連絡協議会委員を務める都立大崎高校の学園祭「黎明祭《れいめいさい》」へ。卒業生の顔もたくさん見ることができた。

18日は品川区内3消防団合同点検に出席。区議、都議の方が大勢、消防団員として活動しておられることに敬服した。

No.65

生徒は来ず、保護者と連絡つかず　学校と保護者の意識の大きな乖離

キーワード：

家庭の教育力，地域との関係，地域総合防災訓練

「敬老の日」に不孝を思う

少し遡るが、9月17日土曜日の夕方、次男の通う中学校から、部活動中に具合が悪くなり休ませているとの連絡を受け、迎えに行った。保健室で寝かせている間に教員といろいろ話をさせていただいた。今回はたまたまの機会だったが、他校の話を聞くのは私には楽しい時間だ。

自分で「忙しい」と言うのはみっともないが、このところ仕事が遅れがちになっている。校長会の役員や大規模校の校長はもっと仕事量が多いはずだ。いったいどうやって捌《さば》いているのだろうと思ってしまう。

9月19日は敬老の日。ずっと一人暮らしの母にも、同じ東京にいながら滅多に訪ねることのできない祖母にも不孝を重ねてしまっている。

24日の土曜日、外出先から帰宅する途中、お年寄りの女性が道に迷っておられる様子だったので気になって声を掛けた。行き先が分かれば案内しようと思い、しばらくお話を伺いながら歩いたが、どこへ行くのか、どこから来たのかもはっきりしない。結局最後は、ご本人にもお話しした上で、警察の方に保護をお願いした。家の人に怒られていなければいいのだけれど。

管理職に不可欠な覚悟

この週は20日の火曜日から授業。朝、校内を見て回ったが、生徒たちは全体としてよく落ち着いて授業に臨んでいる。明るい生徒が多いのは良い点。発言が特定の子に偏りがちなのと、発表の声が小さいことは課題。

この日の朝、学校に来ず保護者とも連絡がつかない生徒がいて心配した。本来は遅刻、欠席は保護者から学校に連絡をいただくことになっているが、ないこともある。その場合は学校から連絡を取るが、つかまらないことも多い。この日も担任に家まで行ってもらったが応答がない。結局、親類の方を通じてようやく確認が取れた。

私の短い校長経験でさえ、生徒がどこへ行ったか分からず、夜まで探し回ったり、警察に捜索願を出してもらったりしたことが何度かある。保護者は軽く考えていることが多いが、こういうことも学校の負担になる。

夕方、他の中学校長とともに、教育管理職候補者の自主的な勉強会で助言など。管理職には知識も能力も必要だが、絶対に欠けてはならないのは、管理職になることへの覚悟である。それなしには、仮に管理職になってもまともな仕事はできない。

その後、中国大使館の孫建明公使参事官を囲む会合に大幅に遅れて参加。孫公使とは長い付き合いで、私が北京の日本大使館で教育担当の一等書記官

だった時に、カウンターパートである中国教育部のアジア・アフリカ課長をしておられ、よく一緒に仕事をした。日本の良き理解者でもある。10月に帰国されることが決まり、寂しい気持ちだ。

台風一過の学校

21日からの全国交通安全運動に合わせ、この日から30日まで、ＰＴＡ、おやじの会の方が朝の登校時間に校門前で私たちと一緒に挨拶運動をしてくださっている。実際に来られるのは限られた特定の方だが、学校としてはとてもありがたい。

非常に強い台風15号が近づいたため、急遽《きょ》授業時間を短縮して給食を繰り上げ、昼過ぎに生徒を下校させた。午後に三木《みつぎ》小学校と合同の「授業力」向上のための研修を予定しており、本校の各教員は指導案も準備していたが中止せざるを得ず残念だった。

教員には、生徒が家に着く頃までは待機してもらった。私はそれを見届けてから夕方に出たが、結局土砂降りの雨の中を、暴風のため傘も差せずに歩いて帰る羽目に。

翌22日は早めに出て雨漏りなどがないか確認するとともに、学校の周りをゴミを拾いながら見て回った。近隣から学校に「お宅の樹木の枝がうちの庭に入ったから掃きに来い」という電話があったりもしたが、平和裏に対応。

この日の朝、登校時間帯にトラブルが発生。集団でふざけていた生徒たちが通りがかりの女性から注意を受けた。そこまではいいが、生徒や近くにいた方の話を聞くと、その方の怒り方も常軌を逸しているように思われた。生徒には学年集会も開き登下校中のマナーについて指導すると同時に、念のため、しばらくの間、教員にその付近を見回ってもらうことにした。

地域防災訓練に全員参加

午前中に校内の特別支援教育推進委員会を開き、不登校の傾向や懸念のある生徒を中心に状況の確認と対応方針の相談。その後、若手教員への指導など。午後は区教育委員会へ。就学相談の判断会議に委員として出席した後、夕刻から校長連絡会。

24日土曜日は、ある一般社団法人が主催し、法教育授業の一環として某私立中学校の３年生有志が参加して行われた「公開模擬裁判員裁判」を見学。こういう制度については現物に接しないと実感が湧きにくい。手間はかかりそうだが、良い取り組みだと感じた。

25日の日曜日は、本校を会場に行われる地域総合防災訓練に全生徒、教職員が参加。ただ出るだけでなく、学年ごとに救護訓練、救命訓練、仮設トイレ組立・放水訓練を組み入れている。

また有志の生徒がミニポンプ隊として参加し活躍してくれた。だらけている生徒に地域の方が話しかけ、さりげなく諭してくださる場面もあった。生徒たちも大人しく話を聞いていた。

この日の東京新聞朝刊に「就学援助最多１５５万人」「景気低迷、公立小中生の15％」との記事が載っていた。本校の状況を記すのは控えるが、家庭の経済状況が子供に及ぼす影響の深刻さについては、私も非常に強い問題意識を持っている。

No.66

「市民科」で全学年で人権の学習　教科の勉強にも増して大事なこと

キーワード：
読書，連合体育大会，市民科，学力調査，「副籍」（特別支援教育）

区体育大会で生徒が活躍

9月26日から1週間も保護者が朝の挨拶運動に参加してくださった。この日から10月8日まで衣替えの移行期間。涼しくなってきたのでタイミングとしてはちょうどよい。

生徒会朝会では新旧生徒会長が挨拶。また8月に品川区の「中学生平和使節」として広島に行った生徒に感想文を朗読してもらった。

午前中は主に授業を見、合間に図書室で写真撮影。教員がそれぞれお勧めの本や愛読書を持って写真を撮り、それを図書室の前に掲示することにしたため。私が持参したのは大学時代からの愛読書『ドストエーフスキー覚書』（森有正著、筑摩書房）。読みながら本当に体が震える、生涯でただ一度の経験をした本だ。

昼前に、先に本校で教育実習をした実習生が訪ねて来てくれた。話を聞いて若干のアドバイス。一緒に校内を回ると、大勢の生徒が気づいて声を掛けたり手を振ったりしてくれた。

午後はある件で区教委に出向き相談。夜はある方のお誘いで、ある国会議員の方と懇談。「ある」「ある」ばかりですみません。

27日は朝から夕方まで品川区立中学校連合体育大会。本校は昨年度より参加生徒数が増え、上位入賞者も増加した。こういうことに積極的に挑戦する意欲を来年度はさらに高めたい。

学校に戻り、翌週に迫った中間考査の試験問題のチェックなど。全ての問題と解答用紙を細かく見る。受ける生徒の身になって見ているつもりだ。この日に限らず、この週はこれにもかなりの時間を費やした。

28日は珍しくほぼ1日学校にいた。前日届いた、9月に全学年で行った学力テストの結果を学年ごと、教科ごと、個人別に年を追って見ていくと、浮かび上がってくる課題もある。個々の生徒の状況も極力頭に入れておきたい。

気持ちの素直な生徒たち

29日の午前も授業の様子を見て回った。事後には毎回、簡単な記録を残している。必要な時には教員に感想を伝えたり指導したりすることもある。

午後の「市民科」で、7年生は区で作成している教科書を使って「公正・公平な態度」について学習。教科書にはキング牧師の話などが掲載されている。9年生は「人権についての理解―障がい者問題を中心に考える」という内容。後述する8年生も含め、全学年の「市民科」で人権についての学習に取り組んでいる。

どの学級でも生徒たちは、自分自身の課題として受け止め、真面目に考えようとしている様子が見て取れた。教科の勉強も大事だが、人間としてそれよりはるかに大事なことだ。こういう様子を見ていると、本校の生徒たちはとても気持ちが素直だと感じる。私はこの子たちのこういうところが大好きだ。

9年生が書いた文章を全員分読んだが、「その人のことを何も知らないのに悪く思ってしまうのはいけないと気づかされました」「隣の家の人も目が見えないけれど何でも一人でやっている」「障がい者の方々と話す機会をつくった方が良いと思いました」など、自分なりの思いが表れていた。3月にパラリンピアンの河合純一さんを招いて生徒たちに話をしていただいたが、またそういう機会をつくりたい。

午後はスクールカウンセラーとの情報交換など。先日ある雑誌に書いた拙文について、石川県の教員の方から「勇気づけられます」というFAXをいただいたりもした。

夜は某国大使館関係の行事に出た後、その会場で久々に会った、現在は某研究機関に勤務する方と場所を移して懇談。

運動会シーズン真っ盛り

30日は品川区立学校全校で「平成23年度全国学力・学習状況調査」を実施。中学校では9年生が対象で、例年より半年遅れということになる。

並行して8年生各学級の「市民科」で、都立品川特別支援学校のコーディネーターの先生にお越しいただき、「副籍」制度を活用して同校の生徒との交流を進めていくに当たっての事前授業をしていただいた。

「周りの人が理解して、少し手伝ってくれることで、できることも増え、生活が楽しくなります。地元の大崎中学校で、元気で明るい生徒の皆さんとの交流を楽しみにしています」という保護者からのメッセージもご紹介いただいた。

実のところ、交流がうまくいくかどうか、私は全く楽観していない。難しい面もあると思っている。だが、こうした気持ちを受け止めて、できるだけの努力をしたい。

なお、8年生は国語のグループディスカッションでも「差別と偏見をなくそう」というテーマで取り組んでいる。

この日はある件で若手教員への指導も行った。夕方は試験問題のチェックを終えてから、ある勉強会に出席。某マスコミで活躍されている方から、東日本大震災の被災地の状況と支援活動などについて生《なま》のお話を伺い、遅くまで談論風発。この週は学校関係以外にもいろいろな分野の方とお会いすることが多く、充実した週ではあったが、やや寝不足、疲労気味。

翌10月1日の土曜日は小中一貫教育で連携する品川区立戸越《とごし》小学校の運動会。児童も教職員もとても楽しそうにしていて、良い雰囲気だと感じた。その後、私用だが、次男の学校の運動会も遅刻して参観した。

2日も連携校である三木《みつぎ》小学校恒例の「地域参加型運動会」。学校とPTAが共催、地元西品川六町会が後援というユニークなものだ。児童たちの声がよく出ていた。低学年からやっている暗唱の効果だろうか。

本当は当たり前でないはずの一日一日がさも当たり前のように過ぎてゆく。

No.67

学校公開で6年保護者説明会を開催　大崎中の今を見て選んでもらいたい

キーワード：
全国体力テスト，読書，教職員，学校公開，小学校保護者説明会，給食

苦手意識を持たせない

10月10日は体育の日。文科省が毎年行う体力・運動能力調査の結果では、子供の運動能力は1998年以降で最高となった。一方で、当たり前だが、運動をする子としない子の差は広がっている。

何をするにも体が資本だ。運動に限らず芸術や勉強も同じだが、子供の時に苦手意識を持たせないようにしてやりたい。

子供たちに何かを語る時、スポーツの話は比較的入りやすい。私自身も運動はできなかったが、スポーツ関係の物語は好きだった。

「私は、マラソンにおいては、完走できたものすべてが英雄であると考えています。」

これは2004年アテネ・オリンピックの男子マラソンで、トップを快走中に沿道から出て来た男に体当たりされるアクシデントに遭いながらも銅メダルを獲得したブラジルのバンデルレイ・デリマ選手の言葉。別のレースで疲労のあまり気を失いかけながらも完走、優勝した後の記者会見で語ったものだ（『スポーツ感動物語9 勝利とスポーツマンシップ』学習研究社）。

人との比較ではなく自分が最後まで走り抜くことに重きを置く姿勢、他の競技者への敬意、運命に対する謙虚さ。それらが込められた深い言葉だと思う。

最近、各教室に常置する図書を大幅に増強した。先に引用した本もその1冊。もっともっと本を読ませたい。

2日の日曜日に仕事で学校の前を通った際、近隣の方に「何かご迷惑をお掛けしていませんか」と伺ったところ、遠慮がちに、校舎の屋上から掛けてある垂れ幕が強風の夜に揺れる音が気になるというお話だった。

翌日、早速、用務主事にお願いし、校舎の反対側（運動場側）に掲げてあった横長の横断幕と場所を入れ替えた。

今日は二宮金次郎風

3日と4日は2学期中間考査。本を片手に登校する生徒の姿もちらほら。二宮金次郎のようで感心だが、事故に遭わないように気をつけないとね。昨年度まで5教科を1日で行っていたが、今年度からはしっかり準備して臨めるように2日間とした。

3日の全校朝会で次の3点を話した。①今年度も後半戦。残された一日一日を大事に②全学年で取り組んでいる人権についての学習は教科の勉強より人間としてずっと大事だよ③気候の変わり目なので健康管理に注意を。

同日朝、教員からある失態について報告を受け、事後対応を指示。次週から転入予定の生徒の保護者が挨拶に来られ懇談。午後、産休中の教員が可愛い赤ちゃん連れで来校。この日から教

員との個別面談も開始。学校運営協議会委員を務める都立大崎高校の学校公開にも行きたかったが、時間がなくて叶わず。

4日も中間考査。私は午前中に区教委で来年度移動教室の実地踏査に向けた打ち合わせ会。午後、試験が終わって部活動が始まると、生徒たちが普段以上に元気に見えたのは気のせいか。

5日朝、区教委の指導主事が「生活指導強化月間」で状況把握のため来校。その後、ある教科の指導について教員と話。また三木《みつぎ》小で教育実習中の教職大学院生の授業を見、意見を伝えた。今できないのは仕方がない。肝心なのは、次には改善、上達できるかという「伸び」だ。

午後は区の教育会で学校事務部会に出席。その間にある件で副校長から連絡。

6日朝、試験の採点に関することで教員を指導。1校時は授業観察。終わってからまた指導。午後、本校の生徒も継続的にお世話になっている「マイスクール八潮」（品川区の適応指導教室）から担当の教員が来校され、生徒の担任を交え情報交換。この生徒の場合は同教室が居場所、救いになっている。

夕方、スクールカウンセラーと生徒の件で相談。

狙うは「てっぺん」

7、8日の金・土曜日2日間で学校公開。とはいえ平日に来校される方は多くない。本来なら校内を回りたいところだが、7日午前中は区教委主催の校長研修会と校長連絡会。

午後、授業終了後に小学校6年生保護者を対象とした学校説明会。これも2日間行う。今年は昨年に比べ近隣小学校の6年生の人数が大きく減っており、来春の入学者数確保の上で非常に厳しい条件だ。私が言うのも何だが、今の大崎中はとても落ち着いた、地域から信頼していただくに値する学校だと思っている。私と教務主任、生活指導主任から学校の現状、特色、変えてきた点、校長としての考えなどを説明したが、どれだけ受け止めてもらえるだろうか。

8日も学校公開、学校説明会。急遽《きょ》、時間割を変更する必要が生じたが、教員の協力のお蔭でどうにか対応できた。

この日は保護者も随分大勢来校してくださった。私は芳水《ほうすい》小学校の運動会に顔を出し、児童の元気な様子に拍手。帰校後、産休中の教員と再度面談。その後、校内を駆け足で見て回った。

正午からPTA主催の給食試食会。メニューは季節感を味わっていただこうと栄養士と相談して決めた栗ご飯。給食の様々な工夫や気配り、特に安全への配慮について、栄養士と私から例年より詳しく話をした。

学校説明会の後、翌週からの転入生が保護者と来校。副校長、学年主任、学級担任と私で対応。

9日の日曜日は本校の最寄り駅、JR大崎駅周辺で開催中のイベント「しながわ夢さん橋」の一環である「お花いっぱい運動」にバレーボール部の生徒全員が参加。地元企業の方や都立大崎高校の生徒と一緒に苗を植える活動をした。昼にはメインステージで、日本ハム株式会社のマスコットキャラクター「ハムリンズ」の登場前にバレー部をご紹介いただき、「大崎周辺まちづくり協議会」から大きな応援幕まで頂戴した。大書された文字は部のモットーの一つ「ねらうよTEPPEN」。「てっぺん（天辺）」はもちろん、頂上、№1である。

No.68

教員にはプロの自覚が必要　当事者にその危機感はあるか

キーワード：

教職員，学校公開，校内研修，生徒の姿，乳幼児とのふれあい学習

「先生の授業のファンです」

　プロ野球セ・リーグでは10月18日に中日が2年連続優勝。「最低4、5年、第一線で活躍しないとレギュラーとしては認めない。周囲からは目をつぶって若い選手を使ってほしいといわれるが、チームみんなの生活がかかっているんだから、使えない」（10月19日東京新聞1面）。この落合博満監督の厳しさが、プロには本来必要なはずだ。

　それでいくと学校は、本当ならレギュラーになる力のない選手も大勢レギュラーとして試合に出ている世界と言えるかもしれない。それでも力不足を自覚していればまだいいが、能力は低いのに我流にこだわり先輩の助言に耳を貸さない教員もいるようだ。もしかすると褒められてばかりで育ってきて勘違いしているのかもしれない。

　自己肯定感を育てるために「褒めて伸ばす」ことも子供には重要だ。だが、プロとして仕事をするには、自らへの厳しさや謙虚さこそがより必要だ。養成、採用段階でこの点を叩き込まないと駄目だな、というのが最近の私の考えである。

　10月7、8日の学校公開で来校者に記入いただいたアンケートの内容を整理して全教職員に知らせた。全体としては肯定的な評価が多く、中には「○○先生の授業のファンで、毎回欠かさず拝見しています。子供の代わりに授業を受けたいくらいです」というものもあった。

　一方で「生徒の声が小さい」「緊張感が不足している」「○年生の授業態度が悪い」「教員の言葉が友達感覚っぽい」などの指摘もいただいた。これらも全て今後の改善に生かしたい。

　11日の火曜日、朝の職員打ち合わせで転入生を紹介。その後は教員との個別面談など。夕方、再来年の修学旅行について、保護者の代表にも入っていただき業者から説明を受けた。夜は財務省のある人と教育談義。

放射能の研修会に参加

　12日も午前中は教員との面談など。午後は校内研修会。私が若手に見せたい、学ばせたいと思う、ある教員の授業を全員で見て研究協議。今年度合同研修を行っている三木《みつぎ》小学校の教員も大勢参加してくれた。

　全体会で私が話したのは、教員の仕事の危うさだ。普段は子供相手だし、大人の厳しい目で見られる機会も少ない。だから、大して力がなくても、努力しなくてもやれてしまう。それに甘えては駄目だ。教員がプロ集団として自他の仕事を厳しく見て高め合っていく姿勢を持たない限り、誰が教員を応援しようと思うものか。当の教員たちにその危機感はあるだろうか。

夜は経済界、官界のメンバーによる勉強会。当事者の話からしか分からないこともたくさんある。

　13日は1校時に特別支援教育推進委員会。その後、教員との面談。それとは別に教員への指導、生活指導関係の対応など。午後は東京都教育庁と福祉保健局の共催による「放射能に関する教員向け研修会」で、日本保健物理学会会長の小佐古《こさこ》敏荘《としそう》東京大学大学院教授のお話をうかがった。

　14日朝、ある保護者からの電話に対応。家庭内の複雑な事情があるため、電話が来れば担任でなく私が対応すると決めていたもの。また、教員との面談、教員への指導など。午後は地域の方からの相談、保護者からの電話への対応、2人の生徒とそれぞれ個別の話、学校見学に来られた6年生の保護者への応対など。夕方、本校で英検を実施。

　15日の土曜日は朝から生徒の校外活動が予定されていた場所に向かったが、悪天候で延期することになり一旦帰宅。午後は品川区内にある日本音楽高校の「総合的な学習の時間」舞台発表（「サウンド・オブ・ミュージック」の上演）を参観。生徒たちのよく通る声の美しさが印象に残った。

　16日の日曜日は芳水《ほうすい》小学校で行われた地域行事「親子レクリエーション運動会」へ。生徒も大勢ボランティアで参加した。途中、自校に戻って仕事を片付けたかったのだが、とてもここには書けないようなトラブルが起き、その対応に追われた。夕方は運動会の反省会。

朝会で生徒が英語でスピーチ

　17日の月曜日、生徒会朝会では、各委員会の後期委員長たちの委嘱式などを行った他、2人の生徒に英語でスピーチをしてもらった。こういう機会も増やしたい。

　その後、都教育庁人事部事業発表会に出席。アンケートの選択肢が「大変参考になった」「参考になった」「参考になる点があった」の三択で「何だこりゃ？」と思ったが、まあどうでもいい。感想を書く欄もあったので、裏までたっぷり意見を書いておいた。

　帰校後、品川警察署の方が来校。夕方、生活指導関係で保護者及び生徒本人との面談を2組。保護者もいろいろである。

　18日の火曜日から2日間、8年生は36の事業所に分かれ職場体験。この日の午前中に、7年生は0歳児とそのお母様方との「ふれあい授業」。まず保健師の方から赤ちゃんの発達段階や抱き方、母親の体の変化などについて教えていただいた。私も臨月の妊婦体験ジャケットを試着。次の時間に22人の赤ちゃんたちと対面。初めは恐る恐るだった生徒たちも、やがて赤ちゃんを抱っこさせてもらったり、泣いている子をあやしたり、おもちゃで遊んだり、お母様方の話を聞いたりと積極的に取り組んでいた。生徒の感想文からも「温かく柔らかかった」「指をつかんでくれてうれしかった」「来年また会うので成長を見たい」「母に感謝でいっぱいの気持ちになった」「ぼくもいいお父さんになりたい」など、たくさんのことを感じ、学んだことがうかがえた。参加、協力してくださった皆様に心より感謝申し上げる。

　午後、ある件で来客と打ち合わせ。夕方、部活動の練習中に故意ではないがご迷惑をお掛けしたお宅に顧問、副校長と出向いてお詫び。夜は本校同窓会長、三木《みつぎ》小の林誠校長と懇談。

No.69

8年生が地域で職場体験　温かく受け入れてくださった事業所に感謝

キーワード：

職場体験学習，連合音楽会，小中合同研修，言語活動，面接練習

社員よりもしっかり？

10月19日水曜日の午前中に、前日から8年生の職場体験を受け入れてくださっている事業所のうち11か所を見て回った。ご負担をお掛けするのに温かく受け入れご指導くださるのはありがたいことだ。「大勢の朝礼の中での自己紹介もしっかりとでき、びっくり！　社員よりもしっかりとした話し方でした」というメールを写真と共にお送りくださった事業所もあった。お世辞でもこういう目で見てくださること自体が嬉しい。

午後はある件で区教育委員会に相談に出向いたり、別件で区教委の方が来られたり。

20日の朝、生活指導の関係で保護者が来校され、私が対応。その後、戸越《とごし》小学校の学校公開で主に6年生の様子を見、続いて三ツ木児童センターで開催された「品川区こども家庭あんしんねっと協議会大崎第二地区分科会」に出席。児童福祉法で定める要保護児童対策地域協議会で、関係機関のネットワークとして機能している。会談後、ある機関の方と本校生徒の家庭の状況に関し情報交換ができた。

午後、三木《みつぎ》小学校の校内研修で研究授業を参観。学校に戻り、保護者対象の進路説明会で、自分の経験も含め話をした。夜は弔事で埼玉県の上尾市へ。

21日は朝から香川県へ行き、芝生のグラウンドが美しい高松市立屋島西小学校（森英樹校長）で開催された「香川県小学校教育研究会生徒指導部会研究発表会」に指定討論者として登壇。

18歳まで育った香川県の空気、雰囲気が私はとても好きだ。教員として活躍している高校時代の同級生にも会えた。ゆっくりしたかったが最終便で帰京。

ほっとした区の連合音楽会

22日の土曜日は朝6時過ぎに家を出て、2泊3日で来年度移動教室の候補地選定に向けた区教委及び中学校長による実地踏査。行きのバス車内で読んだ『奇跡の教室　エチ先生と「銀の匙」の子どもたち』（伊藤氏貴著、小学館）は、授業の在り方、教員の力量、教育課程行政の課題などを考える上で興味深かった。

グループ別に分かれての視察で、私は2日目に6時間半かけて二つの山を縦走し体力をほぼ使い果たしたところに、3日目も急遽《きょ》視察先を増やすことになり2時間余りの登山。もう疲労困憊《ぱい》、満身創痍《い》。

この間の24日には、私は立ち会えなかったが、本校に「副籍」を置く東京都立品川特別支援学校の生徒が8年生と交流する時間を持つことができた。

25日は午前中に八重樫憲一区教育委員会学校経営監による学校訪問。校長

室で学校経営上の課題についてお話しした後、新規採用教員を含めた授業の様子、また12月に行われる三木小の行事に参加する予定の7年生の合唱練習などもご覧いただいた。

午後は品川区立小中学校合同連合音楽会。本校の生徒たち（吹奏楽部と9年生の一部）も演奏と合唱を披露した。7年生の合唱もそうだが、子供たちの歌声はいつ聞いても幸せな気持ちになる。学校に来て気づいた私の宝物の一つだ。

学校に戻り、施設の状況を見に来られた区教委の担当者と話。また授業に関し若手教員に指導。夕方、生活指導に係る報告が数件。ついでに告白すると、この日、他区の中学校に通う次男がある件で指導を受け頭を丸刈りにした。まったく何をしてるんだか。親の顔が見たいものだ。

落ち着かない秋

26日朝、ある件で教員に注意。午前中に区教委でヒアリング。エレベーターで偶然若月教育長にお会いした。

午後は今年度3回目になる三木小・大崎中の小中一貫教育合同研修会。主題である「言語活動」は学年や教科の壁を越えて共通に取り組めるテーマで、今後も連携の軸にしていきたい。きちんとした言葉で書いたり話したりできる力は、思考力や人間関係を築く力にも直結する。

27日は1校時に特別支援教育推進委員会。今回は主に不登校傾向の生徒についての情報交換と協議。午後、品川警察署の方がある用件で来校。この日はたまたま（?）生活指導案件もいくつかあったので、それらも含め情報交換など。ここにきてまた一部の生徒が落ち着かない。昨年秋もいろいろあった。秋は（秋も?）要注意だ。

この日の放課後から推薦入試等に向け9年生の面接練習を開始。校長室で1人ずつ全員と行う。少なくとも面接が原因で落ちることはないように指導する。生徒と個別に話せる楽しみもある。

夜は「コモンビジョン研究会」という勉強会で話をし、文部科学省の先輩、後輩、教育に詳しいマスコミの方たちと議論。「コモンビジョン」については『月刊教職研修』11月号（教育開発研究所）にも書いている。ご参照いただければ幸い。

3週間ぶりの休日

28日朝、避難訓練。戸越《とごし》小の校区外部評価委員会に出席し、授業の様子も参観。その後、学校公開中の芳水《ほうすい》小学校で茶道の学習（市民科）などを見せてもらった。午後は区教委の小中一貫教育推進委員会に出席。帰校して仕事の後、夜は大崎でまちづくりに取り組む議員や関係者による勉強会のキックオフ会合。

29日土曜日、都立大崎高校の創立百周年記念式典に出席。同校卒業生のギタリスト、Ｃｈａｒさんの演奏もあった。私もファンだったが、今の中高生は知っているだろうか。会場に向かう途中、他の中学校の校長から、本校の生徒がその学校でご迷惑をお掛けしたことについて連絡をいただいた。申し訳ありません。

30日日曜日は3週間ぶりに仕事で外出する予定がない日だった。朝、警備会社から携帯電話に着信があった時には「やはり駄目か」と思ったが、無事休むことができた。とはいえ、家にいる時間はほとんど仕事をしている。次に休めそうなのは2週間後だ。

No.70

学校公開で「市民科」授業　他者や社会との関わりを学ぶ

キーワード：
連合音楽会，和楽器，いじめ，通級学級，市民科，学校公開

品川区が誇る箏の授業

先日の品川区立小中学校合同連合音楽会に出演した生徒たちの感想文を読ませてもらった。どの生徒も慣れない舞台で緊張しつつも「悔いのない合唱、演奏ができた」という達成感を味わったようだ。「毎日、朝学校へ行く前も、放課後も、夜ご飯を食べた後も練習してきた」生徒もいる。「努力すること」や「友達と協力することでとても良いものができること」を学び、また「他の学校からたくさんのことを学んだ」という生徒もいた。

私はこういう体験自体が貴重だと思う。喜びも悔しさも、きっとこの子たちの糧になる。

10月31日の月曜日。朝、ある保護者から担任への電話を受け、関係の教員で対応を相談。

この日から3日間、7年生の音楽は和楽器（箏《そう》）の授業。毎年指導に来てくださる眼龍《がんりゅう》義治先生によれば「全小中学校で箏を習うのは全国でも品川区だけ」とのこと。2人で1面のお琴を使う。眼龍先生には給食も生徒と一緒にお取りいただいた。

放課後は会議等がない限りほぼ毎日9年生の面接練習を続けている。この日の夜は香川県関係の会合で浜田恵造県知事もご出席。香川の酒肴をいただきながら懇談。故郷豊島《てしま》の産廃の処理にはまだ時間かかかるようだ。

11月1日の午前中は区の校長連絡会。来年度の計画に関わる重要な話もあった。午後、ある生徒の件で区の子育て支援センターと連絡。夕方は部活動中に怪我をした生徒への対応など。

11月は東京都の「ふれあい（いじめ防止強化）月間」でもある。子供同士の関係でも好き嫌いやトラブルは付き物だが、それが深刻ないじめにつながらないように、またいじめのような卑怯な行為を憎む態度を育てるようにしたい。

個別の指導と教員の負担

2日は朝から生徒指導案件など。7年生の和楽器は最終日。わずか3日、計3時間の練習で、どの学級も「夏の思い出」の合奏まで進むことができた。

この日に限らず、このところ9年生の一部の生徒について教員が個別の学習指導に当たってくれている。元々空き時間もほとんどない上にさらに負担増となるが、嫌な顔もせず一所懸命だ。そういう様子を見ると、世の中に対して、意地でも教員の味方をしたいという気になる。

昼には通級学級「かしわ」の生徒が自分で作ったスイートポテトを届けてくれた。ありがとう。ごちそうさま。遅い時間になって、ある生徒の件で担任から報告を受け、急ぎ児童相談所の担当者と連絡を取った。その後、先に日本学

術振興会理事長を退任された小野元之元文部科学事務次官を囲む会合に遅参。都合4回お仕えした元上司である。

3日の文化の日は、9年生の選択技術でカヌーを制作した生徒たちが多摩川の浅瀬で試乗するのに他の教員と共に同行。暖かく風もない絶好のコンディションで、生徒たちも楽しんでいた。たまにはこういうのもいい。昔の学校はこんな機会も多かったのではないだろうか。

その後、学校に戻り仕事。ある部との練習試合に引率で来ておられた他校の教員に挨拶。帰りに神社の境内から笙《しょう》の音色が聞こえ、入ってみると七五三で和服などに着飾った子供たちにカメラを向ける家族の幸せそうな光景があった。こんなことの一つ一つが私には貴《たっと》い出来事に思える。

この夜、ちょっと変な体験をした。夜中に目が覚めると、暗闇の中でパソコンの前に小さい影が座っている。息子かな、おかしいなと思っているうちに足の上に人が乗って来る感触。まずいなと思いつつ何とか踏ん張って起き上がり「誰?」と声を出したが誰もいない。時刻を見ると2時前で、床に就いて30分しか経っていなかった。疲れが溜まっているのだろう。

不機嫌は罪である

4日、かつて私もメンバーとして1年間活動した異業種交流団体で教育の勉強をしている後輩たちが来校。校内を駆け足で案内した後、給食を食べながら活発に意見交換。7年生の市民科で取り組んでいる「ＣＡＰＳ《キャップス》」という経営シミュレーションプログラムを使った学習の様子も見てもらった。

この間に近隣の方から、前日に生徒が家の前で騒いだというお叱りの電話があり、副校長に対応してもらった。午後、ある件で区教育委員会の方が来校。またある保護者が私を訪ねて来られ、お話をお聞きした。夕方、いくつかの案件で関係方面にお詫びやお願いの電話。夜は歴代ＰＴＡ会長・役員、校長等による「大崎中の会」。現ＰＴＡ役員の皆さんにはこういう会の度にお世話になり、感謝に堪えない。

5日の土曜日は学校公開。品川区立戸越《とごし》小学校の新井陽子校長もお越しくださり、今春同校を卒業したばかりの7年生たちの様子に目を細めておられた。

午後は「市民科授業地区公開講座」で、各学年とも品川区で作っている教科書に沿い、7年はＣＡＰＳ、8年は職場体験の発表、9年はコミュニケーションの学習として「アサーション・トレーニング」の授業を行った。アサーションとは、要すれば「自分の意見を適切な言い方ではっきり伝えること」だ。授業後の協議会にも保護者、地域の方がご出席くださった。

6日の日曜日は学校の地元町会である品川尚和会の資源回収協力のお礼を兼ねた餅つき大会にお邪魔した後、品川区内で開催された、日本語を母語としない子供たちのための「多言語高校進学ガイダンス」に講師として出席。高校受験に向けたアドバイスなどの話をした。

疲労か加齢か知らないが、どうも体調が良くない。気にはなるが、ゲーテの言葉に「不機嫌ほど大きな罪はない」というのがあるらしい。とにかく元気を出そう（ついでにこの言葉を、妻の目に触れる場所にもさり気なく置いておこう）。

No.71

放射線指導に関する研修会に参加　不安に正面から答えているか

キーワード：
生徒の姿，面接練習

ハイレベルな英語スピーチ

　11月7日、週明けの全校朝会で、品川消防署の島津幸廣署長が、3年連続でミニポンプ隊として活躍した9年生の生徒に感謝状をお贈りくださった。防災や地域貢献について知るだけならそう難しくない。しかし、実際に行動し、しかもそれを継続するのは大変なことだ。

　この他、私から月内に予定しているゲストをお招きしての講演会について話をし、また12月に行われる品川区中学生の主張大会に参加する生徒に全校生徒の前でスピーチをしてもらった。

　その後は職員との個別面談など。前日に実習で作ったスイートポテトを届けてくれた通級学級「かしわ」の男子生徒2人にお礼を言いに行き、いろんな話も聞くことができた。午後は給食の関係である業者からの報告など。人権擁護委員の方が急に訪ねて来られ何事かと思ったら、「子どもの人権相談周知ポスター」の掲示依頼だった。

　この日から9年生は三者面談を開始。私はこの週も月火金に9年生の面接練習。終わった学級から、一人一人に評価とコメントを書いたシートを返している。とにかく「面接で落ちる」ことがないようにしてやりたい。だから厳しいことも言う。夜は地元の六町会合同の定例会に出席。来年度のことなどについて少し話をさせていただき、懇談。

　8日朝の職員打ち合わせで来年度の土曜授業についての方針を説明。午前中に区教育委員会の冠木《かぶき》健指導課長が来校。私はその後、本校の8年生2人が出る区立中学校英語学習成果発表会へ。2人とも原稿を見ず落ち着いた立派な発表だった。私は午前中の部しか聞けなかったが、他校生徒の発表にも、英語が上手いだけでなく内容も素晴らしいものがあり、聞いていて楽しかった。夕方、2人が引率の教員と共に報告に来てくれた。結果は1人が3位入賞。9年生が多い中で大したものだ。

　退勤後、インフルエンザの予防接種。

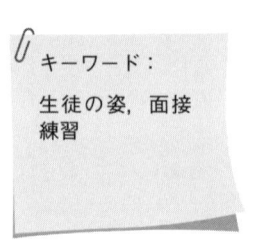

不安に答えていないのでは？

　9日の午前中は割と平穏。授業を見て回ったり、電話を受けたり、前日にあった生徒の学校外でのトラブルについて報告を受けたり。午後は月に1度の区教育会の日。JR大崎駅を挟んで反対側にある区立小中一貫校日野学園での学校事務部会に担当校長として出席。急いで戻り本校で行われた音楽研究部の研究授業を見、研究協議会で挨拶。

　その中で、石川県で音楽の教員をしておられる西野真理さんの文章を紹介させていただいた。若い頃の自惚れを、あるセミナーに参加して打ち砕かれたことが自分のスタートラインになったというもの。そういう謙虚さや自分への厳しさがなければ勘違いに気づかないまま年を重ねることになりかねない。ちなみに西野さんとは面識はない。ある雑誌に掲載された拙文をご覧になったのがきっかけで、お送りいただいたエッセイ集のタイトルが『美女エッセイ』。何というストレートさ。

その後また日野学園に戻り、今度は理科部の研究協議会後に引き続き開催された「放射線指導に関する研修会」。講師の話を聞きながら考えたのは次のようなことだ。「放射線は自然界にも普通に存在するものだから過剰に不安がる必要はない」のは言われずとも分かる。皆が不安がっているのはそうではなく、今回の原発事故のように「本来人間が完璧に管理せねばならないものを管理し切れなくなってしまった場合」の影響だろう。「〇〇と病気との関係については明確な証拠がないことを理解できるようにする」というような説明だけで誰が安心するだろうか。

昭和は遠くなりにけり

10日朝、育休中の教員が事務室に連れて来ていた赤ちゃんを抱かせてもらった。まだ体も軽くて柔らかくて、いい匂いがする。端《はた》から見るとおじいさんか。

午後、区学校保健会の常任幹事会に出席。その前に区役所の1階に展示されていた中学生の「税の作文」で区長賞、教育長賞を受賞した生徒4人の作品を見た。教育長賞に選ばれた本校9年生の「車いす」と題する作文は、車椅子生活をしている祖父の友人のことを通して段差の少ない住みよい街づくりについて論じた気持ちのよい文章だ。会議の後、区教委の事務局に立ち寄る。帰校後、生徒指導に関わって他校から連絡があった件の確認や、スクールカウンセラーとの情報交換など。

夜は区学校保健会学校歯科医部会の研修会で、研究者の方による「口は健康の入口」と題する講演を聞かせていただいた。映像を多用した分かりやすい内容で、研究や治療の技術についても知ることができた。

11日は朝から雨。8年生の授業を見ていた時の話。教材中の「女学校」という言葉を取り上げ、教員が「…ということは、いつ頃の話？」と質問したところ、最初に出た生徒の答は「昭和？」だった。君たちにとって昭和は遠い昔のイメージなんだね。

12日の土曜日は、日中は仕事の予定がなく、散髪、買い物など。家で仕事をするために必要な資料を取りに学校にも寄った。

夕方からは今年度の全国高校総体（インターハイ）で全国優勝を成し遂げた東京高校男子陸上競技部の優勝祝賀会に出席。同校の陸上競技部には、品川区立中学校の連合体育大会で毎年お手伝いをしていただき、大変お世話になっている。今回高校歴代2位の記録で優勝し、その後10月の日本選手権リレー大会で高校新記録を出した400メートルリレーの映像を見ると、バトンリレーなど溜め息が出るほど美しい。

記念品は同部監督の故郷である岩手県宮古市の「いかせんべい」。こういう感覚も私は好きだ。皆で復興を応援しよう。

No.72

「自分との戦い」やいじめをテーマに　パラリンピアンの大日方さんが講演

キーワード：

生徒の姿，ふれあい給食，高校，講演会，いじめ

お年寄りと一緒に給食

11月14日の月曜日は生徒会朝会から。先日の品川区立中学校英語学習成果発表会で見事3位に入賞した生徒に英文の賞状を読み上げて授与。もう1人の参加生徒のスピーチや、この日、壇上で発表した生徒会の各委員長の所作も立派だったことを褒め、「そういう学校の外で通用する力を伸ばそう」と話をした。

午前中に、講演会の打ち合わせのため、冬季パラリンピック・アルペンスキー金メダリストである大日方《おびなた》邦子さんが来校。とても魅力的な方だ。話が弾み、予定の時間を大きく超過してしまった。

昼は7年生と地域のお年寄りの「ふれあい給食」。地元の2町会から12人がご参加くださった。終了後に私も皆さんと懇談したが、とても喜んでくださっていた。

放課後、この日から1週間行う8年生の学力補充教室の様子を見に行く。夜は東京都立大崎高校定時制課程の学校運営連絡協議会。給食は中学校より1、2品多くボリューム満点だ。授業を見て回った際に本校の卒業生とも話をすることができ、頑張っている姿に一安心。

15日は朝からいろいろあってバタバタした。一段落してから区教委主催の校長研修会に駆け付け、小中一貫教育に関するグループ協議など。

戻ってからは生徒指導や進路指導に関する報告を受けたり、児童相談所に連絡したり、近隣からの苦情電話に対応したり。

全ての試験問題をチェック

16日も朝はやや慌ただしいスタート。来年度の行事日程のことなどで主幹教諭と打ち合わせ。生徒指導に関する報告もあった。

午後は若手教員の校内研修で「市民科」授業を参観。また議員の方からの電話への応対など。3時から職員会議。夕方、ある件で保護者に連絡。

17日は1校時に特別支援教育推進委員会を開き、不登校を含め気になる生徒一人一人について情報の共有と協議。課題は多い。午前中に講演会関係の連絡調整や、来校された地域の方への対応など。

午後は区立学校長会。全体会の後、中学校長で集まりさらに情報交換や協議。移動教室、生活指導、特別支援教育など案件が多く、随分時間がかかった。私はその後も小中一貫教育の関係で打ち合わせのため居残り。帰校は夜になってしまった。

それから、次週に迫った期末考査の試験問題や解答用紙を一つ一つチェック。全教科・学年分をかなり細かく見て直し、朱を入れないものはない。教

員には嫌がられているかも知れない。

18日、京都府宇治市から小・中・高等学校生徒指導推進協議会の皆さんが視察研修で来校。生徒指導で苦労しておられる方々だけに、少しの説明ですぐに理解してもらえる。

つらかった「見て見ぬふり」

午後、私も楽しみにしていた大日方邦子さんによる講演会。東京都が今年度から東京都障害者スポーツ協会に委託して行う新規事業「パラリンピアン等の派遣による普及啓発事業」の第1回目となるものだ。

講師に大日方さんをお願いしたのは私の希望である。世界トップレベルのアスリートとしてのお話に加え、小中学校でつらいいじめを受け、その後、高校で新しい人たちと出会う中でようやく世界が変わったというご経験を、生徒たちにも追体験させてやりたいと考えたからだ。

講演前には生徒会役員の生徒たちとともに給食を取りながら懇談してくださった。

講演会には全校生徒の他、小中一貫教育で連携している品川区立三木《みつぎ》小学校の5、6年生、また保護者や校区外部評価委員の方々も一緒に参加した。

パラリンピック、「自分との戦い」のお話から、子供の頃の体験、「障害者なのに生意気」「むかつく」という理不尽な理由でいじめに遭った中学校時代、一番つらかったのは周りの人が見て見ぬふりをすることだったということ、そんな環境が一変した高校生活、チェアスキーとの出会いなど、とても中身の濃いお話だった。「スキー競技を通じて得られたこと」についてのお話は、生徒たちへの力強く温かいメッセージだと感じた。

努力は報われるか

講演の後、質問も受けてくださり、大勢の小中学生が積極的に手を挙げた。「努力は報われますか」という質問には、「努力してもうまくいかない時もある。けれど、長い目で見れば役に立つことがある。『報われない』で終わるのでなく、次に生かせるかどうかはその人次第。私は報われると信じている」と真摯に答えてくださった。

私もそうだと思う。努力しても思い通りの結果が出ないこともある。むしろその方が多いかもしれない。でも、だからといって努力をやめてしまったら、望む結果は決して得られない。報われないかもしれないけれども、可能性を信じて努力する。それが「自分との戦い」だ。

大日方さんは、アスリートとしては現役を引退されたが、今も日本パラリンピアンズ協会の副会長等として忙しく活動されている。この日も講演後は文部科学省の会議に向かわれた。ずっと応援したい人だ。

その後、9年生1人に面接練習。夕方は「ハートフル&アートフルとごし」と銘打った戸越《とごし》小学校の展覧会へ。子供たちの絵や作品がとても明るく、伸びやかだ。小学校での指導の賜物だと思う。戻ってから期末考査の試験問題をチェック。

全て終えてから、大学や民間教育事業の関係者を中心とする異業種交流会に出席。久々に会う人、初参加の人もいて、遅くまで盛り上がった。

19日の土曜日は本校PTAの実行委員会。12月以降もお手伝いいただく行事等がいくつもある。「参加してよかった」と言ってもらえる行事、学校にしたい。

No.73

品川区とオークランド市との教員交流　生徒たちの世界を広げる機会に

キーワード：
幼稚園，生徒の姿，民間人校長，「副籍」（特別支援教育），保護者

NZから教員を迎える

このところ会合などで文部科学省の人に会うと、久し振りのせいか「痩せたね」とか「さっぱりした」と言われる。中には「ピュアになった感じがする」と言う人もいた。実際には老けただけだが、多少ピュアにはなったかもしれない（文科省の時よりは）。

11月21日月曜日、品川区の友好都市、オークランド市（ニュージーランド）から教員交流で来日したスーザン・ジェイコブズさんが来校。これから4週間、主に本校で活動することになる。臨時の朝の打ち合わせで職員に、臨時の全校朝会で生徒に英語で紹介。全校朝会ではスーザンさんが英語と日本語、生徒会長が英語で挨拶をしてくれた。

この日から3日間は期末考査。私は午前中に品川区立城南幼稚園の「幼稚園公開」へ。12月に区立幼稚園長の会で話をさせていただく予定なので、その前に幼稚園の様子を見ておかねばと考えた。発達の度合いの個人差が大きい子供たちの様子を見ても、また自分自身が幼稚園の頃にどうだったかという遠い記憶をたどっても、幼稚園の段階で何をどこまで求めるべきか、あるいは求めるべきでないのか、難しいなと思う。

午後は品川区立三木《みつぎ》小学校の校内研究会で1年生の研究授業を見て、授業態度の良さに感動。協議会では「動作化」や「話型」などについて話し合い、私も意見を言わせてもらった。

夜は文部科学省生涯学習振興課時代のメンバーによる小野元之元課長（前日本学術振興会理事長）を囲む会。

私の手の効き目は？

22日、期末考査の2日目。登校時に「パワーをください」と握手を求めてきた生徒がいた。少しは効果があるといいが。

試験中に校内を見て回る。皆、真剣な面持ちだ。みんな頑張れ。

この日、高校2、3年時の担任から手紙をいただいた。生徒指導面で申し訳ないくらいご迷惑をお掛けしたのに、一人暮らしだった私の体をいつも心配してくださった。今も気に掛けてくださっている。何歳になっても大切な恩師だ。午後は小中学校合同生活指導主任会。財務省東京税関の方からのお話もあった。

同日、中日ドラゴンズの落合博満監督が退任会見。「勝たなければと考えると、コツコツやっていくのが一番の近道」「普通のことを普通にやる。それが周りの人には面白くない」「目新しいことに皆さんは飛びつきますから」等と述べたとのこと。

教育も同じことだ。私も就任時には「民間人校長」として「何か変わったことをしないのか」とよく聞かれた。校長はタレントのように名前を売る必要

はないのだから、当たり前のことを当たり前にやるのが正しいと思うし、奇をてらうのは性分に合わない。

23日は勤労感謝の日。体調を戻さねばと思いほとんど1日家でゴロゴロしていたが、だるさが抜けない。

「一歩ずつ」の副籍交流

24日、玉川大学教職大学院主任の坂野慎二教授が来校。その後、三木小で教育実習生の授業を見、事後に厳しめの助言。

昼休み、試験が終わった解放感だろう、何人かの生徒が校長室に遊びに(?)来た。午後、不審者対応を想定した予告なしの避難訓練を実施。放課後には部活動も再開。早速怪我をする生徒もいて、夕方は保護者や病院への連絡など。

25日の朝、近隣の路上にカラスが散らかしたゴミが散乱していたので、他の教職員と掃除。

朝読書と学活の時間に、「副籍」で交流している東京都立品川特別支援学校の生徒が8年3組の教室で一緒に過ごし、「おたより交換」も行った。話し掛ける生徒も数人。今回が2回目。ステップ・バイ・ステップでやっていこう。

午前中にある件で日本銀行の友人に電話。昼前に来客。この日から給食の時間にはスーザンさんに各クラスに入ってもらうことにした。その初日なので7年1組の教室に様子を見に行った。生徒たちも、ぎこちないながらも、部活動などについて英語で話をしていた。

午後はスーザンさんと一緒に三木小、芳水《ほうすい》小学校の展覧会（作品展）を参観。三木小では本校生徒の作品も展示されている。前週の戸越《とごし》小学校の展覧会でも感じたが、子供たちの伸び伸びした作品は大人の想像力を超えていて、見ていて楽しい。

夕方、品川区子育て支援センターから生徒の件で大事な電話。

品川区の「市民科」と法教育

この夜は仕事以外の用事が二つ。学校法人城西大学大学院センターの開設記念行事では前慶應義塾長の安西祐一郎日本学術振興会理事長に久々にお目にかかった。長く全私学連合の代表を務められ、特に私学部参事官時代は大変お世話になった。続いて、私が大臣秘書官（事務取扱）としてお仕えした遠山敦子元文部科学大臣を囲んでの、国立大学法人法に関わった当時のメンバーによる会合。

26日の土曜日は、法務省等が主催する「法教育シンポジウム」と、日本証券業協会主催の「金融経済教育に関する学校長セミナー」に参加。前者では、品川区が法務省等と連携して「市民科」で取り組んでいる研究授業についての発表もあった。様々な取り組みが始まっているが、今は優れた授業や教材の交流、共有、蓄積の時期だと思う。

いずれの催しからも考えさせられることは多かったが、それを現実の学校現場にどう落とし込んでいくかとなると、なかなか容易ではない。学校に来て、公立の小・中学校は教育機関であると同時に、社会保障的な役割も担っていると痛感する。

というようなことを考えながら歩いていると、駅で卒業生の保護者から「先生」と声を掛けられ我に返った。こういうこともあるので、校長をやっているとますます「ピュア」になるのだなあ。

No.74

長く休んでいた生徒が登校　焦らず一歩ずつやっていこう

キーワード：
不登校，高校，幼稚園，小中合同研修，文部科学省，企業との連携

嬉しかった出来事

この1週間もいろいろあったが、私としては嬉しい週になった。長く学校に来られなかった生徒が2人、久し振りに登校できたからだ。

11月27日の大阪ダブル選挙は知事選、市長選とも大阪維新の会の候補者が圧勝。あらためて大阪府教育基本条例案と反対意見をインターネットで引っ張り出して目を通した。私の考えはここには書かない。ただ、条例案という具体的な形で出したことで既に自分の土俵での勝負に持ち込んでいる点は、戦い方がうまいなと思う。

28日朝、男性の教員から赤ちゃん誕生の連絡が入り職員室で拍手。午前中にオークランド市から教員交流で来ているスーザンさんの授業を見た。ニュージーランドの特色などについて写真を使い易しい英語で説明してくれていた。生徒はどこまで理解できたかな。

午後、品川区子育て支援センターの方が来校され、ある生徒の件で教員と共に打ち合わせ。

夕方、休みが続いていたある生徒が登校。彼はこの後、週内に3日来ることができた。担任が濃《こま》やかに対応してくれている。私もできるだけ会って話をする。頑張りたいという気持ちを大事にしていきたい。

29日、品川区教育委員会事務局から定期異動関係の連絡。昼前には2年前の卒業生で外国に留学中の生徒が母校を訪ねて来てくれた。彼も在学中は学校に来られない苦しい時期があったが、今はすっかりたくましくなった。こんなふうに生徒の成長を見られるのは学校にいるお蔭だ。

午後、東京都立大崎高等学校全日制の学校運営連絡協議会。生徒の外見と指導に関して委員の間で議論になり、私も調整役のつもりで加わった。こういう本音の議論が大事だと思う。

その足で次は品川区立芳水《ほうすい》小学校の校区外部評価委員会へ。ここで私が話したのは、教員は、今、勤務している学校で問題になっていなくても、やがて直面するであろう課題に対応できる力は養っておいてくださいということと、学校教育の現状に対する世の中の見方は教育関係者が思っているより厳しいですよということなど。その後も委員の方々と場所を移して延長戦。

幼稚園で感じたプロの力

30日朝、校門近くで塾の関係者が勧誘のチラシを配っていたので控えていただくよう話をした。この日、「希望利用校」として受けた平成23年度の全国学力・学習状況調査の採点結果が届いた。

午前中に自転車で品川区立平塚幼稚園の「幼稚園公開」へ。移動は大抵自転車を使う。文部科学省の後輩が保護者として来ていて驚いた。園児の活動

や作品から、小中学校とはまた違った教員のプロの力を感じた。帰校後は来客対応、教員の指導、関係機関からの連絡など。

午後は品川区立三木《みつぎ》小学校と本校とで年間4回計画していた「施設分離型小中一貫校合同研修会」の最終回。今回は本校の全学級で研究授業を行った後、分科会と全体会。講師の方々からは、テーマである言語活動、市民科、各教科で「指導上の重点課題」を明確化する必要性、さらに全ての授業についてのコメントまでお話しいただいた。

12月1日、大学3年生を対象とする企業の就職説明会が開始。昨年より2か月遅くなったとはいえ随分早い。企業が大学教育に期待していないことの表れか。朝から猛烈に冷え込んだため暖房を解禁。もちろん節電は堅持。

午前中に校長連絡会。これも大事だが、終了後にもう一つ重要な仕事が。来年度の中学校移動教室の日程調整で希望が重複したところについて校長同士のじゃんけん勝負。3回相子《あいこ》の激戦を制し、まずまずの結果。昼に通知表の様式の件で副校長、主幹教諭と相談。スクールカウンセラーと情報交換。

午後は品川区学校保健会の研修講演会で、テーマは「東日本大震災における医療救援体制とこころのケア」。講演後、私も何点か質問させていただいた。

夕方、ある保護者から無理な相談を受けた教員から話を聞き、対応を打ち合わせ。結論は決まっているが、相手の状況も考慮し、代わりの方法を提示できるよう準備することにした。

しっかりしてくれ！

朝刊に、文科省が小中学校の給食に含まれる放射性物質についての安全の目安を定めたという記事があり、その内容が自治体の苦労を分かってないんじゃないかと気になった。案の定、その後の混乱も報じられている。詳しい事情は分からないが、しっかりしてくれ、文科省！

2日は7年生が合唱練習のために早く登校。朝のうちに前日の保護者の関係でいくつかの関係機関に問い合わせ、情報を整理。その間に、やはり休みが続いているある生徒について担任から報告。こちらはなかなか糸口が見いだせないが、根気強くアプローチを続ける他はない。

それから品川区立戸越《とごし》小学校の校区外部評価委員会に出席。授業の様子も見せていただき穏やかな気持ちで自校に戻ると、生活指導上の問題が起きていて一気に現実に引き戻される。それぞれ保護者に来ていただき、家庭での指導をお願いした。

この後、ある生徒が数か月ぶりに登校。本当に来られるかどうか心配だったので、顔を見て胸をなで下ろした。この子にとっては大きな一歩だ。無理をせず少しずつやっていこう。

昼からは三木小学校で、地元大崎に本社がある株式会社モスフードサービスの協力による食育の出張授業を参観。野菜などの食材を美味しく出すための工夫など、私も勉強になった。質問コーナーでは大勢の児童から次々と手が挙がっていた。

夕方、先の生活指導の件で翌日の対応を打ち合わせ。翌3日の土曜日も登校日だったが、書き切れないので次号にて。

No.75

重い問題を背負った保護者の実態　子供のため学校に何ができるか

キーワード：
保護者，文化祭、生徒の姿，小中一貫教育，保健指導，生徒指導

7年生が合唱コンクール

「仕事が忙しくて子供にまで手が回らない」と言う親もいれば、三者面談をほったらかして夫婦で海外旅行に出かける親もいる。

週のうちに2度、かなり長い時間、保護者と電話で話す機会があった。他にも三者面談で保護者から深刻な話があったという報告も数件。詳細は書けないが、重い問題を背負った保護者がいかに多いか、そしてそれが子供にいかに重くのしかかっているかという、どうしようもない現実がある。学校に、あるいは私にいったい何ができるのか。親がどうであれ、子供を守るためにできるだけのことはしたいと思うのだが…。

12月3日の土曜日は登校日。7年生は保護者もお招きしてミニ合唱コンクールを開催。20日に品川区立三木《みつぎ》小学校で行われる「ふれあい交流会」に向けての練習も兼ねたものだ。どの学級も女子はよく声が出ていたが、男子の声量で少し差がついた。20日は学年全体での合唱になる。頑張れ、男子！

午後、品川区の子供たちの作品を集めた「小中学生人権標語ポスター展」を見てから「品川区中学生の主張大会」へ。各校1人ずつの代表がスピーチで競い合うもので、例年とてもレベルが高い。今回も本校の生徒を含め皆堂々としたスピーチで、見ていて大変頼もしかった。

4日の日曜日は小学生バレーボールチームが参加する「品川区小中連携バレーボール大崎杯」。毎回、本校の女子バレーボール部が審判など運営を手伝っている。開会式の挨拶の際、「先輩が都大会で優勝し、君たちはもう見られる立場なんだから」と話すと、私語をしていた7年生が姿勢を正した。上級生を見習うだけでなく、君たち自身が後輩のお手本になれるように。

歯みがきの習慣をつけよう

5日朝の全校朝会では、壇上から見て落ち着かない9年生男子に「君たちが一番幼く見える」と注意。また、「できる力があるのに失敗を恐れて挑戦しないのは日本人についてよく言われる課題の一つだ。力を最大限に伸ばすには勇気を持って挑戦することが必要だ」という話をした。

午前中に生徒の心の問題で担任から報告が一件。ある生徒の保護者から「校長に話したい」とご指名で長い電話。

このところ給食の時間にはオークランド市から来ているスーザン先生が順番に各学級に入っている。8年生になるとさすがにたくさん質問も出たと聞いて、多少安心した。

この日から1週間、午後は全学級で三者面談を行う。私は三木小の校内研究会で研究授業を見て、5年生が百人

一首の下の句をすらすら答えるのに目を見張った。続いて品川区庁舎へ移動し、小中一貫教育推進委員会に出席。いったん学校に戻って仕事をし、品川区立芳水《ほうすい》小学校に立ち寄ってから小中一貫教育推進委員会の委員等による懇談会へ。

6日朝、三木小の生徒が本校体育館で柔道の授業。寒い日だったがみんな元気で、まさに子供は風の子だ。午後、7年生のある学級で養護教諭によるブラッシングなどの歯科指導の様子を見せてもらった。3日かけて全学級で行う。歯をきちんと磨けば虫歯や歯肉炎の予防にもなるし、何より気持ちが良さそうだ。単細胞な私は翌日早速、新しい歯ブラシを買って来た。

「税の作文」で感謝状

7日、ある教育雑誌のインタビュー。また、頑張って午前中に登校できた生徒と映画の話など。午後は品川区教育会の学校事務部会。

8日、休みが続いていた別の生徒が登校。前週からこういう明るい兆しが続いている。今後も山あり谷ありだろうが、一進一退を覚悟しつつ、少しずつでも良い方向へ向けていきたい。

朝のうちに校内の特別支援教育推進委員会。近隣2警察署のスクールサポーターの方が連れ立って来校。こちらからのお願い事と先方からの相談事が1件ずつ。

午後、三者面談で早く下校した生徒の行いについて近隣の方から通報をいただき、教員が現場に急行。関係する生徒の指導と家庭連絡を副校長以下に委ね、「中学生の『税についての作文』表彰式」に向かう。今回、本校からは3人の生徒が表彰を受けた。学校としても区内で1校のみ「作文募集協力校感謝状」をいただいた。終了後、先の件について副校長から報告を受け、方針を確認。夜は文部科学省私学部参事官時代の仲間が集まってくれた会合に出席。

保護者対応とカウンセリング

9日朝、三者面談での保護者からの気になる話などについて担任から報告。前日の生徒指導の件で状況と対応を整理。給食の関係で二つの業者が報告に来られた。その間に若手教員の研究授業を参観。午後はある生徒と話をしたり、大阪市のある中学校長から突然お電話をいただいたり。

夕方、朝からまったく連絡がつかず心配していた生徒の所在がやっと確認できた。保護者と電話で話をした担任から報告を受け、保護者の発言内容に心配な点があったので私から電話をしたがつながらず。退勤後に学校にお怒りの電話があったと聞いて学校に戻ってかけ直し、私の懸念をお伝えするとともに、いろいろな悩みもお聞きした。

10日の土曜日は本校を会場に毎年行われる「地域スポーツ交流会」。本校の野球部、サッカー部、バレーボール部も参加。天候に恵まれ、地域の方たちのチームと交流を深めた。

以前から感じていることだが、保護者との話はカウンセリングのようになる場合も多い。相手の気持ちを受け止めつつこちらの話も受容してもらうには、カウンセリング・マインドに加え、ある程度の人生経験が必要な局面もあると感じている。

各界で活躍する方々の授業を実施　学校は積極的にアプローチすべき

キーワード：
講演会，生徒指導，保健指導，PTA

教員よ、なめられるな

12月10日の夜遅く、皆既月食を一目見ようと外に出た。他にも10人ほどが暗いオレンジ色の月を見上げていた。この天体ですら宇宙の中では埃《ほこり》のようなものなのだろう。人間はいかに小さな存在であることか。

11日は久しぶりの休日。体調がすぐれないこともあり、終日家で本を読んだり仕事をしたり。

週明け12日の生徒会朝会では書道展で入賞した生徒に賞状を手渡した。字が雑なのでなかなか信じてもらえないが、実は私も小学生時代に書道を習っていた。後から始めた弟にすぐ追い抜かれてしまったが。

ケーブルテレビ品川で数日間にわたり放映された大日方《おびなた》邦子さん講演会のニュースを視聴。私は区外在住なので家では見られないため。午前中に教員との面談2件。午後、給食関係の業者から事故報告。夕方、学校向けの写真ニュースを発行している社が女子バレーボール部の取材に来校。

13日はいったん学校に出て来客対応などの後、羽田から空路、香川県高松市へ。香川県小中学校教頭会（安藤誠司会長）の研修会で「教員よ、なめられるな」と題して話をし、質疑応答。その後も夜まで懇談。せっかくの機会なので、教員をしている高校時代の同級生とも会った。

落合博満前中日ドラゴンズ監督の言葉は何度か引用したが、機内で読んだ最新刊『采配』（ダイヤモンド社）にも共感する点が多かった。管理職や管理職を目指す人にお薦めしたい。もう1冊、三重県立相可《おうか》高校食物調理科の村林新吾先生による『高校生レストラン、本日も満席。』（伊勢新聞社）は、教員や教員を志す人に読んで欲しい本だ。

宇宙の不思議と魅力に迫る

14日の10時頃、学校着。1日空けただけなのに、報告案件、「電話乞う」のメモ、メールがたくさんたまっていた。午後、7年生が全学級合同で合唱練習。短期間でかなり上達していて、本番（20日の品川区立三木《みつぎ》小学校での「ふれあい交流会」）が楽しみだ。

外出から戻ると保護者の関係で担任から相談。その後、職員会議。私からは服務についての念のための話など。夕方は他県の校長からの問い合わせ、区役所への連絡、担任からの三者面談の報告など。夜は異業種勉強会の会合。

15日は都内の私立高校の入試相談日で、9年生担当の教員は大忙し。本校に「副籍」を置く東京都立品川特別支援学校の生徒が朝の時間をあるクラスで一緒に過ごした。また来客2件。若手教員の研究授業。

午後、国立天文台の家正則《いえまさのり》教授による「ふれあい天文学」の出前授業を9

年生で実施。募集を知り、理科の教員と相談して「駄目もと」で申し込んでいたものだ。お越しくださることになったのが宇宙観測の世界的権威で平成23年秋に紫綬褒章を受けられた家教授だったことに驚いた。当日お話しさせていただくと、かつて遠山敦子文部科学大臣の随行ですばる望遠鏡のあるハワイ観測所を訪れた際に案内してくださったのが家教授だったと分かり、お互いにびっくり。「世の中狭いですね」という話になった。

　テーマがテーマだけに難しいと感じた生徒もいたに違いないが、皆、いきいきとした目で聞き入っていた。事後の感想文には、「一番驚いたのは月にいる蛍の光でさえ見えてしまうこと」「好きな分野を深く追究して講義をしている家さんはすごく楽しそうでかっこいい」「高校生になったらすばる望遠鏡の見学をしてみたい」「これからいろいろ勉強して今日聞いた話を全部理解できるようにするぞ!!」など、期待通りの元気なものがたくさんあった。

　その後、区立学校長会の一連の会議。体調が悪かったので夜は早めに失礼した。

エイズを正しく理解する

16日は品川区がニュージーランド・オークランド市から招聘《へい》したスーザン先生が本校で過ごす最後の日。臨時の全校朝会を開き、生徒の代表から英語でお礼の言葉。職員室に戻り、「教職員全員の感謝の気持ち」として、東京国立博物館のミュージアムショップで買って来た扇子と手拭いをお土産にプレゼント。

　朝から小学生のきょうだいとともに連絡のつかない生徒がいて心配していたが、その後、家族からの連絡で事情が確認でき一安心。来客に応対した後、生活指導案件で生徒、保護者と面談。午後、火災初期行動を想定した避難訓練。その前後に来客が４件続いた。

　この日は８年生を対象に性教育（エイズ）の特別授業を実施。藤井毅《たけし》東京大学医科学研究所附属病院感染免疫内科診療科長が、ポイントを絞って分かりやすくお話しくださった。最新の治療法など私も知らなかったことがあり勉強になった。生徒の関心も高く、真面目な質問がいくつも出た。

　先日の大日方邦子さん、前日の家教授も含め、各界で活躍する一流の方から直接お話を聞く機会は、子供たちにとってインパクトも大きく、教育上の効果も高いと思っている。学校に協力したいという応援団は世の中に大勢いる。これからも、生徒にとってプラスになると思えば積極的にアプローチするつもりだ。

　夕方は生徒２人と教員１人が相次いで校長室へ。夜は会合の予定があったが、あまりに調子が悪く熱まで出てきたので断って早く帰り、家人の留守をいいことに８時半に寝てしまった。

　17日土曜日は小中一貫教育連携グループ４校のＰＴＡによる初めての親善ソフトバレーボール大会。ある件についてＰＴＡ役員の方と相談し関係方面への連絡を済ませてから帰宅して、翌日の仕事の準備。

No.77

保・幼・小・中・高が一堂に会し　三木小学校で「ふれあい交流会」

キーワード：
保護者，小中一貫教育，幼稚園，冬休み

小学生に優勝旗を見せる

昔から問題意識を持っていることだが、組織と個人についてあらためて考えている。私の頭に浮かぶのは水俣病などのことだ。後の世代に「いのちあるもの、よいもの、美しいもの」（河井酔茗『ゆずり葉』）を残すために、この先、私はどう生きるべきか。

12月18日の日曜日は都内で開かれた人材育成学会年次大会のシンポジウムにパネラーとして出席。世界に例のない速さで進む少子高齢化を止めることはできない。その中で国のあり方をどうしていくかが問われている。

夜、懇親会を終えて帰宅した後、なかなか連絡が取れずにいたある保護者に自宅から電話し、ようやく話をすることができた。何だかんだで100分間。

19日朝、品川区立三木《みつぎ》小学校の全校朝会で話すため、女子バレーボール部が夏の東京都大会で獲得した優勝旗を担いで行く。中学校の部活動を紹介しつつ、目標に向かって努力することについて話した。翌日の「ふれあい交流会」で三木小の児童全員が宮沢賢治の『雨ニモマケズ』を暗唱すると聞き、「私も言えるよ」と暗唱。昼のニュースで北朝鮮の金正日総書記が17日に死去したと聞いて驚いた。

午後、来訪した保護者と雑談。3時からの保護者会では、学校・生徒の状況、学習方法、冬休みの過ごし方などについて話。夕方、登校できた生徒と校長室で映画の話など。夜は他地区で管理職をしているある人と教育論。

20日は三木小の開校記念日に合わせ初めて計画された「ふれあい交流会」。地域の保・幼・小・中・高6校園が集まり合唱、合奏、暗唱などを発表し合う。大崎中学校は7年生全員で練習を重ねてきた合唱。ガチガチに緊張していたが、後で地域の方から「一番びっくりしたのは大崎中ですよ。よくあそこまで声が出るようになりましたね」とお褒めいただいた。

終業式前に全学級を回る

午後、品川区立幼稚園長会の研修会にお招きいただき、ラウンドテーブル形式で幼児教育の話や管理職論など。多士済々で楽しい園長会だ。その間に副校長から生活指導関係で連絡あり。園長会は夜の部にも黒一点で参加。

21日、2学期もあと2日。これまでどうしても午前中に登校できないでいた生徒が昼前に来ることができた。午後、9年生が体育館で百人一首大会。勝負になるとみんな燃える。

この日、橋下徹大阪市長が石原慎太郎東京都知事と対談。インターネットのニュースには「教育基本条例案、都も検討へ」という見出しも。大阪と東京ではかなり状況が違うと私は見ているのだが。

夜、不整脈を感じて寝付けず。特に横になると駄目で、何度も深呼吸をしたり水を飲んだり。

22日は3校時まで通常授業。この間に全学級を見て回る。4校時に終業式。生徒たちの顔を見ながら、冬休みの過ごし方や初夢、夢の話など。式の後、「税についての作文」で入賞した3人に賞状を渡す。午後、大掃除などの後、生徒が下校。ようやく落ち着いた職員室で2学期最後の職員打ち合わせ。私から教職員にお礼を述べた。いろいろあったが、大きな問題なくここまでこられたのは教職員のお蔭だ。心から感謝している。夕方、スクールカウンセラーと情報の確認。

夜は学校の親睦会の忘年会。遅くまで飲んだ帰り道、自分では普通に歩いていたつもりだが、家の近くの急な下り坂で転び、慌てて立とうとしたらまたよろけ、不細工にもコンクリートの坂道ででんぐり返し。擦り傷はできるは血は出るは、頭に大きなたんこぶができて痛いの何の。でも家でそんなことを言うとややこしくてしょうがないので貝になる。その後も風呂でうとうとしていたらしく、えらく怒られた。

全く、ろくな死に方しそうにないな…。

２０１１年の仕事納め

23日の天皇誕生日と24日土曜日は自宅謹慎。ではなく、買い物、掃除に子供の宿題を見たりして、夜に家族が寝てから仕事と読書。24日、政府が平成24年度当初予算案を決定。初等中等教育関係では小学校2年生の35人以下学級など。

25日朝、橋下・石原対談が掲載された新聞を買いにコンビニへ走る。この日は家族が皆出かけ、仕事も随分はかどった。

26日は出勤。校区外部評価委員の皆さんにお送りする2学期の報告を兼ねた資料を作成。他校の校長、東京都学校給食会の方が来校。

27日は休みをもらい、家で子供の勉強など。第二次世界大戦、特別攻撃隊や原爆被害などについても説明した。こういう時、インターネットは本当に便利だ。午後、一気に年賀状作り。これもパソコンでできるようになってとても楽になった。

28日は仕事納め。品川区役所で濱野健区長、鈴木真澄区議会議長、若月秀夫教育長のご挨拶をお聞きして帰校。午後、来客2件。来春の入学を検討中の6年生の保護者が相談に来られ、私と副校長とで応対。

29日から1月3日まで（何事も起きなければ）6連休。校長になって3回目の年末年始だが、これまでで一番平和な入り方だ。もちろん油断は禁物だが。

29日は家の大掃除で、新聞紙で窓ガラスを拭いたりゴミを運んだり。昼は近所のラーメン屋。夜遅くまで読書。この日、民主党が消費税増税案を決定。

30日も掃除、片付け。午後は上野のアメ横へ買い出し。人混みは苦手だが、去年初めて行って面白かったので。満員電車並みの混雑で、心太《ところてん》のように後ろから押されて歩く。夜はこの原稿書きや仕事など。

大晦日も掃除や仕事、読書など。夜は家で年越し蕎麦。家人が寝てからまた読書。

新しい年が希望の年になりますように。

No.78

年頭の始業式で生徒に思いを語る　「人を助けることのできる人間に」

キーワード：
3学期

「学問の神様」に初詣

初詣は毎年元旦に湯島天神（湯島天満宮）へ行っている。中学生の次男に二拝二拍手一拝の作法を教えつつ、生徒たちの学業成就を願う。午後は国立競技場でサッカーの天皇杯決勝を観戦。品川区で少年サッカーに関わっておられる方にもお会いした。途中でやや強い地震があり、副校長に連絡して状況を確認。体調が悪く夜は早々に就寝。翌日には回復したので、寝不足だったのだろう。初夢はいまだに見ない。

2日は親類宅へ。3日は家でゆっくり。私は普段外で飲む機会が多いので、家では一切飲まない。年末年始は肝臓も一休み。

4日、仕事始め。朝、オウム真理教事件の捜査本部がある大崎警察署の前にマスコミの方であろう人だかり。出勤後、校舎の状況を確認。朝からお客様。部活動の練習も再開。

午前中に品川区役所で区長、区議会議長、教育長のご挨拶。濱野健区長は今年の区政の最重要課題として「民間、学校との連携による防災」を挙げられた。また「今年は必ず『消費税増税の前に行革を』と公務員批判が湧き上がる。批判に耐えられるだけの仕事を」とも話された。全く同感。若月秀夫教育長からは「校長は教育委員会を気にせず思い通りの学校運営を」と力強い言葉。もちろんそうするつもりだ。

続いて設立168年の歴史を有する財団法人六行会《りっこう》の新年賀詞交歓会に出席。地域の教育・文化への支援を息長く続けておられる。こういう民間の活動こそ大事にしたいものだ。

午後、ある校区外部評価委員の方が挨拶に来てくださった。また、PTA役員と相談事。進路の関係で担任を訪ねて来られた保護者もおられた。

この日、心理学科卒という共通点がご縁で親しくしていただいていた国会議員の方が亡くなられた。翌日には、つい先頃まで区内で小学校校長を務めておられた方の訃報に接した。諸行無常。時は無情でもある。私もやがてその日を迎える。

入学希望児童の小学校を訪問

5日は朝から区内の中学校校長が集まり東京都立学校入学者選抜に係る成績一覧表本審査。午後は来客、電話対応など。部活動の生徒がいるとはいえ、まだ学校は平穏だ。夜は本校、他校の教員数人と会合。

6日、午前中に校長連絡会。若月教育長からは小中一貫教育におけるカリキュラム・マネジメントや「学校は社会化の装置」というお話など。比叡山の修行を表す「論湿寒貧《ろんしつかんぴん》」という言葉も引用されたが、私は初耳だった。まだまだ勉強が足りない。

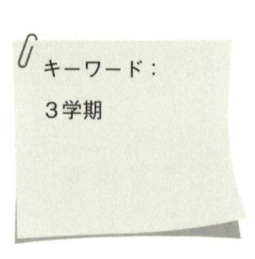

午後、本校への入学を希望しているある児童の件で、担任等から話を伺うため小学校を訪問。また、小中一貫教育で連携している品川区立三木《みつぎ》小学校の林誠校長を訪ねて来年度の相談など。低学年の児童が「浅田先生」と名前で呼んでくれて、ひそかに喜ぶ。他に来客数件。

夕方、六本木で開催中の「歌川国芳《くによし》展」に立ち寄った。江戸時代の浮世絵師だが、感覚が実に現代的だ。金魚や猫をはじめ、魚、蛙、蛇、獣、妖怪など、戯画化されているのにえらく生々しい。想像していたよりもずっと盛況で、こんなに人気があるのかと意外だった。

夜はNPO法人おやじ日本（竹花豊理事長）の互礼会。企業人等による出前授業を支援する「未来教室」の事業を本格化しつつある。「おやじ」だけでなく女性の参加者、賛同者もいる。桑原敏武渋谷区長もお見えになった。

7日の土曜日は家で子供の相手など。仕事の関係で何件か電話したが、連絡した3人の校長のうち2人は学校に出ておられた。夕方、次男と1時間ほどジョギング。いつの間にか子供の方が足が速くなっている。

8日は東京都中学校連合演劇発表会へ。本校に演劇部はないが、区内の他校（小中一貫校日野学園）の生徒たちが出るのを見に行った。予想よりずっと高いレベルですごいなと思った。

「幸せの尺度」を考える

9日は成人の日。長かった冬休みの最終日。私はある知人の縁で某社の賀詞交換会へ。CEO（最高経営責任者）のお話などから強く感じたのは、やはり企業経営の厳しさや緊張感だ。しかし、私も同じくらいの緊張感を持って仕事をしているつもりでいる。

10日からいよいよ3学期。朝、校門で生徒たちを迎えた。新学期のスタートに当たり、服装や持ち物についてもあらためて決まりを徹底する。職員打ち合わせの後、始業式と生徒の表彰。休みの間ずっと、「私は生徒たちにどういう大人になってもらいたいのだろうか」と考えていた。この日、始業式で話したのは「人を助けることのできる人間になってもらいたい」ということだ。それが今の私の願いである。

午前中に授業を見て回った。また新規採用教員2人と、それぞれの課題について個別に話をした。午後、警察署のスクールサポーターの方が挨拶に見えた。職員会議で生徒の状況を確認し合い、夕方には副校長、主幹教諭と来年度に向けての打ち合わせ。

昨年11月に和服の似合うワンチュク国王夫妻が来日され一気にファンが増えたに違いないブータン王国。1970年代から、物質的な豊かさだけに頼らない尺度として「国民総幸福量（グロス・ナショナル・ハピネス、GNH）」の向上を政策目標に掲げて国づくりを進めている。日本も自前の「幸せの尺度」を持つべきではないだろうか。

1月5日発行の『学校保健ニュース中学版』（インタープレス）で、「目標を実現するには何が大切？」と題し、本校女子バレーボール部を大きく取り上げていただいた。

また、『月刊プリンシパル』、『月刊高校教育』（学事出版）の2月号に私のインタビュー（2回のうち前半）を掲載していただいている。ご紹介まで。

No.79

生徒たちの努力が報われることを願い　9年生希望者に2度目の面接練習

キーワード：
面接練習，市民科

「一点集中」で物事を動かす

（注：第一次）安倍内閣の時、私は内閣官房内閣参事官として教育基本法の改正や教育再生会議の創設等に関わった。先日、安倍内閣についての本を読んで感じたのは、「あれもこれも」と店を広げるより、一点集中の方が現実を動かす早道だなということだ。

1月18日の日本経済新聞1面トップで「東大、秋入学に全面移行」と報じられた。大学の秋季入学は、これまでも議論はあったが一向に進まなかった。東大が動けばインパクトは大きい。まだ検討段階ではあるが、私はこの動きを支持したい。

1月11日水曜日、午前中に、本校入学を希望している児童の在籍する小学校を訪問。午後は品川区教育会の学校事務部会。夕方、ある件で教員と一緒に保護者宅を訪問。

品川区による放射線量の測定を本校でも行った。結果は区のホームページで公表されているが、区内1千箇所以上の測定地点全てで基準値0・23マイクロシーベルト毎時未満だった。

12日、特別支援教育推進委員会で生徒の状況を確認。年明けから休みが増えた生徒もいる。午前中に授業の様子を見て回る。午後は品川区学校保健会常任幹事会、夕方はその新年懇談会と品川区立小中学校ＰＴＡ連合会の新年教育懇談会に出席。

13日、なかなか連絡が取れないある保護者と電話で話。9年生の希望者を対象に2回目の面接練習を開始。この日だけで13人。何としても合格させてやりたいと思ってやっている。どうかこの子たちの努力が報われますように。同日、内閣改造で平野博文新文部科学大臣がご就任。

14日の土曜日、買い物に出た渋谷で偶然生徒とご家族に遭遇。夕方ジョギングの途中にもある小学校の教員に会った。

この日が初日の大学入試センター試験でトラブルが発生。いくら分厚いマニュアルを作ってもミスは起きる。それより仕組み自体をシンプルにすべきだと思うのだが。

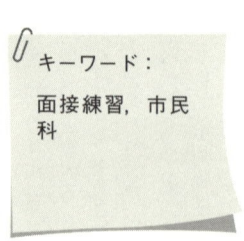

全学年で百人一首大会

15日でとうとう知命の年齢に。夕方、品川消防署第三分団の新年会。新たに入閣された地元（衆議院東京第三区）選出の松原仁大臣もお見えになった。

16日、生徒会朝会。午前中に授業を見て回り、保健室登校の生徒とも話をした。午後、面接練習。夕方、このところ学校に来づらくなっている生徒の保護者に来校いただき、学級担任、学年主任と私とで今後の相談。また、やはり休みが続いている別の生徒の件で担任から報告。区内の学校でこの冬初めてインフルエンザによる学級閉鎖が出たことを受け、教職員に警報発令。

いちいちは書かないが、この日に限らず、生活指導関係の案件も続いており、どうも落ち着かない。

17日から通勤時はマスクを着用。朝、校門で生徒を迎える時もわざと外さないでいた。2月に7年生の市民科で話をしていただく卒業生の方が打ち合わせに来校され、生徒の様子もご覧いただいた。本番が楽しみだ。午後は三木《みつぎ》小学校の林誠校長と来年度に向けての相談など。懸案も多い。その後、区の中学校生徒指導主任会。

この日発表された今春卒業予定の高校生、大学生の就職内定状況は、それぞれ73・1％（平成23年11月末現在）、71・9％（同12月1日現在）。大学生は過去最悪だった昨年に次ぐ過去2番目の低さ。依然、厳しい状況が続く。

18日、若手教員の研究授業。昼前に登校したある生徒とよもやま話。午後、7年生が市民科で百人一首大会。20日の8年生も含め、12月、1月で全学年が行ったが、皆本当によく覚えていて感心する。職員会議では来年度の計画などについて案を示し意見を聞いた。授業時数がさらに増え、悩ましいところだ。夕方は9年生の面接練習。

頑張れ、各校生徒会役員たち

19日も特別支援教育推進委員会。引き続きスクールカウンセラーと打ち合わせ。午後、東京都学校給食会の方からある件の報告。図書室の運営スタッフと読書指導の話など。生徒の読書量が年々増えているのは、スタッフやボランティアの力もとても大きい。8年の市民科では長崎への修学旅行に向けた事前学習。1人ずつテーマを分担して調べたことを発表する。生徒の個性が表れて楽しい。

20日未明から都心で初雪。東京の乾燥注意報は過去3番目に長い35日間で止まった。午前中に品川区教育委員会の教育心理相談員等の専門家による巡回相談。授業も見ていただき、アドバイスを受けた。これが延びたため戸越《とごし》小学校の校区外部評価委員会には遅参。午後は8年生が百人一首大会。寒い体育館で「燃えています！」と上着を脱いで戦う生徒もいた。大丈夫か？　放課後は面接練習。夕方、生活指導の件で教員から報告。夜は某教育関係出版社の表彰式で出席者と懇談。

21日土曜日は本校ＰＴＡの実行委員会。最近の状況、当面の予定の報告、お願いなど。その後、区立中学校・学園生徒会役員生徒懇談会の様子をぜひ見たくて、大幅に遅刻したが駆け付けた。本校は7・8年生6人が出席。どの学校の参加生徒もしっかりしている。失敗を恐れず、どんどんいろんなことに挑戦して欲しい。頑張れ！

22日は妻の具合が悪く終日家事全般。平成7（1995）年の阪神・淡路大震災から17年目の17日、朝日新聞の夕刊にこんな美しい詩が紹介されていた。一部を引用させていただく。

「あなたがドアを出て行くのを見るのが／最後だとわかっていたら／わたしは　あなたを抱きしめて　キスをして／そしてまたもう一度呼び寄せて／抱きしめただろう」（ノーマ・コーネット・マレック作、佐川睦訳『最後だとわかっていたなら』サンクチュアリ出版）

私は、今のこの時間を愛《いと》おしみたい。

No.80

教職員が自主的に通学路の雪かき 「うちはこういう学校」と嬉しく思う

キーワード：
校長会，教職員，市民科，小学校英語，高校

言えばいいのに…

1月23日からの週も盛り沢山。なるべく縮めて書く。

来年度に向けた準備も進めている。品川区立三木《みつぎ》小学校との「言語活動」をテーマにした合同研修も継続する。指導・助言をいただく講師の人選について、23日にある方に相談。その後、別の方の助言も得て候補者を絞り、週内に内諾を得ることができた。他にもやらなければいけないことが山積みだ。

同日午前、生徒の怪我や生活指導案件など。午後、品川区立学校長会の前に、小中一貫教育部会の校長による打ち合わせ。校長会ではある件について何度も手を挙げ反対意見を述べた。内輪のことだから中身は書かない。ただ、他の人も納得していないに違いないのに、いつも私とごく少数の校長しか発言しないのが不思議でしょうがない。生徒がこうだったら、皆さん指導するんじゃないですか？

夜はNPO法人おやじ日本の竹花豊理事長等と公立学校教育の課題について真面目な議論。

読売新聞に、東京大学地震研究所の研究チームが、M7級の首都直下地震が今後4年以内に約70％の確率で発生するとの試算をまとめたという記事が掲載された。現時点での「最大瞬間風速」の数値（意味がよく分からないが）らしいが、いろんな想定場面が頭の中を駆け巡る。

「我が街の自慢は学校です」

24日は雪かきから。早目に家を出たが、学校に着くと既に大勢の教職員が通学路の雪をかいてくれていた。うちはこういう学校なんだなと、本当に嬉しかった。もちろん私もやった。早く来た生徒も手伝ってくれた。近所の方が「数年前は、危ないですよと学校に電話したら、学校が降らせたんじゃありませんって言われたのよ」と言っておられた。ま、そりゃそうだが…。

この日は都立高校推薦出願日。朝、ケーブルテレビ品川で、12月の国立天文台、家《いえ》正則教授による「ふれあい天文学」の授業の様子を紹介してくださったニュースを見た。品川区ホームページ「しながわWEB映像館」でも見ることができる。4校時に若手教員の研究授業。昼に教員から生活指導案件の報告。夕刻、保護者との面談3件。

夜は戸越《とごし》銀座商店街連合会の新年賀詞交換会。ある町会長が祝辞で「我が街の自慢」として地元の品川区立戸越小学校がとても良くなったと強調され、同校からの入学者が多い本校も（その方の町内ではないが、ついでに？）お褒めくださった。その後、今春から在外の補習授業校に派遣されることが決まった旧知の教員と飲んだ。

25日朝、ご自身が演劇に関わってお

られる保護者が来訪され、演劇教育、芸術教育、少子高齢化問題などについて話をした。昼休みと夕方に9年生希望者の面接練習。自信を持って臨めるようにしてやりたい。午後、職員会議。夜は教員をしている古い友人と久々の再会。

市民科で高齢者体験

26日、都内の私立高校一般入試の出願（出願期日は25日から）。朝、本校に「副籍」を置く東京都立品川特別支援学校の生徒が8年のある学級で交流。休み時間に9年生の生徒が小論文の練習で書いたものを「見てください」と持って来た。良い点を褒め、構成とキーワードについてアドバイス。

3校時、新規採用教員の授業を見る。品川区教育委員会の冠木《かぶき》健指導課長が来校。この日も生徒がふざけていてガラスを割ってしまうなど、幼稚なトラブルが続く。

4校時から6校時に7年生の各学級が「市民科」で高齢者体験、車椅子体験。校区外部評価委員の方にも生徒の押す車椅子にお乗りいただいた。

午後、私は品川区立鈴ヶ森中学校で行われた、同校と鈴ヶ森小学校の2校による研究発表会へ。研究主題は「施設分離型小中一貫校における小中一貫教育を推進するための校内組織と指導内容・方法の在り方」。ちょっと長いぞ。両校は1対1で連携しており、特に近年、チャレンジングな取り組みをしている。

戸越小で高校教員が授業

27日、都立高校の推薦による入学者選抜実施日。朝、三木小学校で区教育委員会の統括指導主事とともに、音読教材などを活用した2年生の朝学習を視察。皆、姿勢がとても良い。うちの生徒に見習わせたいくらいだ。自校に戻り統括指導主事といろいろな話。その後、若手教員に授業と社会常識についての指導。

午後は品川区立小山台小学校での「公立小学校における英語学習の可能性」をテーマとした研究発表会へ。同校の英語教育は全国紙等でも紹介されているが、現に公開授業はとても質が高いと感じた。学校選択制が前提だが、私は公立学校でも、例えば国語などを除き全部英語でやるような特色ある学校があっていいと思っている。

夕方、前日お借りした器材の破損について品川区社会福祉協議会に出向きお詫び。夜は青少年対策大崎第二地区委員会の新年懇談会。ある町会長と二次会。

28日の土曜日はまず「生徒会長サミット」（東京都中学校特別活動研究会主催）を覗かせていただき、次に某企業の展示会へ。それから品川区と品川区伝統工芸保存会が主催する「伝統の技と味／しながわ展」に職人さんの実演などを見に行った。

最後に戸越小学校の学校公開と、同校で開催中の大崎中グループ4校による「小中連携合同作品展」へ。5年生の理科は東京都立大崎高校の教員による「特別出前授業」。テンポよく進む授業に子供たちは十分ついていっていた。若いのに子供を上手に動かす手慣れた先生だなと思ったが、後で話をすると初任者だと分かり感服した。

高校教員の授業は初めてとのことだが、子供にも教員にもプラスになり、とても良いと思う。本校でもぜひ実現したい。

No.81

生活指導への小・中の感覚の違い　もっと危機感を共有できないか

キーワード：

授業観察，教職員，小中一貫教育，メンタルヘルス

みんなで9年生を応援しよう

週の初め、1月30日の全校朝会では、①インフルエンザの予防②9年生を皆で応援しよう③全国調査で学力・体力が共にトップクラスの県の秘訣は授業に取り組む姿勢や予習・復習、早寝・早起き・朝ご飯などの基本的な習慣だ―という話をした。

急いでやるべき仕事を週末にリストアップし準備もしてきたので、随分仕事がはかどった。毎週こうできればいいのだが。

朝から区教育委員会、校区外部評価委員長、同窓会長、市民科で話をしていただく卒業生等に電話。逆に児童相談所から2件連絡。校内では生徒の怪我の報告など。夜は文部科学省私学部参事官時代の仲間と会合。2060年には日本の人口が3割減り、65歳以上の割合が約40%に達する（2010年は23%）という国立社会保障・人口問題研究所の将来推計が報じられた。50年後、私はいない。だが子供たちはこの現実を生きねばならない。社会保障や税制、雇用、子育て支援など、後の世代を少しでも生きやすくするのが我々大人の責任だろう。

31日は1校時と4校時に若手教員の授業を見、改善・努力すべき点を指導。どんな仕事でも、若いうちは自惚れず謙虚に学ぶ姿勢がなければ伸びない。

品川区で作ってもらった春高バレー（第64回全日本バレーボール高等学校選手権大会）女子優勝校での本校卒業生の活躍を称える横断幕を校舎の屋上に掲示。昼休みに生徒のふざけに起因するトラブルがあり、7年生の教員はすぐ6校時に学年集会を開くことを決めた。こういう素早い対応こそが必要だ。

夕方、本校への入学を希望する児童と保護者が数組来校され、面談。夜は内閣官房副長官補室で同時期に内閣参事官として勤務した各省庁のメンバーによる元副長官、副長官補を囲む会。3年近く席を並べた法務省の検事と二次会で法曹養成の話など。

都立推薦発表、勝負はこれから

「1月は行く」であっという間に如月。1日朝、校門で生徒を迎える際、休みが続いていた生徒を見つけてほっとする。やはり休みが続く別の生徒宅には担任に行ってもらうことにした。

校長連絡会から戻り、社会常識に類するようなことで若手教員に指導。午後、品川区教育会学校事務部会の研究発表会で講評。夜はその役員等と慰労会。

2日は都立高校の推薦に基づく選抜の合格発表。高倍率でハードルは高い。今回決まらなかった生徒も気持ちを切り替え、前を向いて進もう。勝負はこれからだ。朝、ある件で私立高校の校長に連絡。特別支援教育推進委員会で

情報交換と来年度の会の持ち方についての確認。

小中一貫教育連携グループ4校の連合作品展で、小学生が気に入った作品の作者である本校生徒に宛てて書いたメッセージを見せてもらった。「この作品にぼくはもう会えないと思うと悲しくなります」「もし泣いてしまっても、あの絵や文章を読んで立ち上がれるような気がします」など、小学生が一所懸命書いてくれた光景が目に浮かぶ。どうもありがとう。

午前中にまた生徒の悪ふざけがあり教員から報告。副校長、主幹教諭と来年度の年間計画について相談。午後は品川区学校保健会の研究発表会。本校の主任養護教諭による発表もあった。

この日も前日とは別の生徒宅に担任が家庭訪問。近隣の小学校から数日前の放課後の出来事について連絡が入り、関係する生徒から聞き取りを開始。

夕方、ある保護者がスクールカウンセラーと面談。9年生の保護者が夜遅くまで担任と進路の話。一人一人課題も家庭の状況も異なる。結局のところ、個別の対応が必要になるケースが多い。私はスクールカウンセラーと情報交換の後、部活動で怪我をした生徒がおり夜まで対応。

多彩な各校のPTA活動

3日朝、合格発表の翌日で、9年生の様子に注意しながら校門に立つ。PTA会長が来訪。

午前中に区教育委員会による校長対象の「教師のメンタルヘルス」講習会。教職員の外来患者数が全国最多の社団法人東京都教職員互助会三楽病院で精神神経科部長を務める真金薫子医師からお話を伺った。私から質問したのは次の3点。①病気か否かの科学的、客観的な判断基準はできないものか②採用段階で行動観察等によりチェックできないか③業務遂行能力の回復状況を確認するため、産業医の診断や復帰訓練を復帰の条件にすべきではないか。③は医学より行政の話だが。

学校に戻り昼にある生徒と話。前日夕の件について聞き取りの状況を聞き指導の方針を確認。

午後は東京都中学校長会人権教育研修会。NPO法人スペシャルオリンピックス日本の名誉会長（元理事長）でもある細川佳代子氏の講演を聞きながらいろんなことを考えた。世界大会に体操で出場したダウン症の「ともこちゃん」の話は、自然に涙が出そうになった。

帰校後、前日夕の件で、教員が関係の生徒たちを連れ小学校に謝罪に行ったことについて報告を受ける。自分の行動を振り返り、精神的に成長する機会になるとよい。前から感じているが、生活指導についてはやはり小・中でかなり感覚が違う。率直に言って、危機感がまるで違う。こういう面でももっと意識を共有していく必要がある。

夜、ある保護者と担任が面談。その間に私は若手教員の指導や、近々ある件でご協力いただく某社との打ち合わせ。担任から報告を聞いた上で退勤。

4日の土曜日は品川区立中学校PTA連合会の活動発表会。2校のPTAの発表は、本校ではあまりうまくいっていない「おやじの会」の活動や、3・11を教訓とした保護者向け対応マニュアルの作成など、参考になるものだった。途中で区の適応指導教室「マイスクール八潮」の音楽会に自転車で行き、また戻る。

No.82

「『生きる』ことは『考える』こと」卒業生の須田哲夫アナが7年生に熱く語る

キーワード：

生徒の姿，入学予定者保護者説明会，高校入試，高校，講演会，卒業生，外部評価

新入生保護者説明会を開催

猛威を振るうインフルエンザについて、2月6日朝の打ち合わせで教職員に注意を喚起。

午前中にある件で何回も区教委に電話。品川警察署のスクールサポーターの方が来校。ある生徒の給食中のいたずらについて、正義感の強い9年生の女子生徒たちが教員に知らせてくれた。救われる気がする。

午後、新入生保護者説明会。今年はこの地域に住む6年生が去年よりかなり少なく苦しいが、予想よりは多くの方が出席してくださった。しかしまだ私立の発表待ちや「迷っている」という人もおり数字は読めない。私から①教育方針②本校の特色③保護者へのお願いについて話をした。

夕方、地元某社の方が来訪。夜は東京都立大崎高校定時制課程の学校運営連絡協議会。厳しいことも言わせていただいた。

7日午前、ある入学予定者の関係で小学校に問い合わせ。内容は書けないが、まあいろいろある。不登校で保護者の協力も得にくい9年生の進路について担任と協議。このままにはしておけない。とにかく何らかの道を開いてやらねば。

午後、小中学校合同生活指導主任会。財団法人マルチメディア振興センターの方から携帯電話、スマートフォンの指導についての話など。中学校の分科会で各校、関係機関の情報交換。

帰宅後、夜中までかかって、都教委から各校に配布されたある資料を読み付属のＤＶＤを見た。ＤＶＤについては、2時間近くもあるものを配られても、この忙しい中で都内でいったい何人が見るだろう。他からもいろんな種類のＤＶＤが送られて来ることがあるが、まず誰も見ない。活用を期待するのなら、もっと活用しやすい形での提供を考えるべきだろう。

高校は大丈夫なのか

この日は都立高校第一次募集の入学願書受付初日。「願書を持って来るのを忘れた」と高校から学校に電話してきた生徒もいた。おいおい…。

ある高校では願書の記載について妙な難癖をつけられ訂正を求められた。納得いかないが、もめてもしょうがないから訂正し副校長に届けてもらった。

ついでに高校について最近「おかしい」と感じたことを二つ書く。一つ目。某私立高校の教員から本校教員の携帯電話に、同校を受験する生徒のことで「非公式に」とメールや電話が来た。私から校長に問い合わせるとやはりご存じなく、数時間後に副校長と当該教員が謝罪に飛んで来られた。

二つ目。某公立高校の校長から内情をお聞きし、教員たちとも直接話をし

て、「まだ教員はこんな感覚なのか。これでは校長は大変だ」と深刻に感じたことがあった。学校が特定されぬよう詳しくは書かないが、自分たちの主張のために社会のルールを無視し、他人の財布で人におごって自分たちだけ良い顔をしているようなものだ。そういうのをまさに「偽善」という。

　もしもこんな状況が他にも広くあるなら、荒療治が必要だ。

地方は大丈夫なのか

　8日、来年度の校区外部評価委員長をある方に打診。来年度の小中合同研修で講師をお願いする方を訪ね、ご説明。

　連日、昼休みや放課後に、推薦で高校に合格した生徒が報告に来てくれる。笑顔が何より嬉しい。これから受験する友達にも力を貸してあげてください。午後、職員会議。

　夕方、区の某課から副校長への電話を途中で代わり「それはそちらの仕事だ」と突っ返す。

　区の方には世話になっているし優秀な人もいるのは分かっている。しかし、残念だが、「この人たちは本当に仕事をしたくないんだな」と嘆息することもしばしばだ。区長部局も、出先機関もである。公務員の職に誇りを持っている私には「許しがたい」と感じることも多い。意識と能力の問題である。地方分権は進めるべきだが、仕事の質が下がっては元も子もないではないか。

　放課後、ある件で指導を受けた生徒たちが清掃活動をしている公園へ。夕方、高校時代の副担任で今は校長になられた恩師から電話。ある方に3月の合唱コンクールの審査員をお願い。夜は国立教育政策研究所の杉本直美学力調査官・教育課程調査官、品川区立三木《みつぎ》小学校の林誠校長らと懇談。

外部評価委員会での応酬

　9日、登校時間前に9年生の面接練習。頑張れ。1校時に特別支援教育推進委員会。

　昼に本校卒業生である須田哲夫氏（株式会社フジテレビジョンエグゼクティブアナウンサー・解説委員）が来校くださり、7年生の生徒たちと給食を取りつつ歓談。6校時に7年生の市民科で生徒たちに話をしていただいた。いつもはテレビで見る著名な先輩を前に固くなっていた生徒たちの中に入られ、たちまちほぐしてくださった。

　私がお願いした講演のテーマは「生きる」。1か月間、何を話すか真剣に考えてくださったとお聞きし、心の中で手を合わせた。「『生きる』ことは『考える』ことだ」、「learning is fun.」、挨拶の大切さ…。「伝えたい」という温かい気持ちが溢れるお話だった。本当に子供がお好きなんだなと感じた。

　私自身は、「共感」することの大切さを省みる機会にもなった。こんな素敵な方に会えたのも大崎中のお蔭だ。

　余韻に浸る暇もなく、夕方は三木小と合同の校区外部評価委員会。ある体験学習について1人の方から厳しいご意見があり、それに対し別の方が反論される場面もあった。どちらも本校を愛してくださればこそで、両方とも嬉しかった。

　その後、スクールカウンセラーと情報交換。夜、隣の職員室から、教員がある保護者からの難しそうな電話を受けている声が聞こえたので、出番があるかなと思いしばらく待機。どうやら必要なさそうだと見届けてから退勤。

No.83

品川区児童・生徒教育長表彰式に出席　多彩な生徒たちの将来の活躍を期待

キーワード：
生徒の姿，教職員，高校入試，企業との連携，校内研修，保護者

勉強は自分でするもの

少し遡るが、2月8日の朝日新聞に「トップレス会議」を提唱するＩＴ企業社長の記事があった。もちろんいかがわしいものではなく、ラップトップパソコンなどのデジタル機器を会議に持ち込むことを禁じ、参加者の集中力を高め、より深い議論をしましょうという趣旨。

全く賛成だが、これを私が言うと、きっと「自分が使えないから」と見られる。何事も同じで、「できる」人が言わないと説得力がない。自論を人に聞いてもらいたければ、まずは聞いてもらえる人間になるのが先決だ。

2月10日から都内の私立高校一般入試がスタート。全力でぶつかれ。８年生は４月の修学旅行に向け、平和学習と班行動の練習も兼ねた校外学習。

某ＩＴ企業の方が来校され教育の情報化について意見交換。その前後に若手教員２人に授業や社会常識について個別指導。午後、７年生の市民科授業を見てから、８年生の最終集合場所であるＪＲ大崎駅へ。生徒を待つ間、受験帰りの９年生に何人も会った。お疲れさま。皆、ほっとしたのか明るい表情だったので、こちらもほっとした。

夕方は品川区役所での平成23年度品川区児童・生徒教育長表彰式に出席。本校からはスポーツ部門で女子バレーボール部、善行部門で９年生男子生徒が表彰を受け、男子生徒は受賞者代表でお礼の言葉を述べる大役も務めた。いろんな分野で頑張っている子供たちがいる。もっともっと大きく伸びてもらいたい。夜は区立中学校、小中一貫校の校長による宿泊研修会。

翌朝、帰宅。ある件で副校長からメールや電話。朝刊に文部科学省「子どもの学習費調査」（平成22年度）の結果が出ていた。公立中学校に通う子を持つ世帯のうち年収「４００万円未満」は17.4％で４年前より３％増加。一方、この層が学習塾などにかける「補助学習費」は年間17万7千円で２万円増加。

ずっと自己流の勉強で通してきた私には、「塾に行かないと勉強ができるようにならない」という思い込みの蔓延は情けない思考停止に見える。勉強は自分でするもの。塾はその手助けの一つと考えるべきだ。

米マイクロソフトＧＭの視察

12日は１人で東京国立博物館の「北京故宮博物院２００選」展へ。故宮には北京時代、何十回お客様を案内したか分からない。夜、中国の瀋陽《しんよう》に関わる夢を見た。我ながら単純だ。

13日は朝から校門の電子錠の不調に対応。たまたまこの日、区内の学校に不審者出現との情報も入った。大阪教育大学附属池田小学校の事件の例もある。安全管理は気を抜けない。

東京都学校給食会の担当者が来校。職員と個別面談。教育課程届の案をチェック。来年度校区外部評価委員長をお願いしていた方から正式に了解をいただく。同窓会長と卒業式予行演習の際のご挨拶について相談。

近隣の方からのクレームについて教員から報告。出番かと腰を浮かしかけたら、既に対応を済ませてくれていた。1年目は「何でもかんでもそのまま管理職のところに持って来るんだな」と感じたが、今は教員が自分で対応、解決しようとしてくれていると感じることが増えた。密かに心強く思っている。

私立高校に合格した9年生や本校に通級する他校生がその報告に来てくれる。合格ということ以上に、生徒の喜んだ顔を見られることが、私には何よりの至福に感じられる。

14日朝、東京都立品川特別支援学校の生徒が「副籍」の8年の教室で交流。ある教員に服装を注意。若手教員の研究授業。9年生の進路の状況を確認。

午後、米マイクロソフト社で欧州、中東、アフリカとアジアの教育部門を統括するマーク・イーストGM（ゼネラルマネジャー）が本校を視察。7年生の情報の授業も見てもらった。ICTにもたれかかってはいけないが、教員のデジタル・リテラシーは養成・採用段階から「標準装備」にすべきだ。

区の子育て支援課から生徒のことで電話。夕方、6年生と保護者が来校し面談。朝の研究授業について教員に指導。夜は法教育授業に取り組む一般社団法人リーガルパークの今井秀智代表理事（弁護士）他と懇談。

保護者はとうとう現れず…

15日、ALTのマシュー先生が最後の授業を終えた後、職員室で生徒たちから英語でお礼の言葉と花束を贈った。

下校時におそらく生徒による幼稚ないたずらで近隣のお宅にご迷惑をお掛けした。幼稚園か、うちは（幼稚園に失礼ですね。すみません）。

午後、第4回校内研修会で保健体育の研究授業。講師にお願いした野口敏朗新宿区立西新宿中学校校長からご指導いただいた。野口校長とは夜も中・高の教育などについていろいろ話をさせていただき勉強になった。

16日、品川区「赤ちゃんと小中高生ふれあい事業ファシリテーター養成講座実習報告会」で本校の取り組みの説明など。

午後は校医、薬剤師、保護者代表にも出席いただき学校保健委員会。引き続き校医、薬剤師の先生から全校生徒に健康について話をしていただいた。

この日、再度の不審者情報を受け、教職員と生徒に注意喚起し、保護者にお知らせを配布。

放課後、教員への指導。生徒・保護者との校長面談を2件予定していたが、一方は待てど暮らせど保護者が現れず、連絡もつかず。校長室で40分校長と雑談させられた生徒には気の毒だが、あらためて三者面談をやることになる。

17日から学年末考査1週間前となり、部活動は原則休み。午前中に研究授業。昼休みに校長室の窓から、校庭で男女入り混じって屈託なく遊び興じる生徒たちを見ていると、幼いけれども、何だかほっとする気がした。

午後は区立学校長会。ある経済団体の方から新しい事業の提案があったが、学校や地域の実態を全く知らない案で無用であると厳しく言わせてもらった。「世間を知らない」のは学校の専売特許ではない。

No.84

勉強会などで議員、企業人、学生と議論 視野を広げ公正な目を養う機会に

キーワード：
企業との連携,
学力補充教室

社会は甘くない

この週はいろいろな職種や経歴の人と話す機会が多かった。寝不足にはなるが、視野を広げ公正な目を養うには不可欠だ。

2月18日の土曜日は登校日。今年度は概ね月1回だが、品川区では来年度は2回になる。公務員一般の勤務日や勤務時間の規定を学校に適用するのはますます実態に合わなくなる。

午前中に地元大崎の日本ハム株式会社東京支社で、女子バレーボール部の保護者を対象に「北海道日本ハムファイターズ〝寮ごはん〟セミナー」を開催してくださった。同社中央研究所の栄養士の方が食事と栄養、試合直前に摂る食事のポイントなどを分かりやすく解説してくださり好評だった。できれば来年度は全校生徒に聞かせたい。

午後、副校長から若手教員への指導について報告。「社会人としての常識」は教員免許を出す際か採用の時点で「最低条件」にしてもらいたい。繰り返し指導していて虚しくなる。休みが続く生徒の保護者と電話で話す。

19日、家で文部科学省ホームページのキャリア教育に関する教員研修用動画を見た。翌日教員に紹介したところ、品川区から教職員に支給されているパソコンではセキュリティーがかかっていて見られないと分かり、区教委に対応を依頼。早速週内に見られるようにしてくれた。

20日朝、ある教育雑誌の編集長が来訪。昼に若手教員を指導。午後、品川区学校事務職員研究発表会で講評。帰校後、副校長から他校と関わる生活指導関係の報告。教員から高校を中退することになりそうな卒業生の話を聞いた。「甘く見ていた」と今頃になって後悔しているという。卒業後の社会の厳しさは何度も話してきたつもりだが、分かっていなかったということだ。

進級・卒業を前に校長面談

21日朝、区教育委員会のヒアリング。警察署のスクールサポーターの方が来校。

午後、病気治療のため転出した生徒の保護者が訪ねて来てくださり、いろいろとお話をお聞きした。大人でも子供でも、「分かってくれる人」がいることでどれだけ救われるか。

放課後、8年生が試験前の1週間実施している「学力補充教室」の部屋へ。この日は23人がそれぞれ勉強中。本来は自分でやれる力をつけたいが、現状ではこの方法も必要ということだ。

この時期、欠席の多い生徒等を対象に本人、保護者と面談しており、この日も2組。

学年末考査の試験問題は順次チェックし手を入れる。問題を全て公表しても恥ずかしくないくらいのものにして

もらいたいが、耐えられる教員がどれだけいるだろうか。

夜、隣の職員室からベテラン教員が若手を指導する声が聞こえてきた。どんどんやってもらいたい。私は教員は身内に甘いと感じている。教員を誇りある職にしたいなら、互いに高い水準を求め合わなくては絶対に駄目だ。

都立高校入試の朝に祈る

22日、マネジメントを研究している大学院生のインタビューを受ける。学校の実態を知らないと感じたがそれは当然のことで、若い人の力になれればと思い引き受けた。来校した育休中の教員の赤ちゃんを抱っこさせてもらったが、すぐ逃げられた。

4校時に若手教員の研究授業。午後、9年生が気になり教室の前を一巡。夕方、ある保護者と面談。生徒は来られず。

某民放テレビ局を名乗る人から橋下徹大阪市長の発言へのコメントを求める電話があった。「私はそもそもその発言を聞いていないし、誰か分からない相手にコメントなどできない」と断った。何か勘違いしていないか。

23日は東京都立高校の入学者選抜。9年生の約半数が受験。何にでも祈りたい心境だ。7年生は品川区学力定着度調査。今回から社理が加わり4教科。

検食時に野菜が固かったので煮直しを指示。通級の件で他校の校長と区教委に話。夕方、生徒、保護者と面談。夜は親しい学校管理職と遅くまで教育論。

24日から3日間、学年末考査。土日を挟むのは生徒も準備しやすく良い形だと思う。

品川区立三木《みつぎ》小学校で、須田哲夫アナウンサーが6年生に「話し方」と「夢」について授業をされるのを参観。

勉強を楽しいものに

児童の「夢」を聞きながら、自分にはもう「何々になりたい」ではなく「何々をしたい」ということしかないなと考える。

例えば、国際比較調査で日本は「勉強が楽しい」「勉強に対して自信がある」という子供の割合が際立って低い。この状況を変えられないか、とか。

NHKニュースで、小学校で学ぶ「平均」など数学の基本を理解しておらず、論理的に説明する力が不足している大学生が多いという日本数学会の調査結果を見、さもありなんと思う。小中学生より大学生や大人の「学力低下」の方が深刻だろう。

本校への入学を検討していた、または検討中の6年生の保護者からの連絡がこの日だけで3件。どういう道に進むにせよ、本人が一番良かったと思えるように応援してあげて欲しい。夕方、生徒、保護者との面談2件。

夜は区議会議員の方々の勉強会で教育について日付が変わるまで議論。多くの方が保護司、消防団など地域に密着した大切な仕事を実践しておられることに頭が下がる。役人や学者の理屈より生《なま》の現実が強い。運営を手伝う大学院生も参加。彼らには「何々はこうに違いない、と決めてかかるな」という話など。

25日の土曜日は、三木小の学校公開、本校PTAの実行委員会、そしてまた三木小の「暗唱発表会」へ。名文の暗唱には大賛成だ。

午後は様々な企業、官庁の主に40代のメンバーが参加する異業種勉強会にOBとして出席し、「現実を踏まえた議論や提言を」と厳し目の助言。

No.85

いい加減な姿勢で仕事はできない　意識を高く持とう

キーワード：
家庭の教育力，特別支援教育，ICT活用，高校入試，教職員，体験型経済学習，高校

本当に生徒を見ているのか

毎日が濃密な時間だと感じる。一方で、人の仕事がいい加減に見えてイライラすることも多い。極力、顔や口には出さないようにしているつもりではあるが。

週明けの2月27日は学年末考査2日目。教材を手に登校する生徒もいる。ある保護者から担任に「本人が『○○でなければ受けられない』と言っている」という電話があったが、私が代わり「駄々をこねれば通ると思わせたくない」と、甘やかさないよう話をした。

ある教職大学院の教授から「中学校のことも勉強させたい」と頼まれ短期間だけ受け入れることになった学生が打ち合わせに来校。武士の情けで大学名は伏すが、新学習指導要領の実施時期さえ答えられなかった。教員養成はこの体たらくか。本人も大学もたるみ過ぎではないか。

品川区就学相談委員会全体会で「通級指導学級への一般の教員の理解が浅過ぎる。担当の教員も私も使命感とプライドを持ってやっている。だが在籍校から『持て余す生徒を通級に預けたい』という姿勢を感じることがある。きょうだいの有無さえ知らない担任もいた。生徒を見ていない証拠だ」等と発言した。特別支援教育は、注目されるようにはなったが、理解はまだまだだ。

最近は他にも「いい加減な仕事だな」と呆れることが山ほどあるが、もうやめておく。自分と比べてはいけないのかもしれないが、仕事への意識が低過ぎて話にならないと感じることも多い。

挑戦は決して無駄にならない

28日。晴れた朝は空を見て元気を出そう。株式会社内田洋行で「フューチャークラスルーム」（電子黒板と一人一台PCを活用した普通教室授業支援システム）を視察。技術は進んでいる。問題は活用。現場とのマッチングとコストだ。

この日で学年末考査が終了。第一志望の私立中学校に繰り上がりで合格した6年生の保護者から、本校への入学を辞退する旨の電話。本校としては残念だが、その子のために喜ぼう。

午後、白バイ隊員として箱根駅伝も先導した品川警察署交通課の方を講師に自転車安全教室。私からも具体例を挙げ話をした。

夕方、品川区立芳水《ほうすい》小学校の校区外部評価委員会。終了後、高階玲治委員長（教育創造研究センター所長）らと懇談。

閏《うるう》日の29日は朝から積雪。早く出て教職員と雪かき。都立高校一次試験の合格発表日で、受験生の親と一緒で朝から落ち着かない。臨時校長連絡会で区教委から教員の定期異動にかかる内示（新規採用教員等を除く）を受け、

その日のうちに本人に内示。夕方、校長室である生徒に指導。

　都立高校入試は、高い目標に挑んだ生徒が多かったこともあり、全体としては厳しい結果だった。真面目に頑張ってきたのに残念だった生徒が何人もいた。可哀想で、夜は仕事をする気になれなかった。翌日も心配だったが、生徒たちはもう気持ちを切り替え前を向いている様子でほっとした。子供の方が立ち直りが早い。彼らは若木、私は老木だ。

教員が教育次長賞を受賞

　弥生朔日《ついたち》。合唱の朝練習で早く来る生徒が増えた。午前中に校長連絡会。午後、薬剤師による教室環境調査。二酸化炭素濃度を下げるため授業の途中での換気が必要とのこと。

　夕方、元高校教員の区議会議員が来校され、学力向上策などをご説明。夜、残っていた教員と職員室で本校の生徒の学力をどうするかという重い話。

　2日朝、区内外の校長と電話連絡。品川区立戸越《とごし》小学校の校区外部評価委員会に出席。終了後、長谷徹委員長（東京家政学院大学教授）を本校にご案内し、林誠同区立三木《みつぎ》小学校校長と一緒に、両校の現状などをお話しした。

　午後、本校への通級を希望している児童の在籍校の教員、区教育委員会の担当者から説明を聞く場を設けた。まずは近いうちに本人、保護者に担当の教員と面談してもらうことにした。

　夕刻、「品川区教育委員会教育次長賞」授賞式に立ち会い。受賞者は本校の椎野要主幹教諭を含め4人。校長としてお祝いと激励の言葉を述べた。教員は心意気で仕事をする。本当に頑張って成果を挙げている教員の顕彰は大いにやるべきだ。ただし数を絞ってこそ値打ちがより高まる。文部科学大臣優秀教員表彰（平成23年度８４７人）は一桁多いのではないか。

恵まれた生活設計体験学習

　この間に、高齢者体験の器具の破損について関係の生徒が教員と一緒に区の社会福祉協議会へお詫びに行った。私は同行できなかったので、前後に電話で謝罪とお礼。夜は普段からお世話になっている地域の方や職員との懇談。

　3日、桃の節句。土曜日だが9年生は「ファイナンスパーク」という生活設計体験学習をした。保護者がボランティアでお手伝いくださり大変ありがたかった。これは公益社団法人ジュニア・アチーブメント日本と連携して区内全中学校で実施しているもので、品川区はそのための立派な施設まで作っている。つくづく恵まれた環境だと思う。

　その間に急遽《きょ》、高校に大至急で連絡、お願いせねばならない案件が生じ、学校に戻って対応。

　夕方、ある生徒が来るはずだったが約束の時間に来ず。後を担任に頼み、東京都立大崎高校定時制課程の卒業証書授与式に学校運営連絡協議会委員として出席。29人の卒業生の態度は真摯で、気持ちのよい式だった。彼らの前途に幸多からんことを祈る。閉式後、学校に電話し状況を聞いてから帰路につく。

No.86

クラスの仲間と思いを一つに　成長を感じた合唱コンクール

キーワード：
卒業生，教員人事，大学との連携，生徒指導，文化祭

立ち直りと家族の支え

3月4日の日曜日、金児《かねこ》京子前副校長（現在は品川区立冨士見台中学校副校長）から電話をいただく。地域の小学生マラソン大会で、今は高校生になった元本校の生徒がボランティアとして元気に活躍しているという嬉しい知らせで、本人とも電話で話すことができた。詳しくは書けないが、非常に厳しい状況から立ち直った生徒だ。この子の場合、母親の決断と頑張り、家族の支えが大きかった。本人には機会あるごとに「母親に感謝しろ、孝行しろ」と言っている。

5日からの週は教員との個別面談、人事に関する連絡、次年度着任予定の教員との面接などにもかなりの時間を充てたが、いちいちは書かない。毎年3月は次年度の校内体制を考えるため悩みに悩む。学校全体を考え構想を練るが、どうしても教員の希望と合わない部分も出る。そもそも教員の希望自体に両立不可能なものもある。解けない方程式に苦しむ日々が続く。

5日朝の職員打ち合わせで、この日から3日間本校を見学する大学院生を紹介。私からも教員になる前に最低限身に付けるべきことなどを指導した。

全校朝会前に生徒の服装チェック。緩みが見えるので今一度引き締めるため。朝会では「3・11」、卒業・進級に向けた話など。

長く登校できないでいた9年生が久々に登校。健康状態が心配だったが元気そうでほっとした。都立高校の分割後期受験に向け、その前日までに2度、校長室で面接の練習をした。

反面教師ならぬ「反面上司」

6日、始業前に校内を回ると9学級中5学級で合唱練習をしていた。週末の本番に向け、今のクラスの仲間と優秀賞を取りたいと熱が入る。

品川区が本校図書室の運営支援業務を委託している事業者が変更されることになり、品川図書館、新事業者と事務引継。

昼前に文部科学省の徳久治彦大臣官房政策評価審議官が来校。多忙な職務の合間を縫っての視察で、今回も3、4回延期になった末にやっと実現した。

7日、玉川大学教職大学院主任の坂野慎二教授が来校。品川区立三木《みつぎ》小学校の校区外部評価委員長をしておられた関係で親しくしていただいている。

8年生の生徒間のトラブルについて教員から報告。9年生の一部に学校での生活態度が落ち着かない生徒がいるため対応を指示。翌日には保護者に来ていただいた。ある生徒の家庭状況に関し児童相談所と連絡。夕方、また若手教員への指導。

夜は林誠三木小学校校長のお誘いで、主に小学校の管理職、OB等の方々

の勉強会で話をし、意見交換。

　この時にやり取りをしながら頭に浮かんだのは「反面教師」ならぬ「反面上司」という言葉だ。残念ながら校長にもそういう人がいるらしい。私自身もこれまで大勢の上司に仕えたが、見習ってきたこともあれば、こういう上司には絶対ならないぞと気をつけてきたこともたくさんある。

　例えば文書の案を直す際、一から作り直させる必要がある場合以外は、私がその場で修正案を書き、「こう直すように」と指示する。どう直せばいいかはっきりしない指示では部下を困らせるだけで時間の無駄だ。だいたい、はっきり指示できないのは上司自身が分かっていないからだ。そんなことで部下を余計に忙しくさせるようなことは、私はしない。

都立高の後期入試に挑む

　8日、いったん出勤した後、年休を取り東京大学生産技術研究所の「第1回次世代育成オフィス諮問会議」に委員として出席。産学連携により青少年の科学技術への興味・関心を高めるための活動について意見を述べた。私が特に期待するのは、他ではできない、東大ならではの強みを最大限に活かす取組だ。

　学校に戻ると、給食前に学校を飛び出した生徒がいるという報告で学校の現実に引き戻される。学習成果発表会の全体練習、9年生の面接練習などの後、中学校生活指導主任会に出席。終了後、担当校長間で情報交換。

　9日は都立高校分割後期の検査日。本校からは2人が挑む。放課後、翌日の学習成果発表会に向けての職員打ち合わせ。夕方、副校長、教務主任と区教委との電話のやり取りを横で聞きながら感じたのはやはり先述の「反面上司」の話だった。曖昧な指示で学校の負担を増やしてどうするのか。2件のうち1件はたまりかねて、途中で私が電話に出て片付けた。

盛り上がった「送る会」

　10日の土曜日はあいにくの雨。午前中に合唱コンクールを中心とする学習成果発表会、午後に9年生を送る会を開催。

　合唱コンクールには特別審査員として市川信之助品川区教育委員長、本校卒業生の須田哲夫株式会社フジテレビジョンエグゼクティブアナウンサー・解説委員、毎年和楽器（箏《そう》）をご指導いただいている作曲家の眼龍《がんりゅう》義治先生と箏演奏家の身崎《みさき》有希子先生らがお越しくださり、表彰もお願いした。どのクラスの合唱も一所懸命で素晴らしかった。特に9年生からはこの合唱コンクールに懸ける強い思いが伝わってきて、採点するのが苦しかった。結果が発表されると、勝ったクラスも負けたクラスも泣き出す生徒が何人もいた。

　この他、音楽部や7年生の有志が演奏を披露し、品川区広島平和使節派遣に参加した8年生がその報告をしてくれた。

　午後の9年生を送る会もとても盛り上がった。その裏で、この日も生活指導をしなければならない出来事があったのは残念だった。夜はほとんどの教員が参加しての慰労会。

　3月11日、学校には半旗を掲揚。午後2時46分、テレビで東日本大震災一周年追悼式を見ながら黙祷。被災地の方々の姿に自分を重ね合わせてみる。言葉で分かったような気になってはいけない。そう思う。

No.87

3年間共に過ごした初めての生徒たち　思いを込め一人一人に卒業証書を授与

キーワード：
生徒指導，保護者，生徒の姿，卒業式

リストラと保護者の苦悩

私にとって特別な卒業式の週を迎えた。時は流れ続ける。全てはうたかたの夢か。さればこそ残された時を愛《いと》おしむ。

3月12日で教員との個別面談が一巡。仕事の評価はいろいろあるが、皆頑張り屋で、生徒と同様に一人一人が私にとって大切な職員たちだ。体調を崩しておられる同窓会長から電話をいただいた。また一緒に飲めますように。

区教委から人事に関する連絡を受け本人に伝達。大学生が授業の見学に来校。6年生と保護者が通級学級担当の教員と面談。後で報告を受け、方向性について私の考えを区教委に伝えた。

夕方、担任から「心配な生徒がいる」と報告を受け、「心配するだけでは駄目で、具体的な対応をとるように」と指示。

式辞の準備のため異業種勉強会を断ったが、夕方、河合純一さん（元パラリンピック水泳金メダリスト）から「東京に来ている」と連絡を受け、結局飲みに行くことに。

13日も人事関係の連絡など。やはり体調を崩しておられる校区外部評価委員長から電話をいただき、静養していただくようお願いした。ある件で新採教員を指導。

午後、品川区立学校長会。続いて中学校長による情報交換。その間に区内外の校長と連絡。家で午前2時まで式辞の案を練る。

14日朝、前週末に問題行動のあった9年生と面談。卒業してからつまずいて欲しくないと諭したが、伝わったかどうか。

入学予定児童の保護者から、リストラに遭い経済的に苦しい事情を伺った。制服のリサイクルなど学校でも一定の協力はできることを話すとともに、公的支援の申請も勧めた。「少し気が楽になった」と言ってもらえたのが救いか。その後、人事に関する連絡など。

「迷惑かけてごめんなさい」

卒業式の予行演習の後、9年生の生徒4人への表彰と、同窓会副会長から生徒へのお話。

給食時にトラブルがあり2人の生徒が学校を飛び出す。まず生徒の捜索、保護者への連絡、次に事実関係の確認。本件についてはその後、教員にも私から注意をした。

午後、欠席日数の多い生徒、保護者と面談。職員会議で年度末・年度初めの予定の確認、卒業・進級に関する報告など。夕方、主任児童委員、児童センター館長が来校され情報交換。この晩も式辞と「ライブラリーレター」（図書室だより）最終号の原稿で午前1時過ぎまで。

15日朝、前日のトラブルの件で生徒の1人に話。金児京子品川区立冨士見台中学校副校長（前本校副校長）が来校。昼前に講師と校長室で懇談。

　昼休みに数人の9年生からノートなどに「何か書いてください」と求められ、「勁《つよ》く、厳しく、優しく、正しい人になってください」と書く。

　図書室である9年生女子が、昨年度2回校長室で指導されたことを「迷惑かけてごめんなさい」と謝ってきた。そんなこともあった。今は全てが懐かしい。

　午後、紅白幕で囲われた式場（体育館）で準備状況を確認。全職員で最終打ち合わせ。夕方、無人の式場で式辞を読む。記憶に残る厳粛な式にしてやりたい。生活指導案件で教員から報告。スクールカウンセラーと情報交換。

「大人になる」とは

　16日、品川区立大崎中学校第63回卒業式。晴天。早く起きて和服を着る。入学式、卒業式の羽織袴も6回目。この恰好でバスには乗れないので、6時半過ぎにタクシーで学校へ。

　朝、何かと手のかかった生徒のご家族がわざわざ挨拶に来てくださった。

　慌ただしくなる前に式場などを確認。来賓の濱野健品川区長、区議会議員の方々、ＰＴＡ会長を校長室にお迎えし懇談。準備が整い、来賓の皆様を私が先導。9年生86人（1人欠席）の入場から卒業式が始まった。

　国歌斉唱の後、卒業証書授与。一人一人の顔を見、一言ずつかけて手渡す。続いて、私なりに気持ちを込めた式辞を述べた。

　平成21年4月7日火曜日、校長として初めての入学式で84人の新入生を迎えた。その後5人が転出、7人が加わった。

　「中学校は大人になるための学校だ」。ずっとそう説いてきた。「大人になる」とは、責任を自分で引き受ける覚悟と力を持つことだ。人のせいにしないことだ。その覚悟ができているか。

　これまで自分を助けてくれた人への感謝を忘れず、自身が人を助けることのできる人間になってもらいたい。15歳の頃を思い出しながら、そんな話をした。

教員は何と幸せな仕事か

　期間の長短にかかわらず、少しでも関わった全員が私には掛け替えのない「教え子」だ。どんな大人になるのだろう。特に今回の卒業生は、入学から3年間見てきた初めての生徒たちだ。

　式辞の結びに、身内ではあるがと断った上で、熱い思いと使命感を持って職務に当たってくれている教職員への感謝の気持ちも述べさせてもらった。

　在校生代表と卒業生代表の言葉も本当に立派だった。在校生の「ＣＯＳＭＯＳ」と卒業生の「旅立ちの日に」の合唱が、今も耳を離れない。

　「やんちゃ」だった生徒たちまでぼろぼろ涙をこぼしているのを見て、教員って本当に幸せな仕事だな、と実感した。

　式の後、運動場で卒業生を歓送するまでの間に、様々な課題やトラブルのあった生徒の保護者も含め、何組かの保護者からお礼の言葉を頂戴した。

　一段落ついて、遅い昼食を職員室で皆で食べた。何だか気が抜けてしまい、大事な仕事がたくさん溜まっているが、この日はもう単純な仕事しかする気になれなかった。

No.88

次年度の校内体制を決定　ベストの布陣で後任に託す

キーワード：
卒業式，ＰＴＡ，教員人事，修了式，生徒指導

たった一人の卒業式

3月17日土曜日は品川区学校保健会講演会へ。講師のお話は良かったが、来場者があまりに少なく講師に失礼だったし、会場からの質問も同じ人がだらだらと自説を述べるのを制しもせず、この手の行事はこうしてはいけないという悪い見本のようだった。

翌日は家で朝から晩まで嫌になるほど仕事。

19日、次年度の校内体制案について副校長の意見を聞く。

ここに来て休みが続き保護者とも連絡が取れない生徒のことで主任児童委員に相談。

卒業式に出られなかった9年生に校長室で一人だけの卒業式。教員からも一言ずつ。心機一転、新しいスタートを。

午後、ＰＴＡ総会で新年度の役員選出等。他校では役員の引き受け手がなく苦労するという話も聞くが、本校ではそういうことはない。ありがたいことだ。

続いて年度最後の保護者会。7、8年生の状況と課題などの話。学力について危機感を共有してもらいたいと強く訴えたが、伝わったかどうか。

中原徹大阪府立和泉高校校長が東京出張の機会に来校。久々にゆっくり話ができた。卒業式の国歌斉唱をめぐる問題で渦中にあるが、いつ会ってもシャープで優しい目を持った人だ。若くてハンサムだし、本校の女性職員もすぐファンになり、数日後、氏の写真が載った週刊誌を嬉しそうに見せに来てくれた。

夕方、講師候補者、新規採用教員と面談。講師の方は「今までの学校とやり方が全く違う」と驚いていたが、本校のやり方でやっていただく。

夜は在京の中国大使館が中国駐在経験のある省庁関係者を招いての懇親会。数か月前に着任した旧知の白剛公使参事官と何年ぶりかの再会。

フットワークが軽くなきゃ

20日は春分の日。息子から「21日じゃないの?」と聞かれ、すぐには答えられなかったが、要は地球の運行状況によって変わり、前年2月1日の官報に掲載される暦《れき》要項で確定するのだとか。

この日は東京都教育委員会が主催する第3回中学生東京駅伝の応援で調布市へ。平成22年度まで本校教員だった某市の指導主事にも会った。

途中で抜けて品川区に戻り、区内の全児童センター合同による「しながわ子ども未来フェスタ」へ。ここでもお世話になっている方に大勢会った。

21日朝、金児京子品川区立冨士見台中学校副校長がある用件で来校。生徒の家庭の状況に関し近隣の小学校から情報をいただく。区内のある中学校の

若い教員が通級について勉強したいと本校を訪ねて来た。こういう感覚、意欲、フットワークが私は好きだ。

　夜、私の後任になる方が来校。この時点では私の異動は岩崎紀美子副校長にしか知らせていない。基本的な資料をお渡しし、小中一貫教育で連携する品川区立三木《みつぎ》小学校にも案内し林誠校長に会っていただいた。

　同日、関西の某市が歳入確保策として市の名称を企業に売り出すとの報道を見た。どうかしているのではないか。そのうち国名を売りに出すと言う人が出て来やしないか。

謝罪をやり直させる

　22日、年度最後の特別支援教育推進委員会。次年度に向けた課題の整理など。

　この日は区内の小学校の卒業式で、私は三木小学校へ。6年生一人一人の「将来の夢」を聞くのは楽しい。学校に戻ると、点滴スタンドを持って校門前の掲示板に見入っている厚着の人がおられ、声を掛けると療養中の同窓会長だった。こんなにも母校を気にかけてくださっていることに胸が熱くなった。

　東京都立高校定時制第2次募集の出願を迷っていた9年生に私なりの考えを話し、挑戦を勧めた。また、1年間給食を作ってくださった調理員の皆さんに校長室でお礼を言うとともに、いくつかの反省点について注意をお願いした。

　夕方、校内人事について副校長と最終に近い詰め。

　23日は修了式。7・8年生の代表生徒に修了証を渡し、夢に向かってやるならとことんやれ、社会に目を向け考えよ、春休みを計画的に有意義に過ごそうという話などをした。頑張れ、私の生徒たち。

　その後、両主幹教諭に校内体制案を示し、それぞれの意見を入れて少し手直し。予想通りというか期待通りの意見で、実はここで微修正することまでほぼ織り込み済み。

　昼前に、ふざけていて教室のガラスや給食の食器を割ってしまった生徒たちが謝罪に来たが、中に「仕方ない面もあった」「謝っていない訳じゃない」という生徒がいたので、「そんな謝り方はない」と叱責しやり直させた。

とうとう異動の内示を受ける

　昼を挟んでまず主任教諭、次いで教諭を一人ずつ呼び、次年度の校内での担当を内示。今回も希望通りでない教員もいる。毎年泣かれたりするのは嫌なのだが、私は情より仕事を、教員より生徒の利益を優先してチームを組む。

　午後の職員会議で紙を配り全員に周知。この場で初めて私自身の異動について話をした。だがこの時点でも新規採用教員一人と栄養士が未定、事務職員は異動の有無さえ不明だった。その後、栄養士と事務職員について連絡を受けた。

　私の異動については午後に東京都教育庁総務課長から電話で内示を受け、若月秀夫品川区教育長と田村信二教育次長に報告。森口泰孝文部科学事務次官からも電話をいただいた。夜は異業種勉強会を断り、ある学校管理職と会食。

　大崎中校長でいられるのはあと数日。後ろ髪を引かれる思いもあるが、この3年間は全力で走り続け本当に充実していた。幸せな時間だったと感謝したい。

No.89

幸せだった大崎中での3年間　全ての出会いに感謝したい

キーワード：
施設管理，卒業生

タコの置き土産

大崎中の校長として最後の1週間になる。備忘のメモ帳は52冊目。20日に1冊のペースだ。

3月25日の日曜日、午前中に学校で部屋の片付け。基本的に1年分の資料を残しているので、処分はかなり大変だ。午後は、最近「枕が合わないと快眠な人生にならない」と日本語が壊れている妻に付き合い、枕を買いに行く。

26日朝、「南三陸復興ダコの会」から「ゆめ多幸鎮《たこちん》オクトパス君」が届く。先日、河合純一さんと飲んだ時に「置くとパス（合格）」で合格祈願に良いと紹介され、生徒への置き土産にと学級数プラス通級学級分を注文したもの。被災地の復興支援にもなる。

午前中に品川警察署のスクールサポーターと東京都学校給食会の方が来校。翌年度本校に配属される新規採用教員3人のうち最後の1人がようやく決まり、早速本人に電話。

午後、別の人事の関係で学校間連絡。足しげく学校に来てくださる校区外部評価委員の方に異動のことをお話しした。まだ地域の方には言っていない。言いづらい気持ちもある。

不登校が続いている生徒が来校し久々に話をした。進級が転機になることもあるが、この子の場合は急がない方がよさそうだ。夜は男の教員4人と常連客ばかりのもつ焼き屋。

気にかかることも多いが…

27日午前3時55分に副校長から電話。給食室の小窓のガラスが割れていると警備会社から連絡があったとのこと。副校長は転任先で引継のため、私が早めに出勤して現場と学校周辺を確認。状況から、当事者はガラスを割るつもりはなかったのかもしれないが、念のため警察に来ていただき、私の名前で被害届を提出した。

教育情報誌の記者の方が来られ「大崎中での3年間を振り返ってどうか」と聞かれたが、まだ終わっていないので全く実感が湧かない。

3月中旬から学校に来なくなり保護者とも連絡が取れない生徒の件で、地区の主任児童委員に連絡。午後、その生徒が現れたため校長室で話をし、欠席の場合の連絡について約束させた。まずは無事でほっとした。

夕方、高校を退学させられ別のところを受け直す卒業生が来校。残念だが、2度と同じ失敗を繰り返さぬようにと話をした。

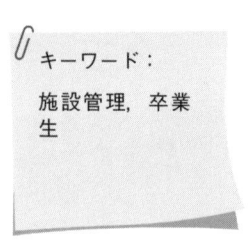

蜂屋新校長で新しい大崎中に

28日朝、品川区でお世話になった何人かの方々に異動をお伝えした。部活動の練習場所探しで近隣の学校にお願い。前日とは別の社の記者の方が来訪。ある児童センターの館長が花束を届けに来てくださった。昼にＰＴＡ会長に連絡と相談。午後、ある生徒とご両親が相談のため来校。重い内容だったが、本人の気持ちを大事にしていきましょうという結論にした。また本校「かしわ学級」教員との面談。続いて新規採用への通級を希望する児童についての通級判断会議。

都立高校の定時制を受験した生徒が合格の報告に登校。別の生徒の進路のことで担任から状況を聞いた。

29日午前中に新校長、新副校長がそれぞれ引継のため来校。私の後任は蜂屋隆子文京区立本郷台中学校副校長。大崎中をよろしくお願いします。

３月まで図書室の運営に当たってくださったスタッフが挨拶に来られ懇談。午後、卒業した９年生から、高校に出さなくてはならない大事な書類を無くしたという電話が教員に入る。万が一見つからなかった場合に備え、私から関係先に電話で下相談。４月から指導主事になる他校の教員から電話をいただく。初めてで大変だろうが頑張って欲しい。

夜は某ＮＰＯの理事長、某マスコミの解説委員と３人で、教育に関するシンポジウムについての相談。こういう方々と話すと、自分の中で新しいアイディアがどんどん生まれてきて、とても楽しい。

本当に終わってしまうのか…

30日、事実上最後の勤務日。午前中に転任職員の面談。ふざけて教室のガラスを割った生徒が謝罪に来たので指導。生徒の怪我について教員から報告。

午後は品川区庁舎で、他の退職校・園長の方々と一緒に最後の行事。まず若月秀夫教育長から、私の場合は都教委の「辞職承認」の発令通知書をいただく。次に濱野健区長にご挨拶。最後に区教育委員会事務局で職員の皆さんにご挨拶。私は全ての場でお礼の言葉を述べる機会をいただいた。ついさっきまで慌ただしく、そんな実感はなかったが、こうしていると「本当に終わってしまうのか…」と寂しさがこみ上げてきた。

学校に戻ると、４月早々に区内に転居し本校に入学する児童のことで副校長から報告。前日の書類紛失の件で関係先にお詫びとお願いの電話。お世話になった地元企業の方から電話をいただいた。

部屋を整理し、いくつかの事柄についてて新校長へのメモを作り、午後８時頃、まだ残って仕事をしていた２人の教員に別れを告げて大崎中学校を後にした。

翌日土曜日は終日家で仕事や勉強。４月１日日曜日の昼過ぎから新旧ＰＴＡ会長、新校長、新副校長と一緒に地域の各町会長等への挨拶回り。夜は前から決まっていた新旧ＰＴＡ役員の懇親会に新校長、新副校長らと共に出席。遅くまで新旧会長らと二次会。

大崎中（前）校長としての仕事はこれで一区切りとなる。翌朝、間違って大崎中に出勤しないように気をつけなくては、と思いつつ床に就く。

第3章

もう一つの「母校」から

一　大崎中での3年間を振り返って

早いもので大崎中学校を離れてもう7年になろうとしている。（本稿は２０１９年（平成31年）3月に書いている。）大崎中での私の後任の蜂屋隆子校長が6年間務められたので、長らく「前校長」でいられたが、２０１８年度（平成30年度）からはとうとう「元校長」になってしまった。それでも今も学校関係の会などに声を掛けていただくこともあるし、当時お世話になった多くの方々と交流を続けさせていただけているのは嬉しい限りだ。大崎中は私にとって正真正銘の母校だ。

校長時代の3年間はどうだったかと聞かれることがある。やっている最中は本当に忙しくて大変で、次から次へと雨霰《あられ》のように飛んで来る様々な課題に立ち向かうのに必死で、夜中だろうが正月だろうが気の休まる暇がなかった。しかし後から振り返れば、これまでの仕事の中で最も幸せな時間だったとも感じる。一生の宝物だ。思い切って決断したことに後悔は全くない。

校長を退いた直後に受けたインタビューが日本教育新聞に掲載されているので、それをそのまま引用させていただく。後付けでない、その時の本音が表れていると思う。

3年間の校長職を振り返る

浅田和伸　文部科学省大臣官房教育改革調整官
（前東京都・品川区立大崎中学校長）

文部科学省のキャリアから東京都品川区立大崎中学校の校長に転身した浅田和伸さんが、3年間の勤務を経て、今月から本省に戻ってきた。3年間の学校経営などを振り返ってもらったところ、「校長の目」で見た学校現場については、「内側に入らなければ見えないことがある」とし、何にエネルギーを費やしているのかがよく理解できたという。教育行政に対しては「学校を助け、応援する」大切さを指摘し、「受け手」のことを考えて仕事をすることを求めた。

内側に入らなければ現場の実態見えない

――3年間の校長職を終えた今、どんな心境か。

正直なところ、後ろ髪を引かれる思いもある。「私の学校」という気持ちでいたから。

3年間、本当に幸せな経験だった。全ての出会いに感謝している。いろいろなことがあったが、常に真剣勝負の緊張感でとても充実していた。文科省や三重県教委で教育行政の仕事をしてきたが、学校の内側にどっぷりと入らなければ見えないものがたくさんある。生徒、家庭、地域の実態、教職員の本音、行政への不満など。生徒指導一つをとっても、生身の人間相手にきれいごとの理屈では片付かない。見えないところで学校がどれほどエネルギーを使っているか、使わねばならないか。

何人もの人から「この経験を国で生かしてほしい」と言われた。私は「国の仕事のステップとして学校に来たのではない」と答えるが、考えてみれば、国の行政に対する不満や不信の表れだ。

――「文科省出身の校長」ということで、教職員の反応はどうだったか。

私は意識しなかったが、「どんな特命を受けてきたのか」と聞かれたりもしたので、警戒や心配はあったのだろう。

だが、最初に「奇をてらうことはしない。正攻法でいく」と宣言し、その通りにやってきた。子供の将来の幸せを願い教育の重要性を信じている。それは多くの教職員の思いと重なるはずだ。学校経営方針や教育課程、日々の仕事を通じて、おのずから理解されると楽観していた。また、難しい問題から逃げない、必要なら誰とでも戦う、そういう上司であることも、行動で示せば分かる。

1年目より2年目、2年目より3年目とどんどん仕事がしやすくなった。

——学校経営の面で特に重視したことは。

教職員の育成と組織づくり、「大人になるための学校」として生徒に力をつけること、保護者や地域との信頼関係の構築。どれも当たり前のことだ。

——教員についてはどういうことをしたのか。

学校の教育力は教職員の能力と意識にかかっている。頑張っている、優秀な教員はきちんと評価する。一方、若手を中心に十分でない教員には繰り返し指導し力を伸ばす。残念だが、社会常識が十分備わっていない教員もいる。本来は養成と採用の問題だが。文章が下手、仕事が大雑把という教員もいる。保護者や地域に出す文書の他、定期考査の試験問題も全部チェックして直した。細かいと思われただろうが、本来、試験問題はホームページで公開しても耐えられるくらいであるべきだ。要は、大事な仕事で手を抜かないということ。もちろんスピードも重要。

全体を見て組織をつくるのも管理職の大きな仕事だ。個々の教員の希望より学校全体の力を高めることを考えて人事を行った。強い反発もあったがもちろん押し切った。「学校が良くなる」という結果で示せばいい。

——生徒への指導の面で力を注いだことは。

中学生の時期は迷ったり反発したりするのが当たり前。失敗は構わない。義務教育が終わった後で失敗しないように、社会で生きていく上での基盤になる力を徹底してつけてやりたいと考えた。挨拶、姿勢、チームワーク、基本的な生活習慣、学習や読書の習慣、続ける力、折れない心などだ。

生徒を厳しく指導する場合でも、相手の人格は大事にする。本人に向かって呼び捨てにはしない。独り善がりの未熟な言い分でも、まずは聞く。そのうえで話をする。

――保護者や地域住民との関係をどう築いたか。

文科省時代のある上司から叩き込まれた「逃げない、隠さない、嘘をつかない」ことに尽きる。いろんな意見や注文が来るが、時間を置かず、できることはやるし、できないことはなぜできないかを説明する。相手が「きちんと受け止めてくれた」と感じれば、大抵は納得してもらえる。

教育行政は学校を助け、応援する存在に

――校長として地教委と関わり感じたことは。

私は責任ある立場の人に、より高いものを求める。教育行政は現場を支える非常に大事な仕事だ。だからこそ、区の教育委員会事務局にも率直に厳しいことも言わせてもらった。教育行政は学校を困らせるためではなく、助け、応援するためにある。学校に情報を流すにしても、ただ流すのではなく、受け手のことを考えてポイントを示すだけで学校は随分

助かる。一つの情報でも、活用の仕方次第で何倍にも生かすことができる。そういうところまで十分手が回っていないように見える。

もっとも、私ほど地教委の事務方に厳しい校長は滅多にいないだろう。品川区教委の名誉のために言うが、彼らは本当によく働いている。大変なのもわかる。でも、それは言い訳にならない。

教育関係者は責任感と誇り持とう

――校長の目に、国の教育施策はどう映ったか。

学校の日常で国を意識する機会はほとんどない。基本的な制度設計、財政面での裏付けや支援などは、いわば大きな背景みたいなものだ。通知などの中には要らないと思うものもあったが、どういう事情で出したのかは見当がつく。

国で最もやるべきだと思うのは、全国的な視点から見て、各学校現場や自治体で有用な情報や素材を整理し提供することだ。分厚い報告書は要らない。現場は「使える」ものが欲しい。

――校長経験を、文部科学行政でどう生かすか。

それは分からない。どんな分野でも、与えられた職務をきちんとやるのが公務員の仕事だ。文科省であれ、どこであれ、これからも教育に関わっていきたいし、今回の経験を生かせる機会があるといいなとは思っている。

――学校現場と教育行政の間にはギャップがある。学校関係者からは、文科省の職員をもっと学校に派遣するべきだという意見がある。

私もそう思うが、自分から「やりたい」と思う人間が出なければ、無理やり行かせても現場が迷惑するだけだ。

個人的には、教育行政と学校現場との人事交流がもっと頻繁にあるべきだと思っている。

――全国の教育関係者に向けてメッセージを。

教育は、一人一人の子供の人生に大きな影響を与え、社会や国の将来を創造する重い責任を持つ。人と人との関係の中で営まれる、本当に難しい、根気の要る仕事だ。だからこそ、責任感と誇りを持って、一緒に頑張ろう。

多くの仲間が同じ志を持って日本中で一生懸命やっている。もちろん教育行政もそうだし、地域や社会の中にも、子供や学校を応援しようと考えている人は大勢いる。学校はいわばその中核だ。

「誇りを持とう」と言ったが、それは自惚れや過信とは違う。自分自身に最も厳しくすることだ。同時に、先輩教員は若手の指導、育成にも力を注いでもらいたい。

特に校長には、自分が実現したい学校像があるはずで、摩擦を恐れず、堂々と実現してほしい。そうでなければ校長の値打ちはない。

（平成24年（2012年）4月19日　日本教育新聞　4面）

大崎中を離れてから、大崎中での3年間で何ができ、何ができなかったかを自分なりに振り返りまとめたことがある。ただ、それは公にするようなものではないと思うので、自分の胸に蔵《しま》っておきたい。

一、二だけ例を挙げれば、数字で表すことができるものとしては、学校選択制のもとで落ち込んでいた生徒数、学級数を1・5倍に回復できたことなどが挙げられようか。そのこととつながっていると思うが、学校に対する評価として「落ち着いた」「良くなった」と言っていただけるようになった。これはもちろん私の力ではなく、教職員の努力や保護者・地域・関係機関の方々の御理解と御支援、そして何より生徒たち自身の努力と成長によるものだ。

さらに言えば、運もある。学校がどんなに努力をしても、常に結果が伴うとは限らない。その怖さは常に感じていた。だから私は、仮に学校で何か問題が起きたとしても、それで直ちに学校を責める気にはなれない。何が本当の原因なのか。それは学校の努力で防ぐことができるものなのか。仮にそうであれば学校はそのためにどれだけの努力を尽くしてきたのか。そうしたことをきめ細かく見た上で判断しなくてはいけないと思っている。

教育については「言うは易く行うは難し」だ。正しいこと、恰好のいいことは誰でも言える。だが、それを実現するのは本当に難しい。教育は生きた人間同士の営みであり、しかも微かな風にもそよぎ傷つくような心を持った思春期の子供たちを相手にするのだから。その難しさが理解された上で、教育の課題が論じられるようになることを願っている。

二　その後の文部科学省での仕事

大崎中で3年間校長を務めた後、結局、また文部科学省に戻ることになった。「戻らないと思っていたのに」と言われることもあるし、私自身も初めから戻りたいと思っていた訳でもない。だが、これも正直に言えば、学校で仕事をするうちに、教育行政に対してもいろいろと感じることがあり、ものを言いたい気持ちが高まってきた。いつの頃からか、あちら（教育行政）にもまだ私のやるべきこと、やれることがあるかもしれないな、とも考えるようになっていた。体が二つ、三つ、四つあればいいのに、といつも思う。

ここは読者にはあまり興味がないだろうから簡単に書くが、２０１２年（平成24年）４月に文部科学省に戻ってからの仕事は次の通り。

・大臣官房教育改革調整官（内閣府参事官を兼務。認定こども園に関する法律改正等を担当）
・高等教育局高等教育企画課長
・大臣官房総務課長

・内閣官房内閣審議官・教育再生実行会議担当室長［出向］
・大臣官房審議官（高大接続及び初等中等教育局担当）
・大臣官房審議官（高大接続及び高等教育局担当）
・独立行政法人大学入試センター理事［出向］
・大臣官房文部科学戦略官（２０１９年（平成31年）1月23日から。現在は高等教育局の仕事を担当している。）

学校を離れて7年で8つ目の仕事になる。数えるとさすがにちょっと多いなという感じはするが、自分としては「短かった」とか「物足りない」という印象はあまりない。むしろどの仕事も非常に重い難しい課題を抱えていて、能力の乏しい私は四苦八苦しながらどうにかやってきたというのが実際のところだ。

大崎中での経験を国の仕事にどう活かせているのかと問われれば、自分としては大いに活きていると思うが、どこまでが大崎中で得たもので、どこからがそうでないと分けられるものでもない。また、経歴を見ていただければ分かるように、実は小・中・高等学校等を直接担当する初等中等教育局に配属されたこともほとんどない。

先日、柴山大臣も出席される省内での学校における働き方改革に関する会議に出席した際、発言の機会があったので、「教育行政の役目は教育現場を元気にすることだ」と持論を述べた。

私は本気でそう考えているし、与えられた役割の中でそれを実践していきたい。そういうことを確信を持って言えるのは、大崎中での3年間を背負っているからだとも思う。「不言実行」が一番いいが、少なくとも「有言不実行」にならないように、これからも努力していきたい。

どこに異動しても、私の部屋にはいつも、全学年が3学級で揃った大崎中での最後の年の春に、7年生（中学1年生）とは入学式の日に式場で、8、9年生（中学2、3年生）とは校庭の満開の桜の木の前で撮った全学級の集合写真を一番よく見えるところに掲げている。疲れた時、落ち込んだ時や苦しい時に弱い心を支えてくれる、つっかえ棒のようなものだ。

彼らをはじめ大崎中で出会った全ての子供たちが「私の生徒」であり、大崎中学校は「私の学校」だという思いで全力投球した3年間だった。

三　教育が未来を創る

校長職を離れて1年余り経過した２０１３年（平成25年）7月に、いわゆる民間人校長をめぐる問題について取材を受け日本教育新聞に寄稿した拙文を引用させていただく。校長のみならず教師という職に対する思いを吐露したものだ。

熱い思いと覚悟、教職への敬意が必要

浅田和伸　文部科学省高等教育局高等教育企画課長
（前東京都品川区立大崎中学校長）

大阪市立小学校の民間人校長が退職したが、校長は年度途中で自分の都合で投げ出してはいけない職だ。それくらいなら就任前に身を引くべきだった。

公務員になる以上、全てが希望通りにならないのは当たり前。どうしてもという条件があるなら、初めからはっきり示すべきだった。そうすれば採用側も慎重に考えただろう。

私は民間人校長がもっと増えればいいと思っているが、校長を誰でもできる簡単な仕事だと思われたら大間違いだ。文科省でも採用間もない若手は軽く「やってみたい」というが、県教委などの仕事を経験して校長の大変さが多少でも分かれば、軽々にはそう言わなくなる。

企業や役所の管理職に比べ、校長は孤独な仕事だ。周りのお膳立てを期待してはいけない。自分で仕事を覚え、必要な力を身に付け、人間関係を一から築いていく覚悟が必要だ。どんな仕事でも、志すなら、その仕事を自分でよく研究しなければならない。募集する

側も、民間人校長のどういう力を学校のどういう課題に生かしたいのかを明確に持っておくべきだし、それを説明して本人の覚悟を確かめるべきだ。事前の研修や、バックアップも欠かせない。

特に「教職への敬意」なくして校長は務まらないことを強調しておきたい。人間を見る目が少しでもあれば、多様な個性、背景を持つ大勢の子供をある時間・空間の制約の中で教える教師の仕事がどれほど難しいか分かるはずだ。本当に指導力の高い教員の授業は芸術的でさえある。

こういうプロの力を大事にし、生かせるようにするのが校長の仕事だ。教員集団を率いる以上、教育についての見識や知識は必須だし、畑違いのところから来るなら、教員出身者以上に努力するのも当然だ。例えば、教員出身者に比べて「授業を見る目」が劣る。だから私は、最初の数か月間に授業力、指導力に定評のある他校の校長、指導主事、大学教員、私学の人事評価者などを頻繁に学校に招き、教室を一緒に回って「授業を見る目」を鍛える努力をした。

以下、報道から気になった幾つかの点に触れておきたい。

まず、処遇についての不満などは、採用後に言うべきことではない。

次に、配属された小学校が、自分のやりたかった英語教育より基礎学力の習得が優先課題であったことが希望と違ったそうだが、基礎学力の習得が最重要課題でない公立の小・

中学校はないだろう。校長としてやりたい理想を持つのは良いことだが、それは学校として最低限やるべきことをやってから、というのが順序だ。

各学年1学級の小規模校であったことも不満だったようだが、私自身、僻地に生まれ育ったので、そう言われた学校の子供や保護者、地域の人たちの気持ちを思うとつらい。小規模校には大規模校にない教育上の難しさもある。僻地教育と障害児教育が教育の基本だというのが私の信念だ。

教育への熱い思いと能力、それに「覚悟」を兼ね備えた人が教育の世界に入って来てくれることを、私は期待している。

（平成25年（2013年）7月15日　日本教育新聞　3面）

教育は「未来を創る」仕事だ。そういう極めて重要な仕事だからこそ、重い責任も伴う。私は子供が好きだし、学校が好きだし、教師が好きだ。だからこそ、教師や学校、教育界が社会からの信頼や支援を得られるように、専門職としての教師集団には、プロとして互いに厳しく高め合う関係を求めたい。

国の仕事と学校の仕事ではどちらが大変かと聞かれることがある。どちらも大変で比べようがない、というのが答えだ。私には、これまでやってきたどの仕事も苦しく、きついものだった。だが、同じ苦しい仕事でも、学校での仕事は報われる瞬間が多い。

生徒たちが目の前にいるからだ。笑ったり、泣いたり、怒ったり、頑張ったり、迷ったり、悩んだり、澄ましたり、拗ねたり、我慢したり、強がったりしながら、また学級や部活動など様々な人間関係の中で新しいものを見つけたり、挫折したり、協力したりしながら、刻々と変化し成長していく子供たちに寄り添い、助け、伴走することができるのだから。

もちろん仕事だから苦しいこと、きついこと、気の重くなることもたくさんある。でも、「この子たちのため」と自分を納得させることができる。私自身、何度生徒たちに助けられたか分からない。

ずっと学校の中にいると気づかないかもしれないが、そんな幸せな仕事が世の中にそう多くあるとは思えない。教育は本当にやり甲斐のある、幸せな仕事だと思う。

今は自分で仕事を選べる立場ではないが、これからも何らかの形で教育や子供たちの支援に関わっていければと思っている。


最後までお読みいただき、ありがとうございました。

本書の編纂に御尽力いただいた悠光堂の佐藤社長と遠藤さん、寄稿いただいた千々布先生、そして何より大崎中で一緒に過ごした生徒たち、大崎中グループの3小学校の児童たち、保護者、教職員、地域や関係諸機関の方々、さらには私の我儘な希望を叶えてくださった品川区、品川区教育委員会、東京都教育委員会、文部科学省の関係の方々に心より御礼申し上げます。一生忘れません。

家庭、地域

教職員

品川区、東京都

関係機関等

その他

キーワード索引（第２章）

本索引は第２章各連載タイトル横のメモに記したキーワードを収録しました。

また、キーワードの内容を「学校歳時記」「教育活動」「家庭、地域」「教職員」「品川区、東京都」「関係機関等」「その他」の７項目に分類し、検索の利便性を工夫しました。キーワード末尾の数字は連載ナンバーを示します。

学校歳時記

教育活動

著者略歴

浅田和伸（あさだ・かずのぶ）

1962年生まれ。85年東京大学文学部心理学専修課程卒。同年文部省入省。三重県教育委員会事務局指導課長、文部科学大臣秘書官（事務取扱）、文部科学省大臣官房審議官、大学入試センター理事などを経て、2019年1月より現職。2009年4月から3年間、東京都品川区立大崎中学校長（第17代）を務める。

教育は現場が命だ

文科省出身の中学校長日誌

令和元年（2019年）5月1日　　初版第一刷発行

著　者　　浅田 和伸
発行人　　佐藤 裕介
編集人　　遠藤 由子
発行所　　株式会社 悠光堂
〒104-0045 東京都中央区築地6-4-5
シティスクエア築地1103
電話：03-6264-0523　FAX：03-6264-0524
http://youkoodoo.co.jp/
デザイン　　株式会社 キャット
印刷・製本　　明和印刷株式会社

ISBN978-4-909348-21-0　C0037